职业教育“十三五”规划教材
市场营销类课程改革创新教材

超市收银实务

ChaoShi ShouYin ShiWu

主　编　杨　涛　张　锰
副主编　张　羽　陈冠之　黄慧群
参　编　李利利　王兴星　覃金菊　郭　萍
主　审　罗绍明

机械工业出版社

本书是在2011年版《收银实务》的基础上进行改版的，全书以超市收银基础知识、超市收银操作技能和超市收银延伸技能为基点，以超市收银岗位工作过程为主线，对超市卖场布局、超市收银岗位、收银员职业道德、收银员仪容仪表、收银设备等收银基础知识进行介绍，重点介绍和训练了收银操作流程、商品扫描、手工录入商品条码、商品消磁、商品装袋、识别假钞、点钞、找零、刷卡结算、现金管理等收银操作技能，同时，增加了超市收银延伸技能，包括做好防损与防骗、及时与顾客沟通、处理纠纷与投诉。本书每个项目有项目简介、项目要求和项目总结，每个任务包括任务引入、任务分析、知识准备、教师示范、学生模仿、实训练习、实训考评、知识训练、拓展训练、职场寄语等栏目，其中穿插有小知识、小案例、温馨提示、网络资源链接等，具有指导性、趣味性和实用性。

本书是教育部2010年颁布的《中等职业学校专业目录》中连锁经营与管理专业的一门主干课程，也是专业技能操作性很强的核心岗位课程，适合中等职业学校连锁经营与管理专业、市场营销专业等商贸类专业收银岗位课程实训教学，也可作为连锁企业收银岗位岗前培训教材。

图书在版编目（CIP）数据

超市收银实务/杨涛，张锰主编．—北京：机械工业出版社，2017.3

职业教育“十三五”规划教材市场营销类课程改革创新教材

ISBN 978-7-111-56307-5

Ⅰ．①超…　Ⅱ．①杨…　②张…　Ⅲ．①超市—商业服务—中等专业学校—教材
Ⅳ．①F717.6

中国版本图书馆CIP数据核字（2017）第050419号

机械工业出版社（北京市百万庄大街22号　邮政编码100037）

策划编辑：宋　华　　责任编辑：宋　华　李欣遥　徐永杰

责任校对：马丽婷　　封面设计：路恩中

责任印制：李　昂

三河市国英印务有限公司印刷

2017年4月第1版第1次印刷

184mm×260mm·14.75印张·356千字

0 001—2 000册

标准书号：ISBN 978-7-111-56307-5

定价：35.00元

凡购本书，如有缺页、倒页、脱页，由本社发行部调换

电话服务

服务咨询热线：010-88379833

读者购书热线：010-88379649

网络服务

机 工 官 网：www.cmpbook.com

机 工 官 博：weibo.com/cmp1952

教育服务网：www.cmpedu.com

金 书 网：www.golden-book.com

前言

目前，商品零售及连锁经营行业发展迅速，收银岗位是连锁企业的核心岗位，也是中等职业教育中市场营销专业、连锁经营与管理专业等商贸类专业学生毕业后从事的主要工作岗位。近年来，在教育部关于培养具有综合职业能力，在生产、服务、技术和管理第一线工作的高素质劳动者和中初级专门人才的培养目标指导下，市场上出现了较多收银相关教材，但多数教材仍然没有突破传统的理论体系和框架结构，理论性较强、对收银工作的流程划分不清晰、学生技能训练的针对性不强、与学生从事的收银工作不相适应，特别是技能训练方面。在教与学的过程中，教师仍然要按照收银岗位工作的实际，在教学内容、教学方法上做大量的调整和补充，增加实训内容，以满足学生的实训需求以及连锁企业对收银工作岗位技能的需求。

正是基于让学生能掌握收银岗位基本的知识与技能，真正做到具有较强的岗位实务操作能力，本书在打破传统学科体系及教学方法、教学内容上做了新的尝试。本书的编写指导思想是：以专业设置与职业岗位对接、教材内容与职业标准对接、教学过程与实践过程对接为目标，以做中学、做中教为理念，以超市收银基础知识、超市收银操作技能和超市收银延伸技能为基点，以项目引领、任务驱动为教学手段，坚持以服务为宗旨、以就业为导向、以能力为本位的原则，遵循将企业引入校园、将岗位引入课堂的思路，加强技能训练，实现上学如上班、上课如上岗，缩短由学生向员工过渡的磨合期，达到使学生快速上岗的目的。

本书具有以下特点：

1．教材主线清晰

以超市收银基础知识、超市收银操作技能和超市收银延伸技能为基点，以超市收银岗位工作过程为主线，对收银岗位所要掌握的知识与技能进行有针对性的学习和训练。

2．教学任务突出

在教育部大力倡导培养中职生实践能力的指导思想下，多数改革后的教材仍然沿用了旧的理论体系和课程教学模式，而本书则以做中学、做中教为理念，打破传统的学科体系，使教学理念与课程项目相匹配，构建以实践能力为本位、以任务课程为主体的新的项目化课程体系，即按超市收银基础知识、超市收银操作技能和超市收银延伸技能划分项目，按项目的每一个具体内容确定任务，以任务驱动组织教学，更易于中职学生的学习和训练。

3．学习目的明确

本书教学内容与收银岗位工作实际结合得更加紧密。以服务为宗旨，以就业为导向，以能力为本位，遵循将企业引入校园、将岗位引入课堂的思路，将收银员必备的基础知识、岗位核心技能和延伸技能以项目化的教学手段进行强化训练，实现上学如上班、上课如上岗，培养学生岗位实务全程操作能力，可实现快速上岗的目的。

4．教学资源丰富

本书以项目任务式进行编写，教材中包含了项目简介、项目要求和项目总结，每个任务包括任务引入、任务分析、知识准备、教师示范、学生模仿、实训练习、实训考评、知识训练、拓展训练、职业寄语等栏目，其中穿插有小知识、小案例、温馨提示、网络视频资源链接等。对学生而言，有利于学生的学习和训练，降低了学生学习的难度。对教师而言，提供电子教案（演示文稿）等教学资源参考，降低了教师教学的难度。

5．编写资源可靠

本书作者有过到大型连锁企业（如家乐福、中百仓储等）挂职锻炼的工作经验，对企业的工作流程、用人标准等有清晰、全面的了解。本书的编写也得到了武汉家乐福光谷店、中百仓储总部等企业的店长、收银主管的大力支持，为我们提供了企业收银工作的相关资料，有很强的针对性和说服力。

全书共分三大项目总计18个任务，建议每周4学时，共计72学时，具体分配如下：

项　目	内　容	建议课时
项目一	**超市收银基础知识**	**12**
任务1	认识超市卖场布局	2
任务2	初识超市收银岗位	2
任务3	遵守收银员职业道德	2
任务4	规范收银员仪容仪表	4
任务5	认识POS机	2
项目二	**超市收银操作技能**	**48**
任务1	掌握收银操作流程	4
任务2	商品扫描	4
任务3	手工录入商品条码	8
任务4	商品消磁	4
任务5	商品装袋	4
任务6	识别假钞	4
任务7	点钞训练	8
任务8	找零训练	4
任务9	刷卡结算	4
任务10	现金管理	4
项目三	**超市收银延伸技能**	**12**
任务1	做好防损与防骗	4
任务2	及时与顾客沟通	4
任务3	处理顾客纠纷与投诉	4
合　计		72

本书由武汉市供销商业学校杨涛和广东省中山市技师学院张锰担任主编，由武汉市供销商业学校张羽、广东省中山市技师学院陈冠之和广东省惠州商贸旅游高级职业技术学校黄慧群担任副主编，参编人员有武汉市供销商业学校的李利利和王兴星、武汉市第一商业学校的覃金菊、河北经济管理学校的郭萍，最后由杨涛统稿，由罗绍明担任主审。具体编写分工：杨涛编写项目一中的任务3、任务4和项目二中的任务1、任务3（部分）、任务9、任务10，

张锰编写项目二中的任务3（部分）、任务6，张羽和黄慧群编写项目二中的任务2、任务4、任务5和项目三中的任务1，陈冠之编写项目二中的任务7、任务8，李利利编写项目一中的任务1、任务2，王兴星编写项目一中的任务5，覃金菊编写项目三中的任务3，郭萍编写项目三中的任务2。

本书在编写过程中得到了广东省汕头市鮀滨职业技术学校罗绍明老师的悉心指导，还得到了武汉市供销商业学校、广东省中山市技师学院、广东省惠州商贸旅游高级职业技术学校、武汉市第一商业学校、河北经济管理学校、中百仓储总部、武汉家乐福光谷店、武商量贩农科城店等单位领导的鼎力支持，在此表示衷心的感谢！

由于时间仓促，加之作者的水平有限，书中难免有错误之处，恳请广大读者批评指正。

编 者

目 录

1

项目一　超市收银基础知识

项目简介

本项目主要学习超市收银的必备基础知识，为学习与训练收银岗位操作技能奠定基础，包括认识超市卖场布局、初识超市收银岗位、遵守收银员职业道德、规范收银员仪容仪表、认识 POS 机。超市收银基础知识如图 1-1 所示。

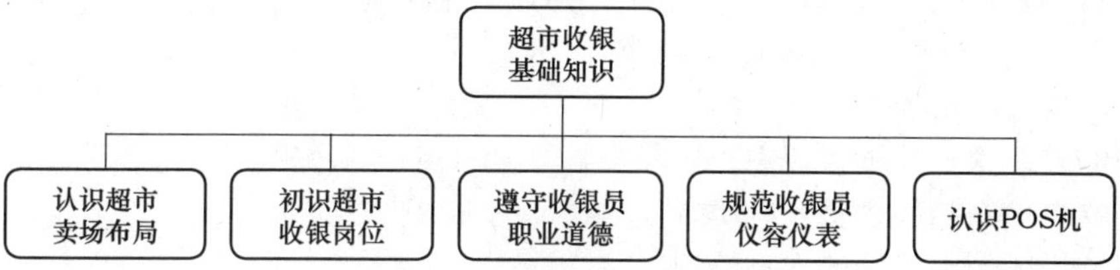

图 1-1　超市收银基础知识

项目要求

能够熟悉超市卖场布局，为顾客提供咨询服务；能够初步认识收银岗位，明确收银岗位的重要性；能够遵守收银员职业道德、规范收银员仪容仪表，以更好地约束收银行为，为顾客提供优质服务；能够熟练掌握 POS 机的结构、功能，为学习和训练收银操作技能打下良好的基础。

任务 1　认识超市卖场布局

任务引入

超市是超级市场的简称，最早产生于 1930 年的美国纽约。1930 年 8 月，美国人迈克尔·库仑在美国纽约州开设了第一家超市——金库仑联合商店。当时，美国正处在经济大危机时期，他的超市平均毛利率只有 9%，这和当时美国一般商店 25%～40%的毛利率相比是令人吃惊的。为了保证售价的低廉，必须做到进货价格的低廉，只有大量进货才能压低进价，迈克尔·库仑就以连锁的方式开设分号，建立起保证大量进货的销售系统，他首创了自助式销售方式，采取一次性集中结算。20 世纪五六十年代，超市在世界范围内得到较快的发展。在我国，超市是在 20 世纪 90 年代逐步发展起来的。经过几十年的发展，超市行业蒸蒸日上，已经成为人们生活中不可缺少的一部分。

任务分析

超市收银员是为顾客提供结算工作的。为了更好地做好收银工作，为顾客提供全面的优质服务，在掌握收银技能之前，需要对超市工作环境、商品知识、超市岗位划分等方面有一定的了解，具体而言，应该具备如下知识与技能：

（1）能够说出超市的含义。

（2）能够复述常见的零售业态。

（3）能够表述商品的含义及分类。

（4）能够描述超市卖场的布局情况。

（5）能够说出超市岗位的划分。

（6）能够复述磁石理论。

（7）能够对商品进行合理分类。

（8）能够运用磁石理论对超市卖场进行合理布局。

（9）能够画出超市卖场的布局图。

知识准备

一、零售业态认知

零售业态是指零售企业为满足消费者不同的消费需求和提高企业的竞争力，由不同的细分市场、目标顾客、商品结构、经营规模、销售方式、服务功能、门店选址、店面设施等因素构成的，具有稳定性强、特征突出的不同的零售商业组织类型和经营方式的具体形态。

国家质量监督检验检疫总局和国家标准化管理委员会联合颁布《零售业态分类》

（GB/T18106-2004）的国家标准（2004 年 10 月 1 日实施），将零售业态分为 17 种，分别为大型超市、超市、仓储会员店、百货店、食杂店、便利店、折扣店、专营店、专卖店、家居建材店、购物中心、厂家直销中心、电视购物、邮购、网上商店、自动售货亭、电话购物。这里主要介绍常见的五种零售业态，如图 1-2 所示。

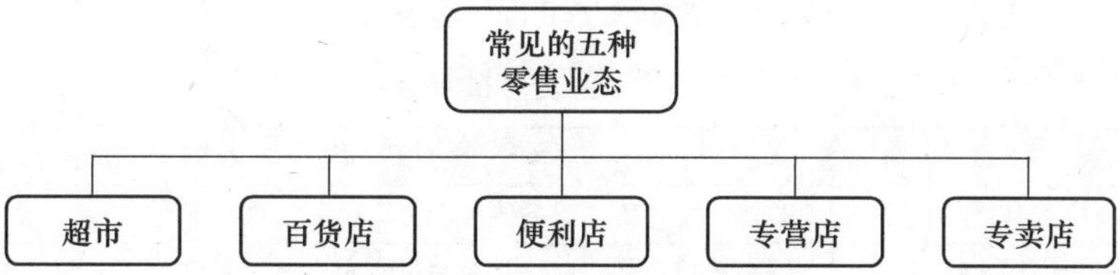

图 1-2 常见的五种零售业态

1. 超市

超市是指实行敞开式售货，采取顾客自选商品和集中结算的方式，销售各类食品和生活用品为主，以满足消费者日常生活需要的现代零售业态。超市较为突出的特点如图 1-3 所示。

图 1-3 超市的特点

小案例 世界排名第一的大型综合超市——沃尔玛

沃尔玛是一家世界性连锁零售企业，其品牌标志如图 1-4 所示，由零售业的传奇人物山姆•沃尔顿先生于 1962 年在美国阿肯色州成立。总部位于阿肯色州的本顿维尔。沃尔玛主要涉足零售业，是世界上雇员最多的企业，连续三年在美国《财富》杂志全球 500 强企业中居首位。目前，沃尔玛在全球 27 个国家开设了超过 10000 家商场，下设 69 个品牌，员工总数 220 多万人，每周光临沃尔玛的顾客 2 亿人次。

图 1-4 沃尔玛的品牌标志

沃尔玛提出“帮顾客节省每一分钱”的宗旨，实现了价格最便宜的承诺，沃尔玛还向顾客提供一流服务的新享受。公司一贯坚持“服务胜人一筹、员工与众不同”的原则。走进沃尔玛，顾客便可以亲身感受到宾至如归的周到服务。再次，沃尔玛推行“一站式”购物新概念。顾客可以在最短的时间内以最快的速度购齐所有需要的商品，在商品结构上，它力求富有变化和特色，以满足顾客的各种喜好。其经营项目繁多，包括食品、玩具、新款服装、化妆用品、家用电器、日用百货、肉类果菜等。这种快捷便利的购物方式吸引了越来越多的现代消费者。

2. 百货店

百货店，即百货商店，是指在一个建筑物内，经营若干大类商品，实行统一管理，分区销售，满足顾客对时尚商品多样化选择需求的零售业态。

百货店的选址一般在城市繁华区、交通要道；店面规模大，营业面积在 5000 平方米以上；商品结构以经营服装、服饰、衣料、家居用品为主，种类齐全、少批量、高毛利；设施豪华，店堂典雅、明快；采取柜台销售与自选（开架）销售相结合方式；采取定价销售，可以退货；服务功能齐全等。

总的来说，百货店的特点可以概括为三方面，见表 1-1。

表 1-1 百货店的特点

序　号	特　点	主要内容
1	百货店的营销特点	购物环境优美、服务体系完善、优良的企业形象
2	百货店的顾客特点	中高档消费者、追求时尚的年轻人、流动人口
3	百货店的商品特征	经营主流商品、扩张性商品、个性化需求强的商品

小案例　新世界百货有限公司

新世界集团是香港的知名企业，以物业、电信等核心业务为主。稳健的财务状况、多元化的业务组合、因时制宜的商业策略，使新世界集团变得更具实力，成为香港举足轻重的大财团。新世界集团看准市场契机，于 1993 年成立了新世界百货有限公司（以下简称“新世界百货”），其品牌标志如图 1-5 所示，并于翌年在中国华中地区最大的城市——武汉，经营管理了第一家百货商场。

新世界百货根据市场情况及自身优势，确定了中高档路线的市场定位。高雅、时尚的中青年一族是新世界百货的主要目标顾客。新世界百货针对不同城市的消费特点制订不同的市场策略，从装修风格、卖场布局，到货品陈列、商品组合，再到促销推广、顾客服务；从外观到内涵；从视觉到感觉，甚至听觉、嗅觉，每一细微之处，都务必让顾客享受到与众不同的购物乐趣。

图 1-5　新世界百货的品牌标志

“一站式”购物是当代购物模式的新主流，超市更是“一站式”购物的代表。新世界百货专门成立了超市部，为各地百货配套。全面、齐全、多选择的新世界超市成为顾客的新焦点。

经过多年辛勤的耕耘，新世界百货现已花木繁茂。从华中、华东到东北、华北再到西南的众多城市，新世界百货皆以其专业的管理人才、丰富的营运经验、灵活的营销手法，赢得了知名度，成为当地百货同业的典范。

3．便利店

便利店是指位于居民区附近，以经营即时性商品为主、满足便利性需求为第一宗旨，采取自选式购物方式的小型零售店。便利店是一种用以满足顾客应急性、便利性需求的零售业态。

便利店的兴起缘于超市的大型化与郊外化，超市的变化体现在距离、时间、商品、服务等诸多方面。例如，大型超市远离购物者的居住区，需驾车前往；卖场面积巨大，品种繁多的商品消耗了购物者大量的时间和精力；结账时还要忍受“大排长龙”等候之苦，以上种种使得那些想购买少量商品或满足即刻所需的购物者深感不便，于是人们需要一种能够满足便利购买需求的小超市来填补空白。

便利店的特点即优势主要体现在“四个便利性”，其特点如图 1-6 所示。

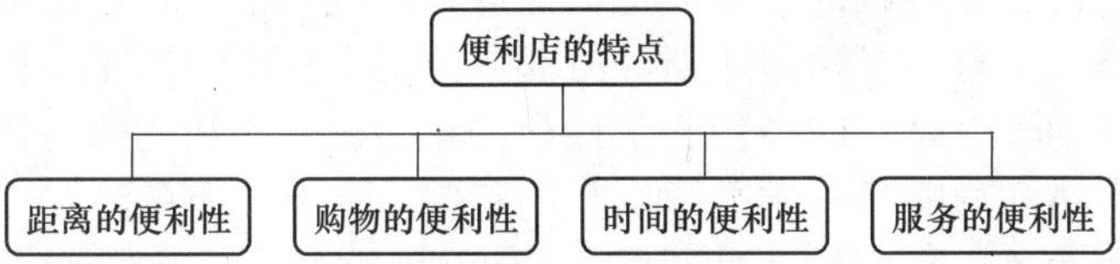

图 1-6　便利店的特点

小案例　加油站便利店

在国外，有车一族习惯于在加油站购买日常用品，方便快捷。中国石化加油站就设立了易捷便利店，其品牌标志如图 1-7 所示。目前加油站便利店商品全部实行的是统一进货、统一价格、统一结算、统一管理的模式，加油站商品由总部统一和茅台、中粮集团、西安开米、可口可乐、农夫山泉等知名公司和宜昌的三峡茗酥、湖北老巴王、湖北枝江酒业股份有限公司、湖北楚园春酒业股份有限公司等签订合同并配货，确保货物品质。集团化的运作降低了进货成本，销售价格和一般超市相当，有的甚至更低。加油站便利店实行 24 小时营业，方便司机和就近居民到加油站选购。作为目前中国规模最大、最具潜力的便利店，中国石化将利用“易捷”这个平台，使传统加油站升级为提供各类商品、汽车美容、快修保养、ATM、保险代理、彩票、“得来速”快餐等业务的服务站，成为“有车一族生活新驿站”。

图 1-7　易捷的品牌标志

4．专营店

专营店是从百货店中分化出来的，也叫专业店，是指专门经营一类商品或几类相关联商品的零售业态。专营店在某一类商品上做到了品种齐全，或在某一种商品上做到了款式多样、花色齐全。由于其经营商品种类的有限性和专业化，使得门店经营与管理相对简单、门店运营效率很高。门店能够提供完善专业的商品销售服务，营业员不但要了解商品的基本性能、功能和对顾客的吸引力所在，还要掌握商品的原料特性、工艺流程、使用与保养等各个方面的知识。完善的顾问式咨询和无顾虑的售后服务是专营店门店服务的典型特征。国美电器和苏宁电器就是典型的家用电器专营店，其标志如图 1-8 所示。

图 1-8　国美电器和苏宁电器的标志

5．专卖店

专卖店是指专门经营或授权经营某制造商品牌或中间商品牌，以适应消费者对品牌选择需求的一种零售业态。如特步、阿迪达斯、海澜之家，其标志如图 1-9 所示。专卖店门店经营商品的品牌具有排他性，是品牌经营的个性化的特点。专卖店的服务比一般的零售店的要求高，专卖店的营业员和导购员一定是该商品的行家，具有丰富的商品专业知识，能用令人信服的理由来引导顾客购买相应的商品。周到灵活的服务还体现在能够帮助顾客进行消费设计，根据顾客的特点，为他们设计生活、引导消费，提供多种个性化服务、多功能服务以及专项服务等。

图 1-9　特步、阿迪达斯、海澜之家的标志

二、商品知识

1．商品的含义

商品是零售企业获利的主要来源。所谓商品，是指用来交换的劳动产品，是使用价值和价值的统一体。它集物理特点、服务特色、象征特色于一身，而且可以满足消费者或者给消费者带来便利。以照相机为例，其主体部分是由镜片以及包围它的金属部分、塑胶部分构成，此外，照相机还有机套、附件、说明书等附属品，外加印有公司商标的精美外包装。站在消费者的立场，商品除了这些要素外，还要有经销商和生产商对购买商品者提供的服务。

小知识

商品能够满足人们某种需要的属性是商品的使用价值，即商品的功能、效用。凝结在商品中的无差别的人类劳动就是商品的价值，价值通过价格体现。

2．商品的分类

商品可以按不同标准进行分类。从门店经营活动的角度看，可以从商品的形态、用途，顾客的购买方式、购买习惯等方面分类，以体现销售对象、使用目的和销售方式等，为企业采取正确的商品策略提供条件。按商品的耐久性和有形性分类，可以分为耐用品、消耗品等；按消费者对商品的选择程度，可以分为便利品、选购品、特殊品、非渴求品；按经营业务种类和消费者购买习惯，可以分为日用杂品、日用百货、专用品、流行商品等。

3．商品包装

包装就是装商品的容器。一件商品一般有三层包装：①内层包装是指产品的直接包装；②中层包装是指保护首要包装的包装物；③外层包装是指为了便于储运、识别某些产品的外包装。例如牙膏，装牙膏的那个塑料管是内层包装，附有各种图案的纸盒子是中层包装，装卸搬运用的黄色硬纸盒是外层包装。

作为超市的收银员、理货员、收货员等一线服务人员，需要了解商品的包装标记和包装标志。

包装标记是指根据商品的特征和商品收发事项，在包装上用文字和阿拉伯数字表明的规定记号。包装标记的三个方面，见表 1-2。

表 1-2　包装标记的三个方面

序　号	包 装 标 记	说　明
1	商品标记	注明包装内的商品特征的文字记号，反映内容主要是商品名称、规格、型号、计量单位、数量
2	重量体积标记	注明整体包装的重量和体积的文字记号，反映的内容主要是毛重、净重、皮重和长、宽、高尺寸
3	收发货地点和单位标记	注明商品起运、到达地点和收发货单位的文字记号，反映的内容主要是收发货的具体地点和收发货单位的全称

包装标志是用来指明包装内容物的性质，为了运输、装卸、搬运、储存、堆码等的安全要求或理货分运的需要，在外包装上用图像或文字表明的规定记号。常见的包装储运图示标志见表 1-3。

表 1-3　包装储运图示标志

序　号	标 志 名 称	标 志 图 形	含　义
1	易碎物品		运输包装件内装易碎品，因此搬运时应小心轻放
2	禁用手钩		搬运运输包装件时禁用手钩
3	向上		表明运输包装件的正确位置是竖直向上
4	怕晒		表明运输包装件不能直接照晒
5	怕辐射		包装物品一旦受辐射便会完全变质或损坏
6	怕雨		包装件怕雨淋
7	重心		表明一个单元货物的重心

（续）

序　　号	标志名称	标志图形	含　　义
8	禁止翻滚		不能翻滚运输包装件
9	此面禁用手推车		搬运货物时此面禁止使用手推车
10	禁用叉车		不能用升降叉车搬运的包装件
11	由此夹起		表明装运货物时夹钳放置的位置
12	此处不能卡夹		表明装卸货物时此处不能用夹钳夹持
13	堆码重量极限		表明该运输包装件所能承受的最大重量极限
14	堆码层数极限	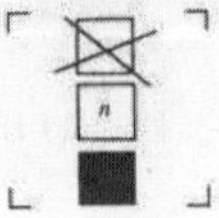	相同包装的最大堆码层数，n 表示层数极限
15	禁止堆码		该包装件不能堆码并且其上也不能放置其他负载
16	由此吊起	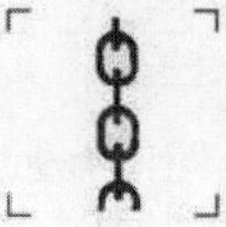	起吊货物时挂链条的位置
17	温度极限		表明运输包装件应该保持的温度极限

教师示范

一、超市岗位划分

超市的一线服务性岗位主要有六个。超市六大岗位如图 1-10 所示。

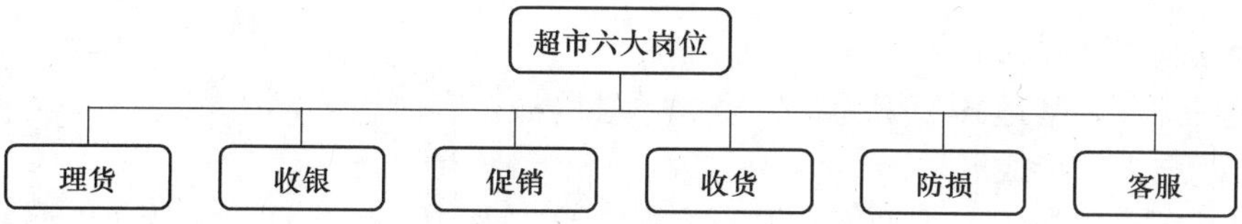

图 1-10 超市六大岗位

二、超市卖场布局

超市卖场的布局很有讲究，好的布局可以为顾客带来便利，为超市带来销量。图 1-11 是某大型超市（只有一层）的布局图，很具有代表性。作为收银员，或者说只要是超市的员工，都应该熟悉该超市的布局，更好地为顾客提供服务。

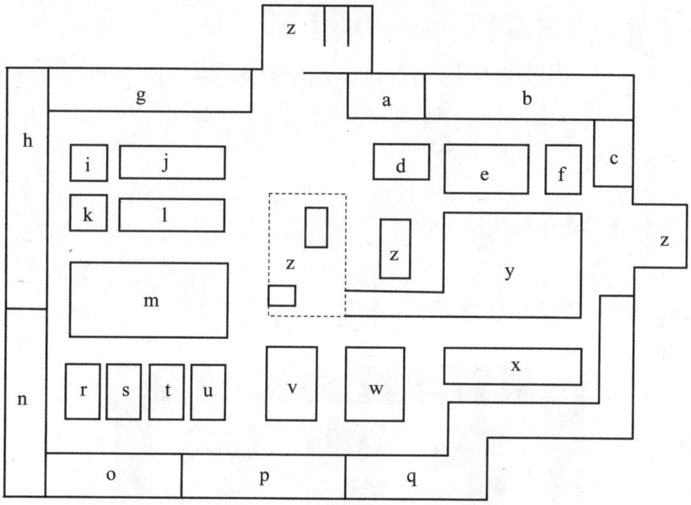

图 1-11 某大型超市的布局图

在图 1-11 中，各区的商品配置为：a. 茶叶区；b. 药品区；c. 快速冲印区；d. 鲜花区；e. 糕点区；f. 烟酒区；g. 面包区；h. 糕点区；i. 面包区；j. 乳制品、水果区；k. 饮料区；l. 乳制品区；m. 饮料、调味品、膨化食品、饼干等；n. 鲜肉区；o. 蔬菜区；p. 鲜鱼区；q. 家庭用品区；r. 蔬菜区；s. 冷冻食品区；t. 冰淇淋区；u. 鲜鱼冷冻区；v. 推荐商品区；w. 日用品区；x. 厨房用品区；y. 超市收银区；z. 电梯区。

小知识 超市卖场布局原则

（1）有利于商品销售和提高服务的原则。开超市的目的是为顾客提供服务和商品销售，所以超市的布局设计必须遵循促进销售和便于服务的原则。

（2）方便顾客的原则。要让顾客在消费的过程中，容易得到服务和寻找想买的商品，便于商品的发现、获得、搬运等，使顾客能节省时间。

（3）节约成本的原则。合理的卖场布局要有利于节约顾客寻找商品的时间、便于企业进行管理商品和提高超市营业面积的利用率，降低营业成本等。

（4）统一性和灵活性相结合的原则。这是对连锁超市来说的，统一性要求超市要体现出连续企业的经营特色，灵活性要求了解门店所在地区的消费特点，并进行适当调整。

1．超市卖场的商品布局

（1）饮料部。以落地式货架为主，多为单独区域，有时也和酒类相邻摆放。有些饮料品牌会在卖场做堆头，形成展示区。

（2）食品部。以饼干、方便面、儿童食品、乳制品为主，多摆放在店铺卖场中央位置，用落地式货架陈列。以纵向布局为主，强调多品牌竞争。

（3）日用品部。主要包括洗涤用品、卫生用品和其他日用杂货，一般摆放在店铺中后区域，采用落地式货架陈列。

（4）生鲜食品部。以蔬菜、冷冻食品、鱼、肉等为主，多用冰柜陈列，摆放在购物通道的最后区域。

（5）粮油食品部。主要包括食用油、大米、调料等，通常和生鲜食品部相邻。

2．磁石理论在超市卖场商品布局中的运用

超市卖场中的磁石是指能够吸引顾客注意力的商品或地方。所谓磁石理论，是指在超市卖场商品布局和配置中，在最具吸引顾客注意力的地点，配置以合适的具有吸引力的商品，从而形成磁石点和磁石商品的最佳组合，达到促进销售和增加销售的目的。在超市卖场中形成这种对顾客最具吸引力的磁石点，必须靠科学的商品配置策略和技巧来完成。

一般而言，超市卖场中具有对顾客吸引力的磁石点有五个，要按不同的磁石点来配置相应的商品，以充分发挥磁石点的作用，超市卖场商品布局中的磁石点如图 1-12 所示，超市卖场的五大磁石点具体的商品配置策略见表 1-4。

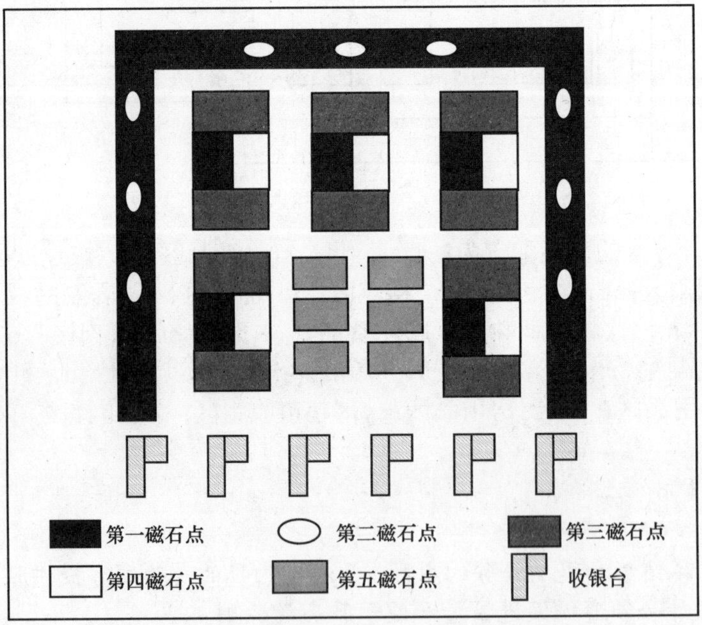

图 1-12　超市卖场商品布局中的磁石点

表 1-4　超市卖场的五大磁石点具体的商品配置策略

磁　石　点	磁 石 位 置	配 置 要 点	配 置 商 品
第一磁石点	位于主通路的两侧，是消费者必经之地，也是商品销售最主要的地方	由于特殊的位置优势，不必刻意装饰即可达到很好的销售效果	1．消费量多的商品 2．消费频度高的商品 3．主力商品

（续）

磁石点	磁石位置	配置要点	配置商品
第二磁石点	穿插在第一磁石点中间，位于次通路的末端，通常是在商店的最里头	第二磁石点商品负有诱导消费者走入卖场最里面的任务，要突出照明度及陈列装饰	1. 最新的商品 2. 具季节感的商品 3. 明亮、华丽的商品
第三磁石点	位于超市陈列货架两头的端架位置	第三磁石点商品就是要刺激消费者、留住消费者，且是卖场中顾客接触频率最高的位置，盈利机会大，应重点配置，商品摆放做到三面朝外	1. 特价商品 2. 大众化的品牌、自有品牌的商品 3. 季节商品 4. 高利润商品
第四磁石点	卖场中副通道的两侧	是要让消费者在长长的陈列线中间引起注意的位置。这个位置的配置不能以商品群来规划，而必须以单品来规划，需要在陈列方法和促销方式上刻意体现	1. 热销商品 2. 有意大量陈列的商品 3. 广告宣传商品
第五磁石点	卖场堆头	能够引起一定程度的顾客集中，烘托门店气氛，展销主体需要不断变化	用于大型展销、特卖活动或者节日促销的商品

学生模仿

一、实训物资准备

超市工作场景或模拟情境；白纸若干张。

二、实训人员组织

全班自由结合分组，每组 4～6 人，自行确定各组组长并进行分工。在各组组长的带领下，对超市卖场布局和磁石理论加以巩固，并结合校园超市或曾经去的超市，画出其卖场布局图。

三、实训时间安排

每个学生参与实训的时间不少于 15 分钟。

四、学生模仿过程

（1）各组成员对零售业态、商品知识、超市卖场布局、磁石理论进行学习与巩固。

（2）参观校园超市卖场环境和布局（或看超市卖场图片、回忆自己曾经去过的超市的布局）。

（3）画出超市卖场布局图，并就所画的超市卖场布局图进行分享、交流。

（4）老师进行点评，强调超市卖场布局的要点，指出作为收银员（包括超市其他岗位的员工）要熟悉超市卖场布局的意义和必要性。

实训练习

练习一　认识超市六大岗位

超市的一线服务性岗位主要有六个，包括收银、理货、客服、防损、收货、促销，结合老师的介绍进行讨论，总结出各个岗位的主要工作内容，从而对各岗位特别是收银岗位有一个感性的认识，将超市六大岗位主要的工作内容填在表 1-5 中。

表 1-5 超市六大岗位主要的工作内容

序 号	岗 位	主要工作内容
1	收银	
2	理货	
3	客服	
4	防损	
5	收货	
6	促销	

练习二 指出超市卖场商品布局中的磁石点

将超市卖场商品布局中的五大磁石点填在图 1-13 的横线处。

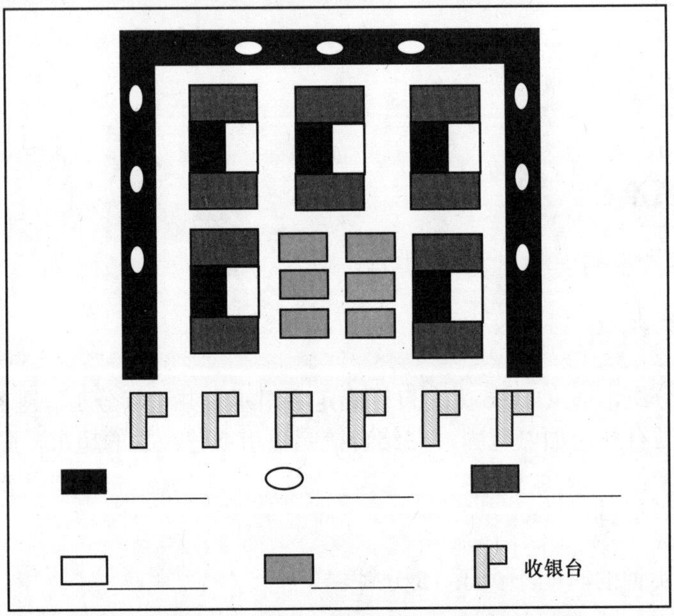

图 1-13 超市卖场商品布局中的五大磁石点

练习三 优化超市卖场布局图

（1）进一步回顾磁石理论。

（2）结合之前所画的超市卖场布局图，运用磁石理论，各组进行分析讨论，对本组的超市卖场布局图做进一步的优化与修改。

（3）各组根据讨论结果，重新画出优化后的超市卖场布局图。

（4）各组进行分享、讲解、交流、评比。

（5）老师进行点评，肯定优点，指出不足，对磁石理论和超市卖场布局做进一步巩固。

实训考评

【要求】根据实训情况完成认识超市卖场布局实训效果评价，见表 1-6。

表 1-6　认识超市卖场布局实训效果评价

考核项目	考核标准	得分/分
职业素养（20 分）	1．按时出勤，课堂表现好（10 分）	
	2．仪容仪表标准（10 分）	
关键能力（60 分）	1．能够识别常见的商品储运标志（10 分）	
	2．能够灵活运用磁石理论（15 分）	
	3．能够对商品进行合理分类（10 分）	
	4．能够画出超市卖场布局图（15 分）	
	5．具备良好的团队合作精神（5 分）	
	6．具备一定的组织协调能力（5 分）	
知识技能（20 分）	1．能够说出超市的含义（4 分）	
	2．能够列举出常见的零售业态（4 分）	
	3．能够说出商品的含义及分类（4 分）	
	4．能够列举超市的六大岗位（4 分）	
	5．能够描述磁石理论（4 分）	
合计得分		

心得体会：

知识训练

一、不定项选择题（请将最佳选项代号填在括号中）

1．下列属于超市的有（　　）。

A．沃尔玛　　B．国美电器　　C．家乐福　　D．华润苏果超市

2．便利店的特点有（　　）。

A．距离的便利性　　B．购物的便利性　　C．时间的便利性　　D．服务的便利性

3．一般而言，超市卖场中具有对顾客吸引力的磁石点有（　　）个。

A．三　　B．四　　C．五　　D．六

4．超市卖场中的第一磁石点位于（　　）。

A．主通路两侧　　B．卖场中副通道的两侧

C．超市陈列货架的两端　　D．卖场堆头

5．商品一般有（　　）层包装。

A．三　　B．四　　C．五　　D．六

二、判断题（正确的打“√”，错误的打“×”）

1．收银员是为顾客提供结算服务的，不需要熟悉超市布局。（　　）

2．专营店是指专门经营或授权经营某制造商品牌或中间商品牌，以适应消费者对品牌选择需求的一种零售业态，如特步、阿迪达斯、海澜之家。（　　）

3．磁石理论是指在超市卖场商品布局和配置中，在最具吸引顾客注意力的地点，配置以合适的具有吸引力的商品，从而形成磁石点和磁石商品的最佳组合，达到促进销售和增加销售的目的。（　　）

4．便利店是指位于居民区附近，以经营即时性商品为主，以满足便利性需求为第一宗

旨，采取自选式购物方式的小型零售店。（　　）

5. 超市是指实行敞开式售货，采取顾客自选商品和集中结算的方式，以销售各类食品和生活用品为主，满足消费者日常生活需要的现代零售业态。（　　）

三、案例阅读

家乐福的卖场布局

超市卖场布局的主要工作是对内部的规划，有些卖场是多层的，如家乐福，门店分为上下两层，进入卖场后先是随扶梯上二层，然后才能下一层交款，不能直接在一层购物，这样的目的是将顾客在卖场内的逗留时间延长，以便有更多的机会向顾客展示商品。卖场的设计也是本着这一目的让顾客在超市内滞留时间最大化。

家乐福的布局设置是通过将高购买率、最吸引顾客的商品或区域放在门店的最深处或主要的通道上，以便吸引顾客完全地将门店光顾一遍。在家乐福二层主要是展示一些非食品的商品。从二层卖场入口进入后主要是家电（如电视、空调、电扇等）和手机售卖区。在卖场中部主要划分为四部分：音像制品（如书籍、VCD等）、家居用品（如睡衣、拖鞋等）、日常用品（如电池、水杯、饭盒等）、衣物（如衬衣、内衣等）。在卖场最靠后的左手位置主要是卫生洗涤用品（如皂类、卫生纸、牙刷等）；中间位置主要是10排左右的落地货架，主要放置化工品（如洗发水、洗面奶等）；右手位置主要是化妆品的销售（如雅芳、美宝莲等品牌），并有醒目的品牌标志。

接下去是一层食品区的布局。熟食、生鲜、速冻等最吸引顾客的区域设置在门店的最内部，一方面靠近后场的作业区，另一方面还可以吸引顾客走遍全场。果蔬区通常的布局是满足顾客的相关购物需求，安排在肉食品区的旁边。由于奶制品和冷冻品具有易融化、易腐蚀的特点，所以一般它被安排在顾客购买流程的最后，也就是临近出口，同时奶制品和冷冻品通常在一起，这样有利于设备的利用。

拓展训练

【任务】观察某一大型超市的卖场布局，将看到的情况填在某大型超市卖场布局情况调查表（见表1-7）中。

表1-7　某大型超市卖场布局情况调查表

超市名称				
序　号	项　目	位　置	陈列的商品类别	陈列的主要商品
1	第一磁石点			
2	第二磁石点			
3	第三磁石点			
4	第四磁石点			
5	第五磁石点			

体会：（如超市卖场布局的重要性、收银员等超市工作人员需要熟悉超市卖场布局的必要性、你所看到的超市卖场布局有无需要改进的地方等）

职场寄语

现代商业竞争日益激烈，超市销售情况的好坏，在很大程度上依赖于客流量，超市的卖场布局已不单纯是商品、货架、柜台的组合形式，它还承担着重要的促销宣传的作用。合理独到的卖场布局，能够吸引更多的顾客前来购物，并能增加顾客购买商品的欲望，提高超市的经济效益。

顾客在超市购物的过程中会经常遇到这样的情况：想买某种商品，不知道在什么位置，此时，作为超市的任何一个工作人员，都应该熟悉整个超市卖场的布局，及时为顾客提供帮助，这样才能提高顾客的满意度。

任务2 初识超市收银岗位

任务引入

超市收银岗位是超市的一线服务性岗位之一。收银员不仅直接与顾客接触，还与现金打交道，可以说，收银工作是一种经济管理活动，是超市经营活动中不可缺少的重要组成部分。从小型零售商店，到大中型百货商场、超市，全部都设有专门的收银台，并配备专业的收银人员从事收银工作。

任务分析

在竞争日趋激烈的市场经济中，收银工作有着非常重要的作用。在很多情况下，顾客对超市的印象在很大程度上会受到收银员工作表现的影响。在学习和掌握收银员必备的知识与技能之前，需要首先了解一下到底什么是收银员、收银员要做些什么，为了更好地了解收银员工作，需要完成以下任务：

（1）能够说出收银员的定义。

（2）能够复述收银工作的主要内容。

（3）能够列举收银工作的特点。

（4）能够结合案例总结出收银岗位的主要职责。

（5）能够通过分析讨论案例认可收银工作，不产生畏难情绪。

知识准备

一、收银工作的主要内容

收银员是指专门从事收取现金、刷卡等，为顾客提供结算服务，并对本收银台的当班销售额进行核算的人员。收银员的工作大致包括以下几个方面：

（1）收银设备的日常管理与维护。

（2）为顾客提供购物的结账、收款、找零服务。

（3）负责现金、各种票据的安全保管工作。

（4）备用金及相关用品的领取与管理。

（5）负责现金、各种票据的收取与上交。

小案例　某超市的收银员招聘信息

招聘岗位：收银员

工作性质：全职

年龄：20 岁以上

性别要求：女

岗位职责：（1）做好收银结算工作。

（2）妥善保管收银设备、现金及各类单据。

（3）汇总收据、发票，规范填写相关报表并做好交接。

（4）了解公司的各种运营作业及促销活动，解答顾客咨询。

（5）完成领导交办的其他工作。

任职条件：（1）熟悉超市收银工作流程，熟练操作收银设备。

（2）形象气质良好，有较强的服务意识、责任心及团队精神。

（3）中专（含）以上学历，品德良好，能适应倒班工作。

（4）会计及商贸类专业毕业者优先。

（5）有会计证、收银员上岗证或出纳工作经验者优先。

二、收银工作的基本特点

作为一个专门的岗位和一项专门的技术，收银工作主要有五大特点，如图 1-14 所示。

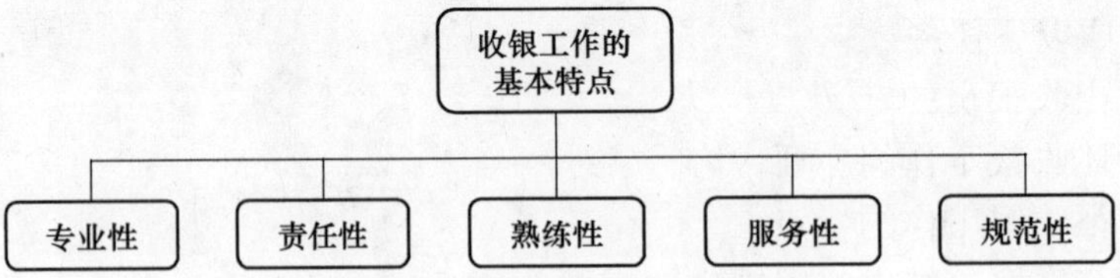

图 1-14　收银工作的基本特点

1．专业性

收银工作有着专门的操作技术和工作要求，不是任何人都能胜任的，是一项专业性很强的工作。

2．责任性

收银员每天收取大量的现金，而这些现金既关系着超市的经济利益，又关系到顾客的切身利益，因此，收银员必须有高度的责任心。

3. 熟练性

由于超市的客流量较大，为了减少顾客交款等待的时间，收银员必须操作熟练，从而提高工作效率。

4. 服务性

收银工作是一项服务性工作，收银员的服务态度直接影响到了超市的经济效益。因此，收银员必须树立服务观念，增强服务意识。

5. 规范性

收银工作的各个环节只有按照一定的流程进行，执行一定的工作标准，才能保证收银工作的服务质量，并且不出现差错。

教师示范

收银岗位职责

以下是某超市的收银岗位职责，这里只做简单的了解，对收银工作有一个感性的认识即可，在后续各个任务中再做进一步学习与训练。

（1）有强烈的工作责任心，遵守考勤制度，负责超市的收银工作。

（2）以良好的仪容仪表、饱满的精神，向顾客提供准确、快捷、礼貌的优质服务。

（3）掌握现金、刷卡等结账程序。

（4）严格遵守财务制度，每天的现金收入必须及时上交，做到账款相符。

（5）备用金必须每天核对，不得以任何借口借给任何人，或私自挪用。

（6）上班时间不得携带私人现金上岗操作。

（7）如需暂离收银台，必须得到批准，且应注意钱款安全。

（8）能够快速识别真假钞。

（9）熟练掌握收银流程。

（10）不得在收银台前与任何人闲谈，非工作人员不许进入收银台。

（11）不得使用计算机做与收银无关的事情。

（12）不得向无关人员和外界泄露超市的营业收入情况。

（13）能够对相关收银设备做好日常的维护与保养工作。

（14）及时做好收银台的清洁工作。

（15）遇特殊情况无法自行处理的，请及时与收银主管或相关人员取得联系。

学生模仿

一、实训物资准备

超市工作场景或模拟情境。

二、实训人员组织

全班自由结合分组，每组 4～6 人，自行确定各组组长并进行分工。在各组组长的带领下，对收银岗位职责进行总结。

三、实训时间安排

每个学生参与实训的时间不少于 10 分钟。

四、学生模仿过程

（1）各组成员对收银岗位的相关知识进行学习与巩固。
（2）各组进行讨论，谈谈对收银工作的认识。
（3）各组派代表进行分享、交流。
（4）老师进行点评，强调收银工作的重要性。

实训练习

练习一　收银岗位职责

结合小组讨论、分析的结果，总结出你认为收银工作最重要的五条岗位职责，并写在下面的横线上。

1. ____________________
2. ____________________
3. ____________________
4. ____________________
5. ____________________

练习二　体会收银工作

以下有三个案例，都是收银员做收银工作的体会，从不同的角度较为全面地阐述了她们对收银工作的认识。各小组阅读案例后展开分析讨论，要求大家能够正确、客观地看待收银工作，不要产生畏难情绪，要认识到收银工作的重要性，从内心认可收银员这个职业。讨论后各小组派代表发言，谈谈自己对收银工作的感性认识，并在课下将它写下来。

案例一：我做收银工作已经两年了，从上岗的那一天起就希望自己能成为一名优秀的收银员。记得曾听说过这样一句话："越是艰苦的地方，越能锻炼人的意志，越能使人感到充实。"做收银工作之后更能感受到这句话的意义。每天基本上在同一个收银台工作几个小时，面对的是数不清的顾客，其中的艰辛是不言而喻的，但我并没有因此而放弃过。"顾客就是上帝"的宗旨，在收银员这平凡的岗位上，肩上的担子却不轻：每天重复着相同的工作，还要对顾客解释他们所有的疑问，而且不管顾客说了多么刻薄的话，都必须学会忍耐，把所有的委屈压在心底。在工作中，面对顾客时要时刻保持微笑。微笑是最迷人的表情，一个微笑不费分文却给予甚多，懂得对生活微笑的人，将会拥有美丽的人生，当你微笑时，世界也在对你微笑。还有就是要讲究语言艺术，俗话说："温语慰心三冬暖，恶语伤人七月寒。"不要与顾客发生争执，不侮辱、挖苦、讽刺顾客。这就是我体会到的。

案例二：作为与现金直接打交道的收银员，我认为必须遵守超市的作业纪律。收银员在营业时身上不可带有现金，以免引起不必要的误解和可能产生的公款私挪的现象。收银员在进行收银作业时，不可擅离收银台，以免造成钱币损失或引起等候结算顾客的不满与抱怨。收银员在营业期间不可看报与谈笑，要随时注意收银台前和视线所见的卖场内的情况，以防止和避免不利于企业的异常现象发生。收银员要熟悉卖场上的商品，尤其是特价商品，以及有关的经营状况，以便顾客提问时做出及时、正确的解答。以上是我的切身感受。

案例三：收银台是为顾客服务的窗口，是超市形象的代表。从走上岗位的那一刻起，我就下定决心一定要做一名合格的、优秀的收银员。有人说，收银员的工作是枯燥的，但我说，收银员的工作是神圣的，我热爱它。一声亲切的问候，一个甜甜的微笑，拉近了顾客与我们之间的距离。在工作中，我本着"顾客就是上帝"的宗旨，热情、真诚地服务每一位顾客，让他们能够真正地享受我们优质的服务。有时顾客会因为排队时间长而对我们的工作不满，有的顾客根本就不听你的解释，对你大喊大叫，甚至满口脏话，我十分委屈，但是只要我们公司的利益不受损害，顾客发泄一下又何妨呢，我委屈一点儿不算什么。每天周而复始地工作，这样的事情经常会发生，但我始终牢记企业的服务宗旨："为顾客创造价值。"我用真心、真诚与顾客筑起了心与心之间的桥梁。同时我清楚地认识到，要成为一名合格的收银员不容易，不仅要有实干精神，还要善于谋略；不仅要熟悉好收银的业务，还需要有很强烈的服务意识和良好的沟通能力。因此，我必须树立以顾客为中心、全心全意为顾客服务的经营理念，从自身做起，增强服务意识与水平。对待顾客，永远都会做到更好，融化在每一句"谢谢"、每一声"您好"中；也只有在顾客诚恳的一句"你们超市的服务就是好"的话中，我们才会感到由衷的欣慰和喜悦。我用真情和诚挚的语言赢得了广大顾客的心，也许我们永远默默无闻，但只要我们把对事业的情、对岗位的爱奉献给顾客，只要能使千千万万的顾客笑颜永驻，我们一切都心甘情愿！

实训考评

【要求】根据实训情况完成初识超市收银岗位实训效果评价（见表 1-8）。

表 1-8 初识超市收银岗位实训效果评价

考核项目	考核标准	得分/分
职业素养（20 分）	1. 按时出勤，课堂表现好（10 分）	
	2. 仪容仪表标准（10 分）	
关键能力（60 分）	1. 能够对收银岗位有一个正确的感性认识（10 分）	
	2. 能够结合案例总结出收银岗位的主要职责（15 分）	
	3. 能够认可收银工作，不产生畏难情绪（15 分）	
	4. 具备良好的团队合作精神（10 分）	
	5. 具备一定的组织协调能力（10 分）	
知识技能（20 分）	1. 能够说出收银员的定义（5 分）	
	2. 能够复述收银工作的主要内容（10 分）	
	3. 能够列举收银工作的特点（5 分）	
合计得分		
心得体会：		

知识训练

一、不定项选择题（请将最佳选项代号填在括号中）

1. （　　）是指专门从事收取现金、刷卡等，为顾客提供结算服务，并对本收银台当班销售额进行核算的人员。

A. 理货员　　B. 收货员　　C. 收银员　　D. 促销员

2. 下列属于收银工作基本特点的有（　　）。

A. 专业性　　B. 规范性　　C. 熟练性　　D. 服务性

3. 下列属于收银工作内容的有（　　）。

A. 为顾客提供购物的结账、收款、找零服务

B. 收银设备的日常管理与维护

C. 负责现金、各种票据的安全保管工作

D. 对超市采购的货物进行验收

4. 收银员每天收取大量的现金，而这些现金既关系着超市的经济利益，又关系到顾客的切身利益，因此，收银员必须有高度的责任心。这体现了收银工作的（　　）。

A. 专业性　　B. 规范性　　C. 熟练性　　D. 责任性

5. 收银工作的各个环节只有按照一定的流程进行，执行一定的工作标准，才能保证收银工作的服务质量，并且不出现差错。这体现了收银工作的（　　）。

A. 规范性　　B. 专业性　　C. 熟练性　　D. 责任性

二、判断题（正确的打“√”，错误的打“×”）

1. 收银工作有着专门的操作技术和工作要求，不是任何人都能做的，是一项专业性很强的工作。（　　）

2. 收银员与现金直接打交道，必须保证现金的准确、安全，对收银速度没有要求。（　　）

3. 收银员在没有顾客结账时，可以利用计算机玩游戏，以免无聊。（　　）

4. 收银工作是一项服务性工作，收银员的服务态度直接影响超市的经济效益。因此，收银员必须树立服务观念，增强服务意识。（　　）

5. 收银员在收款时必须核对钞票的真伪，避免收到假钱。（　　）

三、案例阅读

收银工作失误引发的投诉

一天，在超市客服中心接到这样一个投诉：顾客杨某一家在结账后无意中发现，他的小票上多录入了 2 件他并没有购买的商品。杨某当时非常气愤地跑到顾客服务中心大骂道：“你们这简直是诈骗犯!”，而且一直嚷嚷“如果不对这件事做出合理解释，我就投诉到消协”，还口口声声说“要炒掉这样的员工，要狠狠地处罚她”。闻讯而来的主管马上拿过计算机小票进行核实，发现情况确实如此。主管立即向顾客道歉，并将这一家子引至自己的办公室内，倒水安慰他们。待他们冷静后，主管再次对收银员工作的失误进行诚恳的道歉和检讨，并答应就此事要对该收银员进行严肃的处理和教育。当时商场正在进行有奖促销活动，主管就多给了他们几张抽奖券，并说：“这次差错是我们工作中的一次失误，我们一定会引以为戒，提高我们员工的工作质量，希望您能继续支持和相信我

们超市。”在主管的耐心解释下，杨某一家才慢慢地消了气，并主动说：“算了，也不要炒掉她了，现在找一份工作也不容易，但要好好教育她，不能再出现这样的失误，否则对你们商场的声誉影响太坏了。”

拓展训练

【任务】观察某大型超市收银员的工作，将看到的情况填在某大型超市收银员工作情况调查表（见表1-9）中。

表1-9　某大型超市收银员工作情况调查表

超市名称		
序　号	项　目	具体描述
1	工作内容	
2	服务态度	
3	收银速度	
4	顾客反映	
5	整体评价	

体会：

职场寄语

在案例《收银工作失误引发的投诉》中，收银员发生这样的失误，说明她不是基本功不扎实就是责任心不强。作为管理人员应针对员工的不同情况加以处理，如果是责任心不强应加强态度培训，如果是基本功不扎实则应加强专业技能培训，尽量减少收银员的差错。

从这一案例中我们应该认识到，收银员的工作需要专业的收银操作技能，也需要有强烈的责任心，要想做一名合格、优秀的收银员，需要付出极大的努力。

任务3　遵守收银员职业道德

任务引入

每个人无论从事哪种职业，在自己的职业活动中都需要遵守职业道德。比如教师要遵守教书育人、为人师表的职业道德；医生要遵守救死扶伤的职业道德；超市和百货商场中，为顾客提供面对面服务的导购员需要诚实亲切、公平交易的职业道德；而收银员作为超市和百货商场中另一个为顾客提供面对面服务的群体，他们的职业道德直接代表了整个企业的服务水平。因此，要做好收银工作，必须先确立正确的职业道德。

任务分析

70 岁的张婆婆每次购物都有核对小票的习惯，这天张老婆婆购完物后发现自己没有戴老花镜，所以要收银员小敏帮忙核对一下购物小票上的钱数。可是小敏看了张婆婆一眼说：“您看看后面排队的那么多人，眼神不好还出来逛什么啊？小票上不是有吗？自己回家慢慢对呗！”张婆婆一听此话，一怒之下打了小敏一耳光。对于这一耳光，虽然张婆婆不应该，可是小敏也应该从自身找原因，如果她记得自己的职业道德要求，就不会对顾客讲出不合时宜的话了，也就不会造成这样的后果。

因此，要想避免类似情况再次发生，作为收银员，应该具备如下知识与技能：

（1）能够说出职业道德的含义。

（2）能够复述收银员职业道德规范。

（3）能够按照收银员职业道德要求严格规范自己的行为。

（4）能够对收银员职业道德加强训练，真正提高自身的道德修养和职业素养。

知识准备

一、职业道德的含义

职业道德是指与人们的职业活动紧密联系的符合职业特点所要求的道德准则、道德情操与道德品质的总和，是人们在从事职业活动的过程中形成的一种内在的、非强制性的约束机制。职业道德不仅是从业人员在职业活动中的行为标准和要求，而且还是本行业对社会所承担的道德责任和义务。

二、职业道德的特点

职业道德主要有四大特点，如图 1-15 所示。

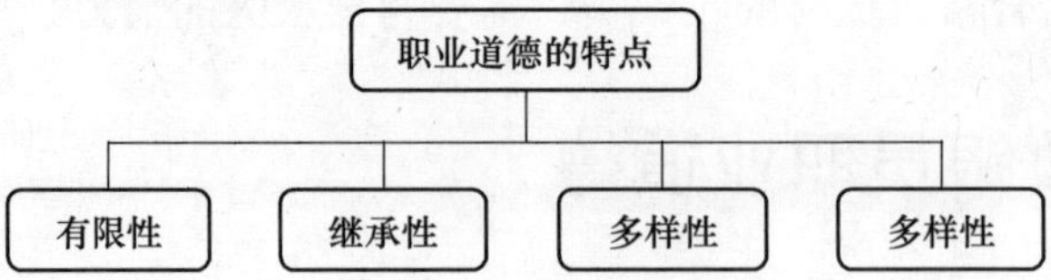

图 1-15 职业道德的特点

1. 适用范围的有限性

每种职业都担负着一种特定的职业责任和义务。由于各种职业的职业责任和义务不同，从而形成了各自特定的职业道德规范。

2. 发展的历史继承性

由于职业具有不断发展和世代延续的特征，不仅其技术世代延续，其管理员工的方法、与服务对象打交道的方法也有一定的历史继承性。如“有教无类”“学而不厌，诲人不倦”等，从古至今始终是教师的职业道德。

3．表达形式的多样性

由于各种职业的职业道德的要求都较为具体、细致，因此其表达形式也多种多样。

4．强烈的纪律性

纪律也是一种行为规范，但它是介于法律和道德之间的一种特殊的规范。它既要求人们能自觉遵守，又具有一定的强制性。就前者而言，它具有道德色彩；就后者而言，又具有一定的法律色彩。也就是说，一方面，遵守纪律是一种美德；另一方面，遵守纪律又具有强制性，具有法令的要求。如工人必须执行操作规程和安全规定；军人要有严明的纪律等。因此，职业道德有时又以制度、章程、条例的形式出现，让从业人员认识到职业道德具有纪律的规范性。

三、职业道德的社会作用

职业道德是社会道德体系的重要组成部分，它一方面具有社会道德的一般作用，另一方面又具有自身的特殊作用，具体表现在以下几个方面：

1．调节职业交往中从业人员内部以及从业人员与服务对象之间的关系

职业道德的基本职能是调节职能。它一方面可以调节从业人员内部的关系，即运用职业道德规范约束职业内部人员的行为，促进职业内部人员的团结与合作。例如，职业道德规范要求各行各业的从业人员都要团结、互助、爱岗、敬业，齐心协力地为发展本行业、本职业服务。另一方面，职业道德又可以调节从业人员和服务对象之间的关系。例如，职业道德规定了制造产品的工人如何对用户负责；营销人员如何对顾客负责；医生如何对病人负责；教师如何对学生负责等等。

2．有助于维护和提高本行业的信誉

一个行业、一个企业的信誉，也就是它们的形象、信用和声誉，是指行业、企业及其产品与服务在社会公众中的被信任程度，提高企业的信誉主要靠产品和服务的质量，而从业人员高水平的职业道德是产品质量和服务质量的有效保证。若从业人员职业道德的水平不高，就很难生产出优质的产品和提供优质的服务。

3．能够促进本行业的发展

行业、企业的发展有赖于高的经济效益，而高的经济效益源于高的员工素质。员工素质主要包含知识、能力、责任心三个方面，其中责任心是最重要的。具有高水平职业道德的从业人员其责任心是极强的，因此，高水平的职业道德能促进本行业的发展。

4．有助于提高全社会的道德水平

职业道德是整个社会道德的主要内容之一。职业道德一方面涉及到每个从业者如何对待职业，如何对待工作，同时也是一个从业人员的生活态度、价值观念的表现。一个人的道德意识、道德行为的发展，具有较强的稳定性和连续性。另一方面，职业道德也是一个职业集体，甚至是一个行业全体人员的行为表现，如果每个行业、每个职业集体都具备优良的职业道德，则对整个社会的道德水平的提高肯定会发挥重要的作用。

教师示范

一、收银员的职业道德规范

1．遵纪守法，公私分明

遵纪守法是每个公民的基本义务。但是作为一名职业人，所谓的“遵纪守法”并不是只遵守国家的“纪”和“法”，还有企业和行业的“纪”和“法”。在遵守这个大前提下，才是做好自己工作的基础。要做好遵纪守法必须要熟悉和了解国家的相关法律法规，同时也要熟悉行业、企业的要求。在熟悉法规制度的基础上，严格对其进行执行，不能利用职务之便以权谋私，不贪单位的便宜，不损公肥私，做到公私分明，手过万金而不染。其规范的具体内容如下：

（1）遵守国家法令法规，认真学习相关法律知识，做到不违法、不违规。

（2）遵守行业工作规则。

（3）遵守企业工作条例和企业制度，认真执行，不抵触、不破坏。

（4）公私分明。不能公挪私用、以公谋私。私人物品不能带上工作岗位，尤其是现金。工作时间不处理私人事件，如遇到亲属参与公司业务，应尽量回避，避免不必要的误会与麻烦。

2．诚实守信，公平交易

诚实守信是中华民族的传统美德，同时也是现代商家立足市场的根本。诚实守信作为收银一线员工需要具备的基本素质，需要员工做到诚实收款，不虚开漏开金额，不随意增减购物项目，认真履行商家的承诺和约定，保证交易的公平和公正，给顾客留下“重诚信，重公平”的企业形象。其规范的具体内容如下：

（1）诚实地进行业务操作，不虚开漏开金额，不随意增减购物项目，尊重顾客意愿，遵循买卖自愿的原则，不强买强卖。

（2）兑现承诺与约定，履行应尽的责任和义务。

3．爱岗敬业，忠于职守

员工对企业的忠诚度是现代企业对员工的基本考核项目之一，只有具备热爱企业、忠于企业、认真对待工作岗位、不擅离职守等基本道德规范，才能说是爱岗敬业，忠于职守。对于企业而言，这样的员工才具备继续培养与发展的条件。其规范的具体内容如下：

（1）不将工作当负担，热爱企业，热爱岗位。

（2）对企业忠诚，秉承“做一行爱一行”的理念为企业工作。

（3）忠于自己的工作岗位，认真完成好自己的工作，不串岗、不逃岗。

4．尊重顾客，热心服务

超市及各大商业企业每天要面对大量的顾客，“顾客是上帝”这句名言已经被普遍认同，因此，作为直接接触顾客的收银员，是否能提供优质高效的服务就成了基本考核内容。收银员对顾客的服务要本着热情、主动、耐心、周到的原则，热情接待顾客，主动为顾客提供服务与帮助，耐心解答顾客的咨询与疑惑，为顾客创造舒适、理想、周到的购物环境。其规范的具体内容如下：

（1）坚持“顾客是上帝”的工作理念，对待顾客热情、耐心。

（2）尊重顾客，不歧视、不藐视，对顾客做到无论贫富、无论金额多少，一视同仁，热情对待。

（3）热情接待顾客，调整良好的心态和工作态度，不将私人感情负面情绪带入到工作中。

二、收银员的基本职业素质

1．优良的道德品质

从具体工作性质上看，收银岗位仍旧是属于财务会计中的出纳岗位，只是这一岗位的工作被细化，是负责出纳工作中的收款任务，一个直接与钱打交道的工作。所以从事收银员工作的人必须具备优良的道德品质，能够坚决抵制金钱的诱惑，对自己的工作岗位有清晰明确的认识，时刻提醒自己要保持平常的心态来对待每天的工作。

2．过硬的业务技能

随着中国社会经济的发展，人们的购买能力普遍增强，其一个重要表现就是超市及各大商场、购物中心的消费群体变大，在这样的一个大前提下，收银员的工作强度也越来越大，这对收银员的业务技能是一个考验，业务技能掌握能力的强弱也是个人工作与学习能力的重要体现，同时也是商家服务水平的表现。所以目前很多形成规模的超市及各大商场、购物中心等商业企业采用技能竞赛、技能考核等方式，对收银员的业务能力进行检验和提高。

3．良好的心理素质

良好的销售业绩代表着工作强度的增大，工作强度的增大也必然带来工作压力的增强，工作压力的增强会影响收银员的工作状态和情绪，并且工作环境、顾客素质这些因素都将成为影响收银员工作状态的原因。一名优秀的员工应该不会因个人情绪影响工作的，所以收银员必须具备良好的心理素质，必须学会调整自己的情绪和心理状态，保证在岗时间时刻保持着清醒和高度的警惕性，在精神状态良好的情况下才有可能发挥过硬的业务技能，提供优质高效的服务。

学生模仿

一、实训物资准备

超市工作场景或模拟情境。

二、实训人员组织

全班自由结合分组，每组 4～6 人，自行确定各组组长并进行分工。在各组组长的带领下，对收银员职业道德加以巩固。

三、实训时间安排

每个学生巩固收银员职业道德的时间不少于 10 分钟。

四、学生模仿过程

（1）各组成员对收银员职业道德进行学习与巩固。

（2）各组之间进行交流、提问。

（3）老师进行点评，强调收银员职业道德的要点。

实训练习

练习一　爱心训练

1．案例讨论

晓雯是一家超市手机柜台的营业员，与其他人不同，她非常喜爱这份工作，自然她的服务也是最好的。

一天上午，柜台前来了一位老者，老者衣着朴素，像个农民，看上去根本不像个有钱人。他在几个手机柜台前逛了几圈，当他反复向营业员咨询时，几位营业员都不愿意搭理他，或者只是简单地敷衍几句。当他来到晓雯的柜台时，发现晓雯的服务态度明显与其他营业员不同，对他所有的咨询都认真地一一解答，并详细地为他介绍不同型号手机的性能和特点。最后，老者一声不吭地走了，但晓雯仍然微笑着同他道别。其他营业员都在嘲笑晓雯竟然花了一个多小时的时间去接待一个看上去根本就不可能买手机的老农民，最终生意也没做成。对此，晓雯只是笑了笑。

出乎意料的是，当天下午这位老者居然带着一位采购经理来该超市买了一大宗手机。原来老者是一家大公司的董事长，要为他的部门管理人员购买手机。上午晓雯在接待他时表现出来的热心和爱心，已经深深打动了他。他不仅购买了一大宗手机，而且亲自找该超市的店长表扬了晓雯。自然而然地，晓雯由于获得此项大宗采购而升了职。

问题讨论：

（1）“冰冻三尺，非一日之寒。”要想成为一名优秀的一线服务人员（营业员、收银员等），职业道德比工作业绩（如销售商品）更为重要。对照晓雯的例子，看看自己还欠缺什么？

（2）这个案例告诉我们什么？你如何理解爱心应该是自觉自愿的，服务顾客是最重要的？

2．爱心自测

爱是人性中最美的品质，也是一线服务人员成就事业的保障。但爱是需要能力的。通过下面的测试，可以让你了解自己是否具有爱心，以及如何具有爱心。

（1）当你周围的同事共同排斥某一位新同事时，你会（　　）。

A．主动接近他，弄清他不受其他同事欢迎的原因并帮助他

B．排斥他

C．与以前一样

（2）你乘公交车回家，是否会给抱小孩儿的人让座？（　　）

A．是　　　B．否　　　C．偶尔

（3）来了一位新同事，你是否会主动接近了解他？（　　）

A．否　　　B．顺其自然　　　C．是

（4）在大街上遇到以前教过你的某位老师，你会（　　）。

A．在老师看见你时就打招呼，否则就不打招呼

B．主动打招呼

C．假装没看见

（5）你出门在外，给父母打电话的原因是（　　）。

A．没有生活费了　　B．遇见烦心的事　　C．想念他们

（6）别人喜欢向你诉说他们的烦恼吗？（　　）

A．喜欢　　B．不喜欢　　C．只有最要好的朋友喜欢

（7）你如何对待曾经伤害过你的人？（　　）

A．报复

B．从心底原谅他

C．可以原谅他，但不会忘记此事

（8）你的多数朋友在性格上（　　）。

A．与你不同，他们之间也彼此不同

B．与你十分相似

C．在某些方面与你有相似之处

（9）你在推销商品时，突然听见有人喊“救命”的声音，你会（　　）。

A．不去救他　　B．犹豫不决　　C．去救他

（10）你的合作伙伴获得了领导的赞扬并被给予奖励，而你没有，你会（　　）。

A．嫉妒他　　B．向他学习　　C．和平常一样

（11）你如何对待街上的乞丐？（　　）

A．不管他们是真是假，他们毕竟是生活的弱者，每次都施舍一点

B．因为有些人伪装成乞丐行骗，一个也不施舍

C．偶尔会施舍一些

（12）你是否按自己的观点评价别人？（　　）

A．是　　B．偶尔　　C．否

（13）你和某位同事一起推销商品。有一天，这位同事病了，你会（　　）。

A．请求领导给你再换一位伙伴

B．体谅他，让他干省力的活

C．埋怨他拖累了你

（14）在工作现场，一位同事突然摔倒，你会（　　）。

A．继续工作

B．停下来帮助他

C．把他送到场地外，然后回来继续工作

（15）你认为帮助别人是一件快乐的事吗？（　　）

A．不是。不过如果是我感兴趣的事，我可以提供帮助

B．是的，如果我所做的事对别人有帮助的话

C．是的，别人要求我帮助时我很少拒绝

（16）在秋天，你经常的感觉是什么？（　　）

A．阴雨霏霏或枯叶满地　B．不清楚　　C．秋高气爽或艳阳天

（17）某位同事告诉你，他因盗窃而受处分，你会（　　）。

A．感谢他对你的信任并帮助他

B．瞧不起他，和他立即断绝关系

C．认为这是他自己的事，与你无关

（18）你是否经常感觉别人对不起你？（　　）

A．否　　　　B．偶尔　　　　C．是

（19）你是否经常赞美别人的优点，原谅别人的缺点？（　　）

A．否　　　　B．偶尔　　　　C．是

（20）听课时，老师为了迁就差生而把讲课的速度放慢，你会（　　）。

A．体谅老师

B．认为老师偏爱差生，对自己不公平

C．认为自己就是优等生，开始走神

评分标准：

请根据爱心自测评分标准（见表 1-10），为自己评分。

表 1-10　爱心自测评分标准

题　号	得　分			题　号	得　分		
	A	B	C		A	B	C
(1)	3	1	2	(11)	3	1	2
(2)	1	3	2	(12)	1	2	3
(3)	1	2	3	(13)	2	3	1
(4)	2	3	1	(14)	1	3	2
(5)	1	2	3	(15)	1	3	2
(6)	3	1	2	(16)	1	2	3
(7)	1	3	2	(17)	3	1	2
(8)	3	1	2	(18)	3	2	1
(9)	1	2	3	(19)	1	3	2
(10)	1	3	2	(20)	3	1	2

得分评析：

48～60 分（优秀）：你将是一位很有爱心的一线服务人员，能够充分意识到别人面临的困难，理解他们的难处。甚至当他们冒犯或伤害你时，仍能对此表示谅解。你一定会成为一名成功的一线服务人员，因为爱是一切成功的最大秘密武器。

34～47 分（合格）：你将是一位比较有爱心的一线服务人员，一般情况下，能够用乐观的态度对待顾客。当情绪不好时，你会用怀疑或冷漠的围墙保护自己，把顾客拒之门外，情绪时好时坏。如果学会控制自己的情绪，你就会成为自己命运的主人。

20～33 分（不合格）：你将是一位比较缺乏爱心的一线服务人员。爱是一种主观性十分强烈的情绪，你对这个世界不满，并不是因为这个世界缺少爱，而是你心中没有爱。如果用充满爱的眼光看世界，你一定会有另一番感受。

练习二　诚信训练

1．案例讨论

一家工艺品商店来了两位香港地区的顾客，接待他们的营业员在交谈中凭着自己的经验判断出他们购物是为了经商。果然不出所料，这两位顾客说他们是买货回香港出售的。

这位营业员对他们热情地说：“我一定使你们满意，你们能通过从我们商店买回去的商品赚钱，我们也很高兴。”顾客听了心里很舒服，与营业员的距离一下拉近了不少。两位顾客选中了一款商品，营业员却对他们说：“据我所知，这款比较陈旧，在香港的销路不太好，我给你们挑几款颜色、样式比较流行的，既价格便宜又好销售。”

两位香港顾客见营业员十分诚心诚意，又是内行，就信任地委托他挑选了 10 件商品，顾客回香港后，只用了 3 天时间就卖完了，随即与这家商店营业员联系，拜托他再订 100 件，速发香港。

问题讨论：

（1）作为一名一线服务人员，用诚恳的态度、友好的语言取得顾客的信任，是必备的品德与素养。这个案例告诉我们，这个营业员的诚信已成为其事业成功的保证。对此，你有何感想？

（2）如果你是一名营业员，在推销商品的时候，如何晓之以理、动之以情让顾客购买商品？

2．诚信自测

随着竞争日趋激烈，人际关系日趋复杂，顾客与一线服务人员之间的关系更是如此。因此，对于一线服务人员而言，诚信就显得非常重要。通过下面的测试，你可以测试自己是否诚信，发现自身存在的问题以及完善自己的方法。

（1）你报名参加考试，但没有通过。别人问你时，你会（　　）。

A．抱怨自己运气太差、题目太难

B．告诉他你没有通过考试，但你已经尽力了

C．不知如何是好，转移话题

（2）在买东西时，营业员一时糊涂而多给你找了钱，你会（　　）。

A．把多找的钱退还给他

B．态度好就退给他，态度不好就不退

C．在他发现之前赶快离开

（3）今天你一件商品都没有卖出去，别人问你时，你会（　　）。

A．如实回答　　B．视情况而定　　C．撒谎，以避免别人嘲笑你

（4）你因为某些原因向某位同学借了 100 块钱。不久，这位同学因故退学了。当你有了钱后，你会（　　）。

A．把钱还给这位同学

B．不还给他

C．关系好就还给他，关系不好就不还

（5）期末考试时，监考老师因为某些原因离开了考场，你会（　　）。

A．想作弊又怕被老师发现，非常矛盾

B．认为考试是检验自己所学知识的一种手段，没有必要作弊

C．趁此机会作弊

（6）你向顾客介绍商品时，无意间夸大了商品的功能，你会（　　）。

A．承认错误并及时纠正

B．尽力掩饰，以免被顾客发现

C．怀有侥幸心理，不做任何主观努力

（7）朋友或同学有了烦心的事时，喜欢向你倾诉吗？（　　）

A．不喜欢　　B．喜欢　　C．只有最好的朋友才喜欢

（8）当你的竞争对手有困难向你求助时，你会（　　）。

A．幸灾乐祸，拒绝提供帮助

B．热情帮助

C．帮助，但不情愿

（9）你已经和朋友约好去做市场调查，但是有人来约你去看电影，你会（　　）。

A．按时去做市场调查

B．去做市场调查，但敷衍了事

C．去看电影

（10）你的朋友当着你的面说了谎，你会（　　）。

A．认为他是一个伪君子，不再和他来往

B．当众揭穿真相，让他出丑

C．在合适的场合告诉他不应该说谎

（11）顾客把他的一个秘密告诉你，并一再叮咛你不要告诉别人，你会（　　）。

A．告诉别人　　B．守口如瓶　　C．只告诉好朋友

（12）你和同事约好下午 2:30 一起去办事，结果到了 2:40 他还没有来，又无法和他取得联系，你会（　　）。

A．认为他不守信用，自己去

B．认为他肯定会来，继续等

C．认为他可能遇到了某种意外情况，再等 20 分钟，他还没有来的话就自己去

（13）你认为周围的人信任你吗？（　　）

A．大多数人信任我

B．同小组、同部门内的“亲密战友”信任我

C．没人信任我

（14）如果你是销售小组的组长，你是否信任下属并赋予他们充分的权利，让其充分发挥才能？（　　）

A．是　　B．否　　C．有时候能，有时候不能

（15）在你没有钱的时候，你的一位好朋友要过生日，你会（　　）。

A．自己动手制作一件工艺品送给他

B．谎称有事，不参加生日聚会

C．为了不失面子，借钱买礼物送给他

（16）你面对一位新顾客，在向其推荐商品时，你会（　　）。

A．实事求是地介绍商品

B．美化自己的商品

C．只介绍自己商品的优势，对其缺陷只字不提

（17）你如何对待你的竞争对手？（　　）

A．将竞争情绪带入生活

B．想方设法限制对方发展

C．将竞争仅局限于工作领域，生活上依然是朋友

（18）朋友穿了一件你认为比较难看的衣服，你会（　　）。

A．讨好他（她），假装很欣赏这件衣服

B．不发表意见

C．说出你的真实想法

（19）在销售商品时，一位顾客要购买你的全部商品，但他没有带足够的钱，想回去取钱后才来购买这些商品。这位顾客回去取钱时，另一位顾客前来购买这些商品，你会（　　）。

A．遵守诺言，把商品留给第一位顾客

B．犹豫不决

C．把商品卖给第二位顾客

（20）你在向顾客推荐商品时，会不会为了个人私利而有意把有瑕疵的商品介绍给顾客？（　　）

A．会

B．不会

C．只会推介给不可能成为长期购买的顾客

评分标准：

请根据诚信自测评分标准（见表1-11），为自己评分。

表1-11　诚信自测评分标准

题　号	得　分			题　号	得　分		
	A	B	C		A	B	C
（1）	1	3	2	（11）	2	1	3
（2）	3	2	1	（12）	1	3	2
（3）	3	2	1	（13）	3	2	1
（4）	3	1	2	（14）	3	1	2
（5）	2	3	1	（15）	3	2	1
（6）	3	1	2	（16）	3	1	2
（7）	1	3	2	（17）	1	2	3
（8）	1	3	2	（18）	1	2	3
（9）	3	2	1	（19）	3	2	1
（10）	2	1	3	（20）	1	3	2

得分评析：

48～60分（优秀）：你将是一位非常诚实守信的一线服务人员，对人真诚、善良，做事“言必行，行必果”。在当今的商业社会，诚实守信这一优良品质更显得难能可贵，它一定会使你更加成功。但是，如果你的得分在55分以上，那么当你遇到问题时应多动脑筋思考，学会灵活地处理问题，相信经过一段时间的锻炼，一定会有所进步。

34～47分（合格）：你将是一位基本上能诚实守信的一线服务人员。在通常情况下，能够说服自己，并用诚信的眼光对待周围的人和事。但在和自身利益有较突出的冲突时，往往会采取急功近利的做法。许多事情的成败，往往在于能否在紧要时刻再坚持一下。如果让自己的眼光再高远些，心胸更宽广些，你一定会在自身修养上步入更高境界，进而使你的工作取得新的进展。

20～33分（不合格）：你将是一位缺乏诚实守信的一线服务人员，对外界设立了重重防线，为自己套上了沉重的铁甲。但是人们不可能靠圆滑去获得朋友，也不可能靠圆滑去赢得成功。只有改变你的人生航向，做一个诚实守信的人，才能抵达成功的彼岸。

实训考评

【要求】每位同学都参与情景扮演，保证每位同学至少会分别扮演收银员和顾客各一次，并根据扮演情况给予评价，根据实训情况完成收银员职业道德实训效果评价（见表 1-12），在课程知识讲解结束后，邀请各组推荐出来的表演得最好的一组参加全班交流表演，从而总结并加深同学们对收银员应该具备的基本职业道德要求的掌握。

【说明】重点训练学生的工作心态，熟悉收银员职业道德要求，具体的业务处理和突发状况的处理将在项目二的实训操作中具体训练。

表 1-12 收银员职业道德实训效果评价

考核项目	考核标准	得分/分
职业素养（20 分）	1. 按时出勤，课堂表现好（10 分）	
	2. 仪容仪表标准（10 分）	
关键能力（60 分）	1. 积极参加小组角色扮演（10 分）	
	2. 能够根据情境正确处理相关情况（15 分）	
	3. 能够认真体会收银员职业道德规范（15 分）	
	4. 能够迅速和正确处理训练过程中遇到的问题（10 分）	
	5. 具备良好的团队合作精神（5 分）	
	6. 具备一定的组织协调能力（5 分）	
知识技能（20 分）	1. 能够说出职业道德的含义（5 分）	
	2. 能够复述收银员职业道德规范的要点（15 分）	
合计得分		
心得体会：		

知识训练

一、不定项选择题（请将最佳选项代号填在括号中）

1. 下列属于收银员的职业道德规范基本要求的有（　　）。

A. 遵纪守法，公私分明　　B. 诚实守信，公平交易

C. 爱岗敬业，忠于职守　　D. 尊重顾客，热心服务

2. 下列属于收银员的基本职业素质的有（　　）。

A. 业务技能　　B. 工作态度　　C. 道德品质　　D. 心理素质

3. “遵纪守法”中必须要遵守的“纪”和“法”包括（　　）。

A. 国家法规　　B. 企业规章　　C. 工作条例　　D. 法律

E. 地区行政指令　　F. 行业规定　　G. 行业潜规则

4. 职业道德的特点包括（　　）。

A. 有限性　　B. 继承性　　C. 多样性　　D. 继承性

5. 职业道德的社会作用包括（　　）。

A. 调节职业交往中从业人员内部以及从业人员与服务对象之间的关系

B. 有助于维护和提高本行业的信誉

C. 能够促进本行业的发展

D. 有助于提高全社会的道德水平

二、判断题（正确的打“√”，错误的打“×”）

1．不同的时代、不同的阶级有着相同的道德观念，道德是永恒不变的。 （ ）

2．道德是天生的，是与生俱来的。 （ ）

3．职业道德是指与人们的职业活动紧密联系的符合职业特点所要求的道德准则、道德情操与道德品质的总和，是人们在从事职业活动的过程中形成的一种内在的、非强制性的约束机制。 （ ）

4．遵纪守法是每个公民的基本义务。 （ ）

5．职业道德是社会道德体系的重要组成部分，它一方面具有社会道德的一般作用，另一方面又具有自身的特殊作用。 （ ）

三、案例阅读

“无笑服务”

某天，超市服务台接到一位李先生的投诉，投诉内容是正轮到他结账时，该收银员与同事核对账目，时间大约十分钟，整个过程并未对李先生做出任何解释和说明，在核对结束后表情冷淡地继续对李先生进行收银工作。李先生对收银员的这种工作态度表示很生气。

经过主管了解情况并调解后，收银员对李先生进行道歉，并接受超市的处罚。

拓展训练

【任务】观察超市收银员的工作和顾客的表现，记录下自己认为比较麻烦的顾客和情境，并将收银员的处理方式记录下来，全班总结讨论，看下如果自己遇到了类似情况应该如何处理。

【目的】通过观察和记录，让学生在现实的收银环境中体会可能遇到或者考验自己的问题，深刻体会收银员的职业道德要求，而不是只形成概念性的理论。

【要求】利用课余时间，在沃尔玛、家乐福等大型连锁超市观察收银员的工作，将自己的观察结果记载到收银员职业道德考察记载表（见表 1-13）中，并进行讨论。

表 1-13 收银员职业道德考察记载表

序号	时间	地点	事件描述	表现描述
1				
2				
3				
4				
5				
6				
7				
8				
9				
10				

职场寄语

（1）作为收银员，一定要牢记“顾客是上帝”的工作原则，虽然长时间单一枯燥的工作会让人产生工作懈怠，让人思想麻痹，很难微笑，但是作为自己的职业道德要求，收银员应该学会自我调整，如果因为自己的心情影响了工作，就得不偿失了。

（2）在案例“无笑服务”中，收银员不顾顾客的等待，只顾处理自己的工作，这种行为是不合理的。做事情应区分轻、重、缓、急。对账固然重要，但是顾客正在等待中，首先应该处理好顾客才是上策。

任务 4　规范收银员仪容仪表

任务引入

中华民族是举世闻名的礼仪之邦，礼仪文明的教育在中国的教育系统中有着举足轻重的作用。仪容仪表是礼仪的基本组成部分。收银员的直接服务对象是顾客，因此，收银员是企业的形象大使、亲善大使，其一举一动、一言一行、着装打扮都能对自己的服务起到协助和促进的作用，并且对吸引顾客也有其意想不到的作用。因此，每一位收银员的仪容仪表在服务中有着举足轻重的作用。礼仪规范也是每位收银员在上岗之前应熟悉和掌握的。

任务分析

收银员小玲总是喜欢涂上颜色特别的指甲油，比如黑色，在收银时，经常有顾客注意到后表现出对小玲收银业务的不放心，或者不愿意让小玲的手接触自己购买的生鲜食品而对超市提意见，主管经常对小玲进行批评。

从小玲的故事我们可以看到，规范的仪容仪表对于超市的形象起着第一线的展示作用，反之则会带来负面的影响。要规范收银员仪容仪表，应该具备如下知识与技能：

（1）能够说出仪容仪表的含义。

（2）能够复述仪容仪表的修饰的要点。

（3）能够描述收银员仪容仪表的具体要求。

（4）能够通过训练，学会标准、自然、由衷的微笑。

（5）能够通过训练，学会标准的站姿和走姿。

（6）能够学会使用标准的普通话说出收银员常用的礼貌用语。

（7）能够养成良好的行为习惯，提高自身的职业素养。

知识准备

一、仪容仪表的含义

仪容通常是指人的外观、外貌，重点指人的容貌。在人际交往中，每个人的仪容都会引起交往对象的特别关注，并将影响到对方对自己的整体评价。

仪表是综合人的外表，它包括人的形体、容貌、健康状况、姿态、举止、服饰、风度等方面，是人举止风度的外在体现。风度是指举止行为、待人接物时德才学识等各方面的内在修养的外在表现。风度是构成仪表的核心要素。

收银员仪容仪表标准见表 1-14。

表 1-14 收银员仪容仪表标准

项　目	标　准	避　免
发型	头发整齐，染浅发或黑发，无碎发遮盖眼睛或眼镜	异型头发或过于鲜艳的染发，碎发多、较乱，男同志留长发
仪容	仪容清爽，女同志上淡妆	浓妆，男同志留胡须
口腔/牙	牙齿清洁，口气清爽	口中有异味、刺激味、烟味，吃东西
手/指甲	手清洁，不涂指甲油或涂无色指甲油，指甲修剪整齐	手有污迹，涂艳色指甲油，留长指甲
首饰	可戴钉状耳环一对、一枚戒指、一条简洁项链	首饰过于繁杂、过多、贵重，男同志戴首饰
工牌	正面向外，位置正确，干净整洁	位置不正确，有污迹，未戴工牌
制服	符合公司标准，干净整洁，无明显褶皱，无腰包	有污迹，起皱
鞋/袜子	符合公司标准或舒适平底皮鞋，干净整洁，着袜	高跟鞋、旅游鞋、凉鞋，颜色过于刺眼，款式过于奇异，光脚

小知识　仪容美

（1）仪容自然美。仪容自然美是指仪容的先天条件好，天生丽质。尽管以相貌取人不合情理，但先天美好的仪容相貌，无疑会令人赏心悦目，感觉愉快。

（2）仪容修饰美。仪容修饰美是指依照规范与个人条件，对仪容进行必要的修饰，扬其长，避其短，设计、塑造出美好的个人形象，在人际交往中尽量使自己显得有备而来，自尊自爱。

（3）仪容内在美。仪容内在美是指通过努力学习，不断提高个人的文化、艺术素养和思想、道德水准，培养出高雅的气质与美好的心灵，使自己秀外慧中，表里如一。

真正意义上的仪容美，应当是上述三个方面的高度统一。忽略其中任何一个方面，都会使仪容美不完整。在这三者之间，仪容内在美是最高的境界，仪容自然美是人们的心愿，而仪容修饰美则是仪容礼仪关注的重点。

二、仪容仪表的修饰

1. 仪容的修饰

为了维护自我形象，则有必要修饰仪容，仪容的修饰要遵循五大原则，如图 1-16 所示。

图 1-16　仪容修饰的原则

（1）仪容要干净。要勤洗澡、勤洗脸，脖颈、手都应要干净，并经常注意去除眼角、口角及鼻孔的分泌物。要勤换衣服，消除身体异味，有狐臭要搽药品或及早治疗。

（2）仪容要整洁。整洁，即整齐洁净、清爽。要使仪容整洁，重在持之以恒，这一条与自我形象的优劣关系极大。

（3）仪容要卫生。讲究卫生是公民的义务，注意口腔卫生，早晚刷牙，饭后漱口，不能当着顾客的面咀嚼口香糖；指甲要常剪，头发按时理，不得蓬头垢面、体味熏人，这是每个人都应当自觉做好的。

（4）仪容要简约。仪容既要修饰，又要忌讳标新立异、一鸣惊人，简单、朴素最好。

（5）仪容要端庄。仪容庄重大方，斯文雅气，不仅会给人以美感，而且易于使自己赢得他人的信任。相形之下，将仪容修饰得花里胡哨、轻浮怪诞，是得不偿失的。

2．仪表的修饰

生活中人们的仪表非常重要，它能反映出一个人的精神状态和礼仪素养，是人们交往中的第一形象。天生丽质、风仪秀整的人毕竟是少数，然而我们却可以靠化妆、发式造型、着装佩饰等手段修饰，弥补和掩盖在容貌、形体等方面的不足，并在视觉上把自身较美的方面展露、衬托和强调出来，使形象得以美化。成功的仪表修饰一般应遵循四大原则，如图 1-17 所示。

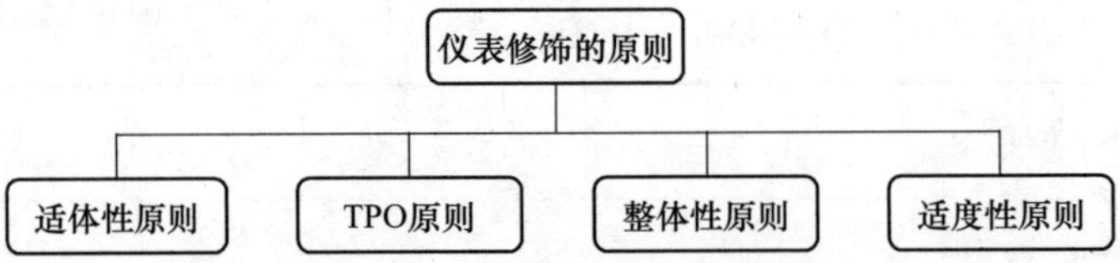

图 1-17　仪表修饰的原则

（1）适体性原则。要求仪表修饰与个体自身的性别、年龄、容貌、肤色、身材、体型、个性、气质及职业身份等相适宜和相协调。

（2）其也称 TPO 原则时间（Time）、地点（Place）、场合（Occasion）原则。即要求仪表修饰因时间、地点、场合的变化而相应变化，使仪表与时间、环境氛围、特定场合相协调。

（3）整体性原则。要求仪表修饰先着眼于人的整体，再考虑各个局部的修饰，促成修饰与人自身的诸多因素之间协调一致，使之浑然一体，营造出整体风采。

（4）适度性原则。要求仪表修饰无论是修饰程度，还是在饰品数量和修饰技巧上，都应把握分寸，自然适度，追求虽刻意雕琢而又不露痕迹的效果。

教师示范

收银员的礼仪作为一种行为规范，一经明确，就具有一定的约束性、示范性和指导性。其功能是依托收银员的表现与执行，借助企业的经营活动来实现的。因此收银员的礼仪修养不仅是必备的，而且是重要的，是企业树立良好形象的必要表现形式。具体而言，收银员的礼仪规范主要包括容貌礼仪规范、着装礼仪规范、表情礼仪规范、动作礼仪规范、语言礼仪规范五个方面。

一、容貌礼仪规范

相貌端庄、清新并有恰当的修饰是对现代收银员的基本礼仪要求。端庄、健康、清新的形象能让顾客产生一种信赖感，同时，恰当的化妆修饰能给顾客带来舒适、愉悦的心情。

（1）合适的发型。无论男女都应该选择主流性的发型。男收银员头发不能过长，并勤洗、勤理。女收银员如果是发长过耳，最好扎起或盘起，不能长发披肩，收银员发型规范（见图 1-18）；如果是短发应干净、整齐。不要染发，如果确有必要，也不宜选择过分张扬的颜色，应以黑色为主。总而言之，对于发型的专业标准是前发不附额，侧发不掩耳，后发不及领。

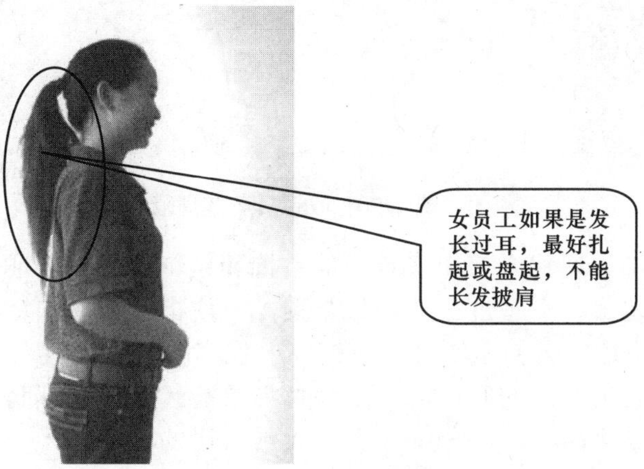

图 1-18　收银员发型规范

（2）适宜的化妆。化妆一般是对于女收银员而言的。化妆一方面能展示自己良好的精神面貌，给自己一个好心情，同时也表示对他人的尊重。一名优秀的收银员应该学会和掌握化妆的技巧。化妆的基本原则是自然、协调。切忌浓妆艳抹、搭配对比强烈，要与自己的着装、服务相呼应、协调。

（3）美丽的手。根据服务标准和技能要求，收银员是不允许留长指甲的，行业标准是手指甲所留长度不能超过 3 毫米，收银员手指规范（见图 1-19），因此收银员应该勤洗手勤剪指甲。女收银员可以为美化双手涂上自然色的护甲油，但是不宜涂抹过分出挑的颜色或者颜色不一致的指甲油。

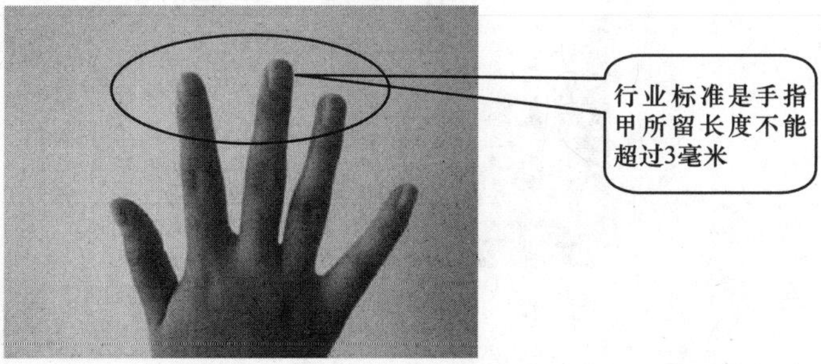

图 1-19　收银员手指规范

二、着装礼仪规范

（1）统一的服装。超市一般都有自己统一的服饰，收银员需要做的就是在上岗前保证自己工作服的干净、整洁，并更换工作服，按要求着装，保持服装统一，收银员着装规范如图

1-20 所示。

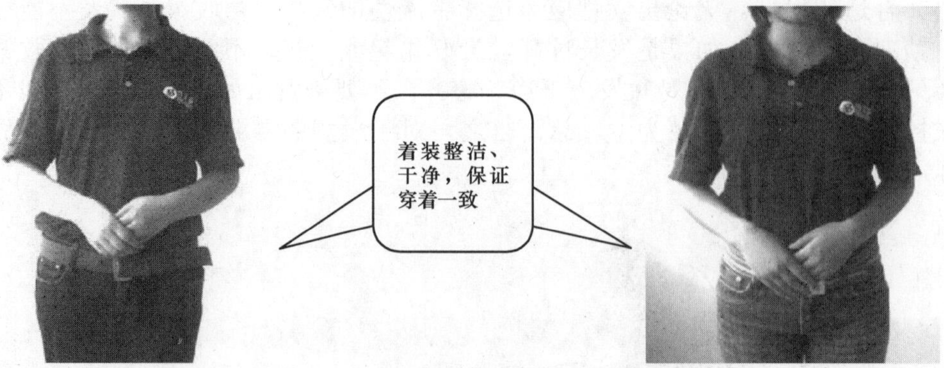

图 1-20　收银员着装规范

（2）恰当的修饰。现代人有很多自己的首饰和装饰品。根据职场要求，收银员上岗时要保证自己身上的装饰品不超过三件。如佩戴一个戒指、一条项链、一只手表就已经是佩戴装饰品的极限，不适宜再佩戴更多的装饰品，仪容仪表修饰规范（见图 1-21）。恰当的修饰可以调节工作人员自己的心情，对于整体形象能起到画龙点睛的效果，可是佩戴过多会显得比较累赘和没有品味，既分散了工作人员自己的注意力，也容易让顾客产生不愉快的情绪。

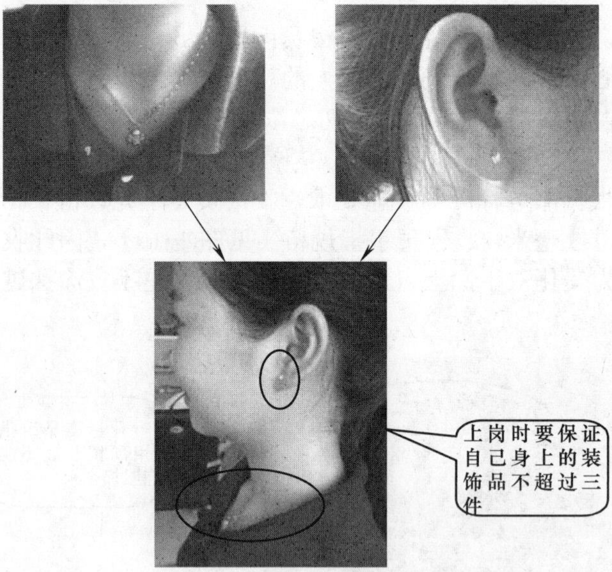

图 1-21　仪容仪表修饰规范

（3）合理的物品存放。手机等私人物品（包括钱包、水杯等）都应存放在指定位置或自己的储物柜中，不能带上收银台，特别应该注意的是自己的钱款，应该妥善保存。

（4）穿着舒适的工鞋。收银员每天应当把皮鞋擦拭干净、光亮，破损的鞋子应及时修理，如穿布鞋，同样也要保持鞋子的整洁，不要把鞋当拖鞋穿；男收银员应穿与鞋子颜色和谐的袜子，以黑色或深色最为普遍；女收银员应穿与肤色相近的丝袜，以肉色、黑色为主，不能穿露脚趾的凉鞋和拖鞋，袜口不要露在裤子或裙子外，尽量不要穿高跟鞋。

（5）规范地佩戴工牌。上岗须按规定佩带好工牌，工牌一般佩戴于上衣左胸，挂式工牌应挂于胸前，正面朝外；工牌是岗位和职责的标志，不得随意改制和增添其他饰物，不得借予他人使用；工牌丢失，应该及时向人事部门提出申请，或者请求发给代用工牌；工牌内容填写应规范齐全，外套和内芯应无破坏、污渍等现象。

总之，收银员讲究着装礼仪规范是对本职工作严肃认真、充满热情的反映，也是对顾客表示尊重的体现，每一位收银员都应当通过着装礼仪规范不断提高自己的审美观和对工作、对企业的责任感。

三、表情礼仪规范

收银员应用自然、亲切的微笑面对顾客（见图 1-22）；用全神贯注的态度对待工作与顾客；用自信、冷静的心态服务顾客。

切忌：工作时候无表情，面部表情僵硬、冷淡，对顾客不理睬，或者紧张、慌张、恐惧，又或者将不良情绪带进工作，让生气、愤怒的情绪影响自己。

图 1-22　自然、亲切的微笑

小知识　微笑

美国有一位从事零售业的人事经理说过，她宁愿雇佣一个虽没上完小学但却有愉快笑容的女孩，也不愿雇佣一个神情忧虑的哲学博士。这是因为，对于服务行业来说，微笑是至关重要的。

（1）微笑可以感染顾客：顾客消费的时候可不想看到你的愁眉苦脸，当顾客怒气冲冲来投诉的时候，你这样只会火上浇油。相反，如果你真诚地对顾客微笑，你就可能感染他，使他调整态度，或者使他感到愉悦。

（2）微笑可以激发你的服务热情：微笑可以传递这样的信息："见到您我很高兴，我愿意为您服务。"所以，微笑可以激发你的服务热情，使你为顾客提供周到的服务。

（3）微笑可以增强你的创造力：当你微笑的时候，你就处于一种轻松愉悦的状态，有助于思维活跃，从而创造性地解决顾客的问题。相反，如果你的思维紧绷着，只会越来越紧张，创造力就会被扼杀。

四、动作礼仪规范

收银员动作礼仪规范见表 1-15。

表 1-15　收银员动作礼仪规范

序　号	动作规范
1	身体直立、姿势端正：抬头、挺胸、收腹、头正、肩平、颈部伸直
2	良好的个人生活习惯：严禁吃东西、抽烟、对着客人咳嗽
3	良好的行为习惯：严禁当众揉眼、抠鼻、挖耳
4	良好的职业习惯：随手捡起垃圾、纸片、商品
5	良好的服务质量：面对顾客有问必答，态度友好，肢体语言文明
6	站姿：头端目正，下颌微微抬起，双肩平整微后张，两手交叉放于体前，右手在上左手在下。也可两手垂直放在两边，双手的中指紧靠裤边，挺胸收腹提臀，双膝尽量靠拢，全身重量均匀分布于双脚
7	走姿：上身平直端正，双眼平视前方，两肩左右相平，不前后左右摇摆，行走时双手五指自然并拢，两肩自然摆动，幅度不宜过大，步幅也不宜过大。特别注意的是，不得在卖场内奔跑，应以快步代替

五、语言礼仪规范

口齿清晰、普通话标准是收银员语言礼仪的基本要求。还要求收银员语速、音量适中，语调柔和，用语文明礼貌、规范，主动与顾客打招呼。如果接待当地顾客，可在普通话的问候之后，用当地语言接待顾客。切忌声音过高过低、语速过快，切忌与顾客讲粗话、开不恰当的玩笑或者嘲笑挖苦顾客。收银员服务标准用语见表 1-16。

表 1-16　收银员服务标准用语

序　号	使用情境	标准用语
1	同顾客打招呼时	“您好”“欢迎光临”“早上/下午/晚上好”等
2	称呼顾客姓名时	“××先生……”“××小姐……”“××女士……”等
3	向顾客推荐商品时	“您好，这是新商品……”“您好，现在这种商品做特价，××元，非常优惠（超值、便宜、划算），是否买……”“您好，要不要看看××商品，现在特价，非常划算”等
4	向顾客传递特惠信息时	“您好，这是最新的特惠信息，您可以拿回去看下……”“您好，新特惠传单在××地方，有兴趣的话您可以拿回家参考下”“您好，在××贴有特惠信息，你可以参考下”等
5	顾客商品未计价时	“您好，××商品没有计价，麻烦（请）您去××处计价”“您好，您的××商品没有计价，我请同事帮您去计价，您请稍等”
6	发现同事计价错误时	“对不起，××商品计价错误，我帮您再核实一下，请稍等”“对不起，××商品计价有误，我请同事帮您重新计价，请稍等”
7	结账人多，顾客等候时间较长时	“对不起，您请稍等”“对不起，让您久等了”等
8	顾客寻找收银台结账时	“您好，请往这边走，这边可以结账……”等
9	刷卡机不能正常刷卡时	如能离开收银台，可以说“对不起，机器有故障，请跟我到其他柜台刷卡”，如果不能离开，可以说“对不起，机器有故障，请跟我的同事到其他柜台刷卡，不好意思”，并请同事带顾客去其他柜台刷卡
10	顾客付的现金有问题时	“对不起，请您换一下”，如果顾客追问原因，则需要耐心说明
11	顾客对找的零钱有疑问时	应再重复一遍，语气要平和，或者说“请您再清点一下，谢谢”等
12	暂时离开收银台时	“对不起，请您稍等一下”“请稍等，我马上回来”等
13	暂时离开又重新回到收银台时	“对不起，让您久等了”等
14	遇到自己疏忽或无法解决的问题时	“对不起”“真抱歉”等，同时请主管马上帮忙解决，并表示感谢
15	顾客商品散落时	帮顾客收捡商品，并说“没有伤到您吧”“您没事吧”等
16	顾客焦虑或不舒服时	“先生（小姐、女士），您没事吧，有什么需要我帮忙的吗”“先生（小姐、女士），您没事吧，我能为您做点什么吗”
17	当顾客寻找东西或商品时	“先生（小姐、女士），您需要什么，我能帮到您吗”
18	当顾客处于不安全状态时	“对不起，先生（小姐、女士），这里不安全，请注意（请小心、请绕道走）”等
19	当顾客提前食用时	“对不起，先生（小姐、女士），请您付款后再食用，谢谢”等

学生模仿

一、实训物资准备

收银台、POS 机等相关收银设备或模拟情境。

二、实训人员组织

全班自由结合分组，每组 4～6 人，自行确定各组组长并进行分工。在各组组长的带领下，分别对仪容仪表规范进行模仿。

三、实训时间安排

每个学生对收银员仪容仪表规范的模仿不少于 15 分钟。

四、学生模仿过程

（1）各组成员轮流（根据情况进行角色互换）模仿收银主管对收银员的仪容仪表进行规范。

（2）结束后各组进行交流，找出哪些地方有问题或认识不到位，指出谁的仪容仪表最符合规范。

（3）老师进行点评，肯定优点，指出不足，结合所学内容强调收银员仪容仪表规范的要点。

实训练习

练习一　巩固收银员仪容仪表标准

根据收银员仪容仪表标准，填写表 1-17。

表 1-17　收银员仪容仪表标准

项　　目	标　　准	避　　免
发型		
仪容		
口腔/牙		
手/指甲		
首饰		
工牌		
制服		
鞋/袜子		

练习二　规范收银员仪容仪表

以组为单位，根据收银员容貌礼仪规范、着装礼仪规范、表情礼仪规范、动作礼仪规范、语言礼仪规范的要求，找出组员不符合规范的地方，并完成表 1-18。

表 1-18　收银员仪容仪表标准

序　　号	不符合规范的地方	归　　类
1		
2		
3		
4		
5		
6		
7		
8		
9		
10		

练习三　站姿训练

以组为单位，按照站姿的标准进行训练，标准站姿如图 1-23 所示。

图 1-23　标准站姿

练习四　微笑训练

1．微笑基本训练方法

（1）拇指法。双手四指轻握，两拇指伸出，呈倒八字形，以食指关节轻贴颧骨附近；两拇指肚向上，放于嘴角两端一厘米处，轻轻向斜上方拉动嘴唇两角；反复多次，观察寻求自己满意的微笑状态。

（2）食指法。轻握双拳，两食指伸出呈倒八字形，放于嘴唇两角处，向斜上方轻轻拉动嘴角，并寻找最佳位置。

（3）中指法。两中指伸出，其余四指自然收拢、半握；两中指肚放在嘴角两端，轻轻向斜上方拉动；反复多次，寻找自己满意的微笑状态。

（4）小指法。两小指伸出，其余四指自然收拢，半握；两小指肚放在嘴角两端，轻轻拉动嘴角；反复动作，直到找到满意的微笑状态为止。

（5）双指法。双手拇指、食指伸出，其余三指轻轻握拢；用两拇指顶在下巴下面；两食指内侧面放在嘴角处，向斜上方轻轻拉动；反复多次，直到满意为止。

2．微笑训练模式

（1）对镜微笑训练法。这是一种常见、有效和最具形象趣味的训练方法。端坐镜前，衣装整洁，以轻松愉快的心情，调整呼吸到自然顺畅；静心 3 秒钟，开始微笑：双唇轻闭，使嘴角微微翘起，面部肌肉舒展开来；同时注意眼神的配合，使之达到眉目舒展的微笑面容。如此反复多次。自我对镜微笑训练时间长度随意。为了使效果明显，可播放欢快愉悦的背景音乐。

（2）模拟微笑训练法。轻合双唇；两手食指伸出（其余四指自然并拢），指尖对接，放在嘴前 15 至 20 厘米处；让两食指尖缓慢匀速地分别向左右移动，使之拉开 5～10 厘米的距离，同时嘴唇随两食指的移动速度而同步加大唇角的展开度，并在意念中形成美丽的微笑，让微笑停留数秒钟后，两食指再缓慢匀速地向中间靠拢，直至两食指相接，同时，微笑的唇角开始以两指移动的速度，同步缓缓收回。

需要提示的是，训练微笑缓缓收回，这很重要，切忌不能让微笑突然停止。

如此反复开合，训练 20～30 次。

（3）情绪诱导法。情绪诱导法就是设法寻求外界物的诱导、刺激，以求引起情绪的愉悦和兴奋，从而唤起微笑的方法。如打开你喜欢的书页，翻看使你高兴的照片、画册，回想过去幸福生活的片断，播放你喜欢的、容易使自己快乐的乐曲等，以其在欣赏和回忆中引发快乐和微笑。有条件的最好用摄像机摄录下来。

（4）记忆提取法。据载，这是演员在训练中常采用的一种方法，也被称为“情绪记忆法”，就是将自己过去那些最愉快、最令人喜悦的情景从记忆中唤醒，使这种情绪重新袭上心头，再次享受那惬意的微笑。

（5）观摩欣赏法。就是几个人凑在一起，互相观摩、议论，互相交流，互相鼓励，互相分享开心微笑的一种方法。也可以平时留心观察他人的微笑，把精彩的“镜头”封存于记忆中，并时时模仿。

小知识

（1）训练前的心态和心情调适（清洁环境、注意清新镜中画面、播放背景音乐）。

（2）训练时要专注欣赏、贵在坚持、每天对镜微笑。

实训考评

【要求】请根据实训练习情况完成收银员仪容仪表实训练习效果评价（见表 1-19）。

表 1-19　收银员仪容仪表实训练习效果评价

考核项目	考核标准	得分/分
职业素养（20 分）	1．按时出勤，课堂表现好（10 分）	
	2．仪容仪表标准（10 分）	
关键能力（60 分）	1．能够通过训练，学会标准、自然、由衷的微笑（15 分）	
	2．能够通过训练，学会标准的站姿和走姿（15 分）	
	3．能够按照收银员仪容仪表规范严格要求自己（20 分）	
	4．具备良好的团队合作精神（5 分）	
	5．具备一定的组织协调能力（5 分）	
知识技能（20 分）	1．能够说出仪容仪表的含义（5 分）	
	2．能够复述仪容仪表修饰的要点（5 分）	
	3．能够说出收银员仪容仪表规范的要点（10 分）	
合计得分		
心得体会：		

知识训练

一、不定项选择题（请将最佳选项代号填在括号中）

1. 下列仪表要求属于容貌礼仪规范范围的有（　　）。

A. 发型　　B. 化妆

C. 指甲　　D. 首饰

2. 收银员不能带上收银台的私人物品有（　　）。

A. 钱包　　B. 水杯

C. 手机　　D. 纸巾

3. 收银员的礼仪规范主要包括（　　）。

A. 表情礼仪规范　　B. 动作礼仪规范

C. 语言礼仪规范　　D. 着装礼仪规范

E. 容貌礼仪规范

4. 过年的时候，为自己的双手涂上了颜色艳丽的指甲油，并做了装饰，年后开始上班了，你会（　　）。

A. 舍不得自己漂亮的指甲装饰，戴着手套上班

B. 不处理指甲油，但是一定要把长指甲修剪为符合标准的长度

C. 把颜色艳丽的指甲油洗掉，同时把指甲修剪为合适的长度

D. 不做任何处理，但是工作的时候要小心，不让指甲的长短影响自己的工作

5. 根据职场要求，收银员上岗时要保证自己身上的装饰品不超过（　　）件。

A. 三　　B. 四

C. 五　　D. 六

二、判断题（正确的打“√”，错误的打“×”）

1. 收银员在收银过程中，如果发现手机响了，在没有顾客结账时可以接听手机。（　　）

2. 收银员在上岗之前，在整理好自己的仪容仪表，戴好工号牌，检查头发、指甲以及身上的装饰品，但是因为收银服洗了还未干，所以穿自己的衣服上岗。（　　）

3. 收银员上岗时应该以和蔼、亲切的态度面对顾客，不能将自己的情绪带入工作当中，影响到自己的工作。（　　）

4. 收银员的礼仪规范主要包括容貌礼仪规范、着装礼仪规范、表情礼仪规范、动作礼仪规范、语言礼仪规范五个方面。（　　）

5. 根据服务标准和技能要求，收银员是不允许留长指甲的，行业标准是手指甲所留长度不能超过三毫米。（　　）

三、案例阅读

沃尔玛的服务理念

沃尔玛创始人山姆•沃尔顿曾多次说过，卓越的顾客服务是我们区别于所有其他企业的特色所在。他说：“向顾客提供他们需要的东西，并且再多一点服务，让他们知道你重视他们。在错误中吸取教训，不要找任何借口，而应向顾客道歉。无论做什么，都应礼让三分。我曾经在第一块沃尔玛招牌上写下了最重要的四个字——保证满意。”

拓展训练

【任务】掌握收银员礼仪规范。

【目的】通过对收银员礼仪规范模拟操作，加深对形象、动作及语言等礼仪的掌握，能做到并熟练地表现自己的工作礼仪。

【要求】4～6 个同学一组，自行确定组长，分别进行礼仪的容貌、表情、动作、语言、着装等方面的训练，将训练情况填入收银员仪容仪表训练记载表（见表 1-20）中。

表 1-20 收银员仪容仪表训练记载表

次 数	项 目	效 果	次 数	项 目	效 果
1			11		
2			12		
3			13		
4			14		
5			15		
6			16		
7			17		
8			18		
9			19		
10			20		

职场寄语

（1）超市不仅要给顾客提供质优价廉的商品，而且还要提供优质的服务。而服务的含义不仅仅是一种表现，同时也是一种态度，通过你的仪表、着装、语言、动作等方面展示出来。

（2）良好的仪容仪表不仅能为你的工作创造一个良好的心态和愉快的心情，同时也会将你的快乐传递给顾客，还能展示企业良好的形象，赢得更多的顾客。

任务 5 认识 POS 机

任务引入

收银员要想为顾客提供优质高效的收银服务，保证超市的正常运营，提高超市的营业额，首要的任务是要深入了解 POS 机。因此，本任务就是让收银员充分认识 POS 机，为进一步掌握收银技能打下基础。

任务分析

晓燕第一天到超市实习被分配到了收银岗位。在学校，她并没有学习收银的相关知识与技能，看到收银台、POS 机心里难免有些紧张。她感觉到 POS 机很复杂，没有信心做好这个工作。其实，如果了解了 POS 机之后，就会觉得它很简单。为了帮助晓燕消除疑虑，树立信心，首先应该帮助其具备如下知识与技能：

（1）能够说出 POS 系统的含义。

（2）能够复述 POS 系统的构成。

（3）能够描述 POS 系统的功能。

（4）能够熟练说出 POS 机的基本机构及各部分的名称、功能。

（5）能够熟练说出 POS 机外部设备的名称、功能。

（6）能够快速准确识别 POS 机的各组成部分。

（7）能够做好 POS 机的日常保养与维护。

（8）能够处理 POS 机常见的简单故障。

知识准备

一、POS 系统的含义

POS（Point of Sales）系统，即销售时点信息系统，是指超市进行前台商品销售和后台信息管理的应用系统，用来对超市的前台销售进行实时跟踪和对后台信息进行实时管理。

二、POS 系统的构成

POS 系统的构成如图 1-24 所示。

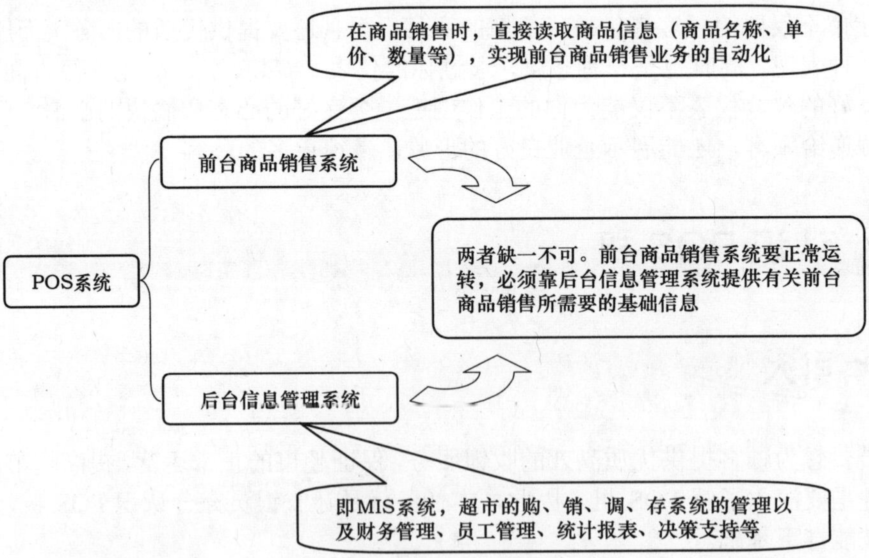

图 1-24　POS 系统的构成

三、POS 系统的功能

通过 POS 系统记录的各种信息，决策者可以对超市的资源进行全面规划、合理分配使用，实现对超市人、财、物、购、销、调、存等的一体化管理，提高超市经济效益和管理水平。POS 系统的功能见表 1-21。

表 1-21　POS 系统的功能

序　号	功能描述
1	准确、高效、自动地进行交易和信息处理
2	按商品类别、编码、条码进行辩别的商品单品销售与管理
3	对收银员工作进行管理、控制与考核
4	记录顾客购物情况，分析购物高峰及倾向
5	进行折扣、减价等促销管理
6	支持多种付款方式，方便顾客购买
7	记录每天的营业额、销售流水，并对其进行分析与管理
8	自动计算税金等财务数据，能进行简单的财务管理
9	非销售业务的收、支、借、贷处理
10	进行业务权限管理
11	为决策层提供数据支持
12	对各种统计报表的查询与管理
13	盘点数据的录入、复核与分析
14	库存管理
15	采购管理
16	会员管理
17	连锁门店之间、连锁门店与总部的数据传输与共享

教师示范

一、认识 POS 机的基本结构

商业电子收银是微电子技术与现代化商品流通管理相结合的产物，而商业电子收银机则是现代化、自动化商业管理必不可少的基本电子设备之一。目前，绝大多数超市使用的电子收银机是基于计算机 Windows 平台的 POS 机，其基本结构如图 1-25 所示。

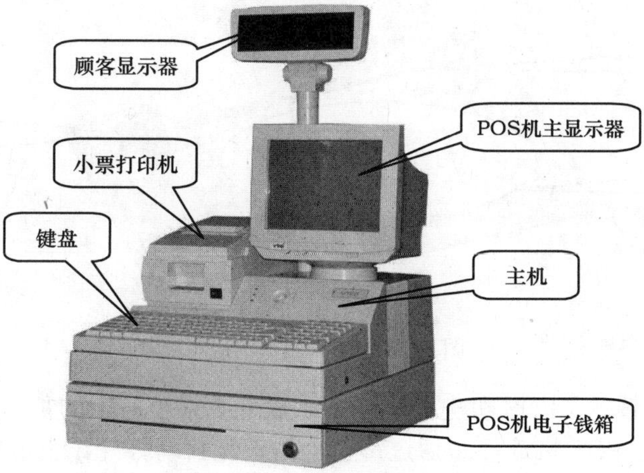

图 1-25　POS 机的基本结构

（1）主机。主机是POS机的核心，控制着POS机的运行。

（2）POS机主显示器。POS机主显示器也就是计算机屏幕，是收银员工作的视频窗口，主要用于显示在收银结算过程中的商品信息、交易信息等。

（3）顾客显示器。顾客显示器始终是面向顾客的，用来同步显示交易价格、金额等数据信息，供顾客对信息进行查看、核对。顾客显示器显示的找零信息如图1-26所示。

图1-26　顾客显示器显示的找零信息

（4）键盘。键盘用于收银时进行POS机的相关操作。如果用普通计算机作为收银机，那么直接可用普通键盘进行操作。普通计算机键盘如图1-27所示。

图1-27　普通计算机键盘

一般来说，POS机会配备专用的键盘。POS机专用键盘如图1-28所示。

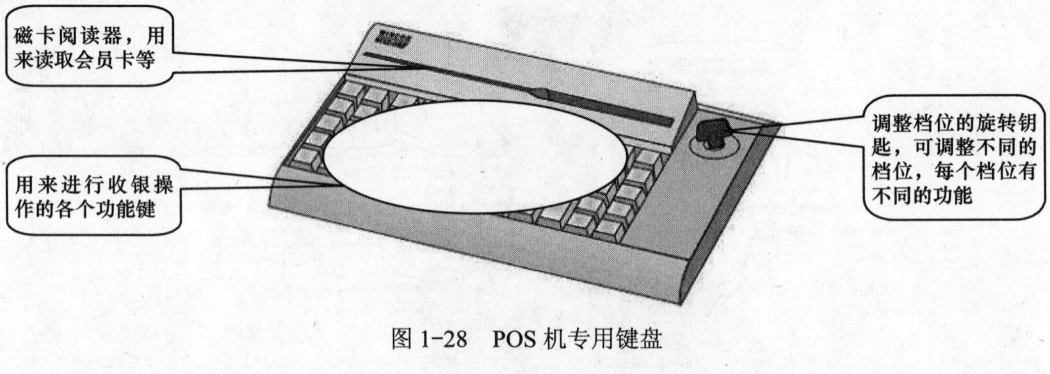

图1-28　POS机专用键盘

（5）POS机电子钱箱。POS机电子钱箱用于放置收银员所用的货币资金（备用零钞、营业款），配有锁，可与POS机连接，通过键盘上的按键自动打开，也可单独使用。POS机电子钱箱如图1-29所示。

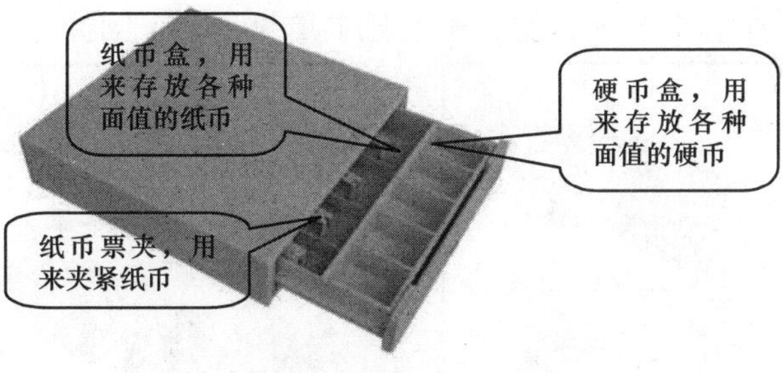

图 1-29 POS 机电子钱箱

（6）小票打印机。小票打印机一般分为针式打印机和热敏打印机。小票打印机主要用于打印收银小票，交给顾客作为购物凭证；也可用于收银员在交接班时打印各种报表或单据。针式打印机和热敏打印机分别如图 1-30 和图 1-31 所示。

图 1-30 针式打印机

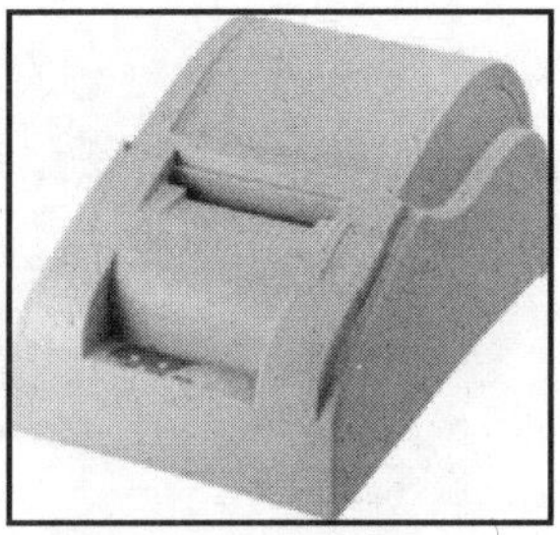

图 1-31 热敏打印机

二、认识 POS 机的外部设备

POS 机带有与普通计算机相同标准的串行通信口、并行通信口和扩展槽。POS 机一般配备的外部设备有以下几种：

（1）条码扫描器。条码扫描器也称条码阅读器，是条码的阅读装置，用于收银员为顾客提供收银服务时扫描商品、获取商品信息。常见的条码扫描器如图 1-32 所示。

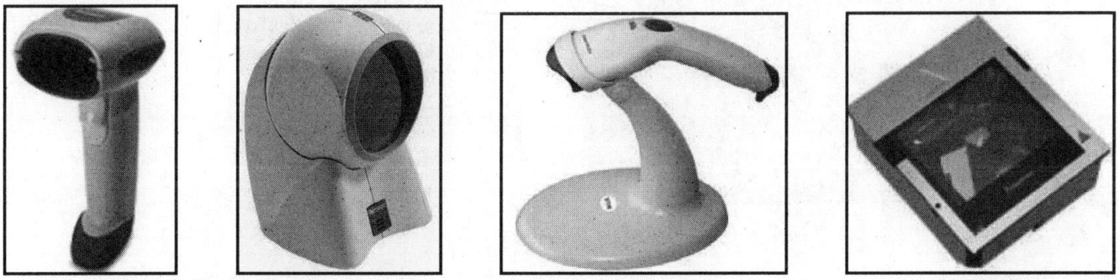

手持式条码扫描器　固定式条码扫描器　高速条码扫描器（可手持可固定）　嵌入式平台条码扫描器

图 1-32 常见的条码扫描器

（2）磁卡阅读器。磁卡阅读器是用于磁卡信息读取的设备。收银员在收银操作中，经常需要用磁卡阅读器读取顾客会员卡、银行卡等磁卡信息。磁卡阅读器如图 1-33 所示。

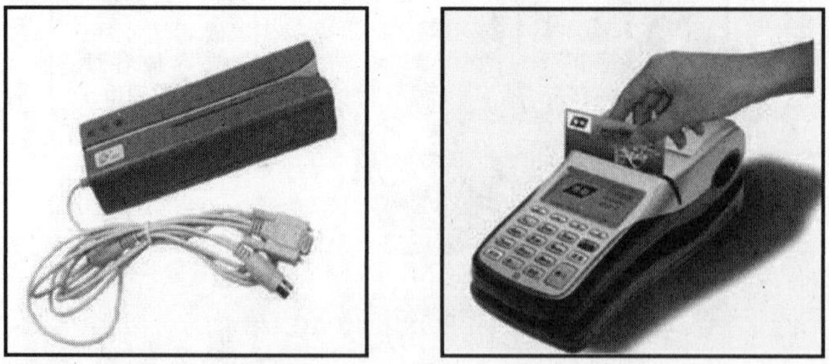

图 1-33　磁卡阅读器

（3）电子秤。电子秤是收银员用来称重散装商品的设备。称重后，散装商品的重量等信息会直接传输到 POS 机，收银员根据信息进行收银结算。电子秤如图 1-34 所示。

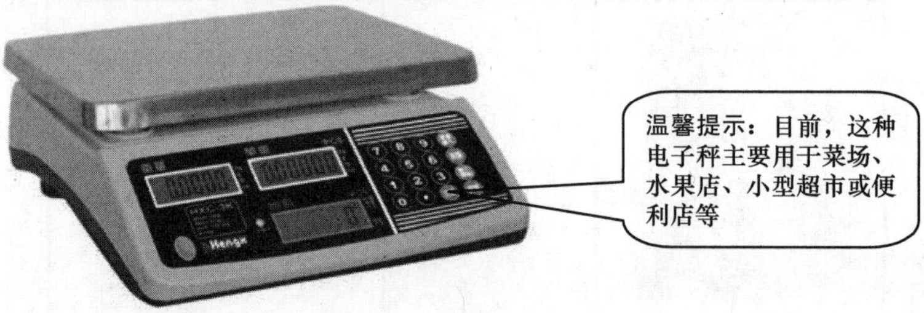

图 1-34　电子秤

（4）条码电子秤。条码电子秤也是用于称重散装商品的设备。散装商品经过条码电子秤称重后确定了其重量，然后输入相应的商品条码或货号即可计算出商品的销售金额，通过自身打印机可以直接打印出价签，然后将其粘贴到商品外包装上。收银员可直接根据价签上显示的相关信息进行收银结算。条码电子秤如图 1-35 所示。

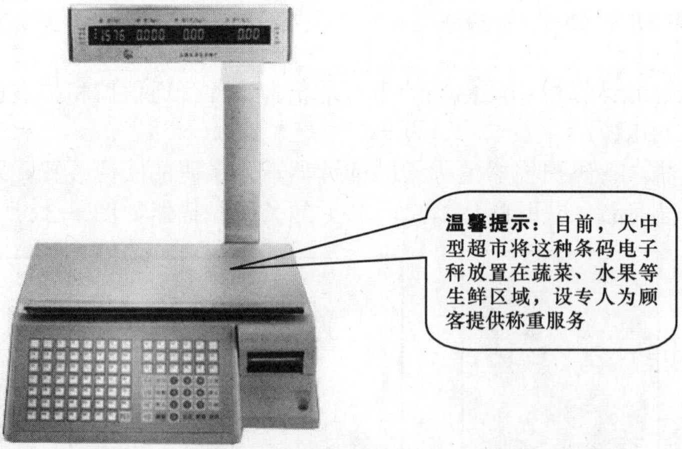

图 1-35　条码电子秤

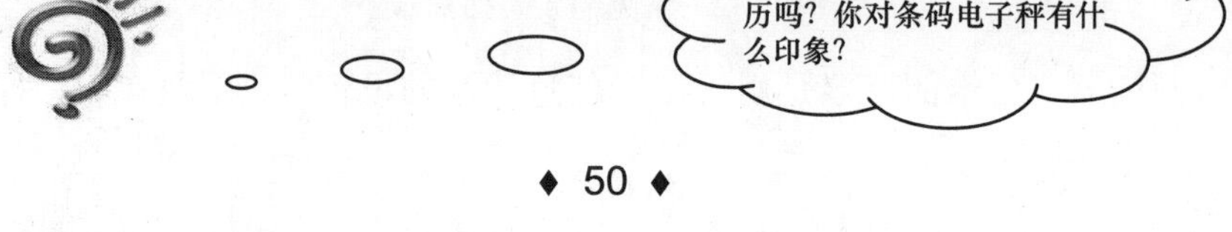

三、POS 机的保养与维护

为了保障 POS 机的正常工作，降低故障的发生率，规范收银操作，必须做好 POS 机的日常保养与维护，能够处理 POS 机常见的简单故障。

1. POS 机的日常保养与维护

（1）每日早班，收银员必须用微湿的抹布将机身、显示器外壳、键盘擦干净。

（2）显示器屏幕是液晶屏，不用经常擦。如果擦屏幕，必须用较软的布或干净的卫生纸轻轻地擦。

（3）针式打印机要注意色带是否打印得太浅。不要将打印机的压杆（控制打印头的打印距离，位于打印头右边）压得太紧，否则会出现卡色带的现象。

（4）闲置或备用的 POS 机必须盖好，避免灰尘。

（5）刷磁卡时请轻刷，速度中等即可。如果该卡磁性较弱或无磁，可建议顾客到计算机室补磁。磁道清理方法：将干净的纸张（如 POS 机打印纸）包住磁卡，在收银磁道上来回轻轻刷，可清理磁道上的污垢。此法并不规范，在没有正规清理工具时不得已而为之，不宜常用。

2. POS 机常见简单故障的处理

（1）开机时机器无法启动，机器电源灯不亮。检查排插电源是否有电、插座是否有电，可用其他电器检测一下；检查收银机电源线是否插紧，如果是搬动收银机或搬动柜台商品，可能会碰到收银机电源线，如果电源线没插紧，机器将无法启动。

（2）开机时机器启动，机器电源灯亮，屏幕不显示。检查显示器电源线是否插紧；检查显示器数据线是否插紧；检查显示器的电源开关是否关掉，如关掉，屏幕右下角的电源灯不亮；检查显示器下方的亮度开关是否调到最暗。

（3）开机启动后打印机发出嘀嘀响，不能打印。检查打印机是否盖好；检查打印机状态灯是否亮着。

（4）针式打印机色带不转。如果是使用原装色带，色带不转先检查打印机压杆是否太紧，正常应将压杆调到垂直方向，最多往里压 2～3 格，再往里压很容易发生卡色带现象，如果不是压杆问题则是打印机机械故障。

如果使用的色带是自己填装的色带芯，色带不转可能是色带在框内卡住，可先用手转动色带上的转动轴，如果依然转不动，那要打开色带框重新检查一下色带。

（5）针式打印机打印出来的收银单半边无色，半边有色。旧针式打印机有两个打印头，检查一下打印头是否有小纸屑卡在打印头上，如有纸屑，应将纸屑清理，用细铁夹夹出。如果有较大碎纸塞在打印头处，可手动转动打印机进纸齿轮（右边的大齿轮），配合铁夹夹出。

（6）收银操作速度很慢。因收银软件故障或操作系统原因，可能造成收银操作变慢，弹出个窗口或等商品数据出来要很久（10 秒以上），这时可退出软件，重新启动 POS 机。如问题还存在，那可能是网络阻塞现象，如局域网内正在拷贝大量数据或服务器处理数据，这时要稍微等待一段时间。

（7）脱机功能说明。脱机功能是用于网络断线、服务器故障的情况下，POS 机无法正常销售，这时才需使用脱机功能，收银员输入的销售数据暂时存放在本机，当网络恢复后再上传到服务器。

要使用脱机功能，必须在网络正常情况下事先从服务器下载商品信息、收银员数据。只有商品数据最新，才能保障脱机功能的正常使用。

脱机以后在屏幕左下方有一个脱机标志。

脱机时无法使用储值卡，会员卡不打折，无法打印本班报表。

（8）收银操作过程中 POS 死机。造成死机因素很多，如果在 POS 机操作过程中死机，可直接关闭电源再开，重新启动 POS 机，基本上可解决问题。

以上是 POS 机常见的故障，正常情况下重启 POS 机可以解决很多故障，如果非 POS 机本身故障，是电源线或电源故障则重启也无法解决，所以碰到问题要对症下药，不要手忙脚乱。如果还无法解决故障，可拨打技术部门电话，但必须描述清楚收款台号、故障情况及出错的提示信息，以便技术人员对症下药，尽快解决故障。

学生模仿

一、实训物资准备

收银台、POS 机等相关收银设备。

二、实训人员组织

全班自由结合分组，每组 4～6 人，自行确定各组组长并进行分工。在各组组长的带领下，分别对 POS 机的组成结构及其作用进行学习、认识和识记。

三、实训时间安排

每个学生认识 POS 机的实训时间不少于 10 分钟。

四、学生模仿过程

（1）各组成员轮流进行（根据情况进行角色互换），一个提问、一个回答。

（2）结束后各组进行交流，找出哪些地方有问题或认识不到位，指出谁认识得最好、最全面。

（3）老师进行点评，肯定优点，指出不足，结合所学内容强调 POS 机的基本机构及各部分的作用。

实训练习

练习一　巩固 POS 机的基本结构

将 POS 机的基本结构填入图 1-36 中。

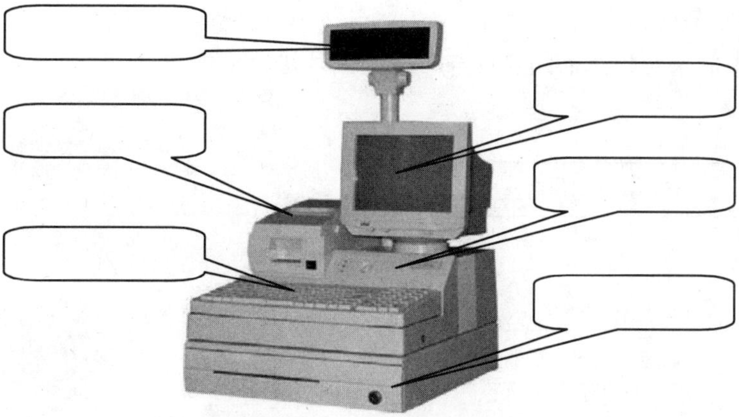

图 1-36 POS 机的基本结构

练习二 巩固 POS 机的各组成结构和外部设备的名称

将 POS 机的各组结构和外部设备的名称填入图 1-37 中。

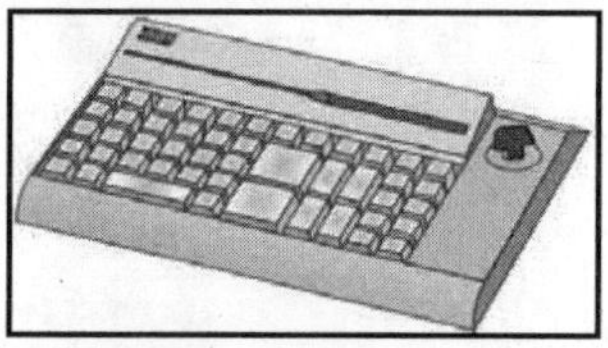

名称：____________

名称：____________

名称：____________

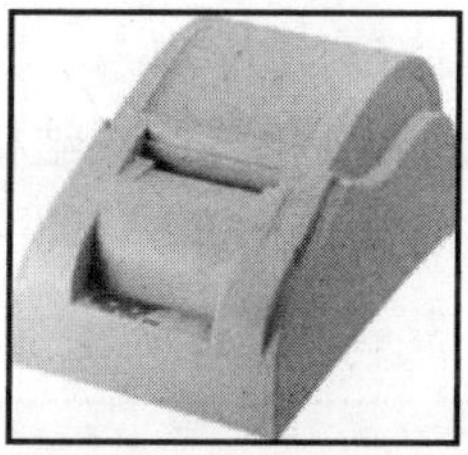

名称：____________

名称：____________

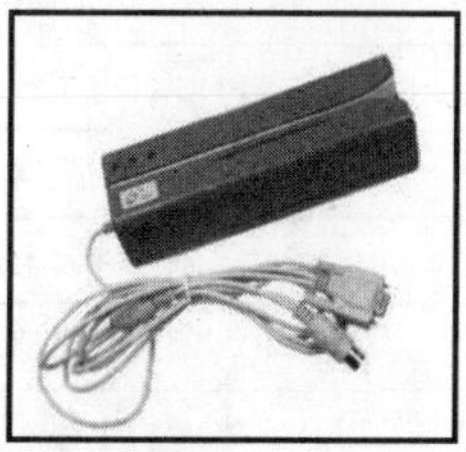

名称：____________

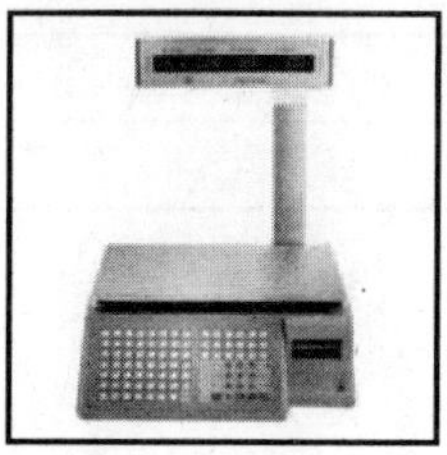

名称：____________

名称：____________

图 1-37 POS 机的各组成结构和外部设备的名称

练习三　辨别条码扫描器

将图 1-38 中的条码扫描器的名称与对应的图片进行连线。

手持式条码扫描器

固定式条码扫描器

高速条码扫描器（可手持可固定）

嵌入式平台条码扫描器

图 1-38　常见的条码扫描器

练习四　巩固 POS 机各组成结构和外部设备的功能

将 POS 机各组成结构和外部设备的功能填入表 1-22 中。

表 1-22　POS 机各组成结构和外部设备的功能

序　号	名　称	功　能
1	小票打印机	
2	POS 机电子钱箱	
3	条码扫描器	
4	磁卡阅读器	
5	顾客显示器	
6	POS 机主显示器	
7	条码电子秤	
8	主机	
9	键盘	

实训考评

【要求】请根据实训练习情况完成认识 POS 机实训练习效果评价（见表 1-23）。

表 1-23 认识 POS 机实训练习效果评价

考核项目	考核标准	得分/分
职业素养（20 分）	1. 按时出勤，课堂表现好（10 分）	
	2. 仪容仪表标准（10 分）	
关键能力（60 分）	1. 能够快速准确识别 POS 机的各组成部分（30 分）	
	2. 能够做好 POS 机的日常保养与维护（10 分）	
	3. 能够处理 POS 机常见的简单故障（10 分）	
	4. 具备良好的团队合作精神（5 分）	
	5. 具备一定的组织协调能力（5 分）	
知识技能（20 分）	1. 能够说出 POS 系统的含义及构成（5 分）	
	2. 能够描述 POS 系统的功能（5 分）	
	3. 能够熟练说出 POS 机的基本机构及各部分的名称、功能（5 分）	
	4. 能够熟练说出 POS 机外部设备的名称、功能（5 分）	
合计得分		

心得体会：

知识训练

一、不定项选择题（请将最佳选项代号填在括号中）

1. 超市 POS 系统包括（　　）。
   A. 前台商品销售系统　　B. 超市电子商务平台
   C. 后台信息管理系统　　D. 客户关系管理系统
2. 大型超市企业收银台必备的 POS 机的外部设备有（　　）。
   A. 电子秤　　B. 条码电子秤
   C. 条码扫描器　　D. 磁卡阅读器
3. 超市 POS 机的基本结构包括（　　）。
   A. 主机　B. POS 机主显示器　C. 顾客显示器　D. 键盘
   E. POS 机电子钱箱　F. 小票打印机
4. 常见的条码扫描器有（　　）种。
   A. 三　B. 四　C. 五　D. 六
5.（　　）条码扫描器既可以手持也可以固定。
   A. 手持式　B. 固定式　C. 嵌入式　D. 高速

二、判断题（正确的打“√”，错误的打“×”）

1. POS 系统是指超市进行前台商品销售和后台信息管理的应用软件，用来对超市的前台销售进行实时跟踪和对后台信息进行实时管理。（　　）

2. POS 机主显示器也就是计算机屏幕，是收银员工作的视频窗口，主要用于显示在收银结算过程中的商品信息、交易信息等。（　　）

3. 键盘是 POS 机的核心，控制着 POS 机的运行。（　　）

4. 目前，条码电子秤是大中型超市 POS 机的必备设备之一。（　　）

5. 条码扫描器用于收银员为顾客提供收银服务时扫描商品、获取商品信息的。 （ ）

三、案例阅读

认识 POS 机

小李第一天到超市实习被分配到了收银岗位。虽然经常到超市购物，但是真正作为收银员从事收银工作还是第一次，所以她心里特别紧张。看到收银台、POS 机及各种收银设备觉得很复杂，更是失去了工作的信心。

看到小李的茫然，在一旁的资深收银员笑着对小李说："不用紧张，你要有信心。其实，POS 机并不复杂，只要你了解它，就会觉得很简单的。我们现在一起来认识一下 POS 机。"随后，这位资深收银员开始耐心地为小李讲解，小李逐渐对 POS 机有了清晰的认识，重新树立了工作的信心。

经过自己不懈的努力，小李以优异的成绩通过了培训考核，成为一名真正的收银员。在之后的工作中，她踏实认真，一丝不苟，刻苦训练收银技能，多次被评为优秀收银员。

拓展训练

【任务】认识 POS 机。

【目的】通过认识 POS 机的强化训练，能够在 1 分钟内准确地阐述 POS 机的基本机构和外部设备的名称及作用。

【要求】2 个同学一组，1 人进行 POS 机的基本结构和外部设备的名称及作用的阐述，另 1 人计时，完整阐述一遍计时一次，并将训练的情况填入认识 POS 机训练记载表（见表 1-24）中。学生可以交替训练。

表 1-24 认识 POS 机训练记载表

次数	用时/s	准确程度	训练时间（年月日）	次数	用时/s	准确程度	训练时间（年月日）
1				11			
2				12			
3				13			
4				14			
5				15			
6				16			
7				17			
8				18			
9				19			
10				20			

职场寄语

（1）认识 POS 机是收银工作的前提和基础，POS 机其实并不复杂，只要用心，都可以掌握。

（2）案例认识 POS 机中小李的工作经历值得深思。刚接触 POS 机虽然很紧张，也一度失去了工作的信心，但她并没有选择放弃，而是在资深收银员的帮助下不断学习，刻苦训练，这种精神是值得学习的。

（3）当今社会，虽然竞争激烈，但只要充满信心，锲而不舍，就会不断进步。要知道，失败源于放弃，成功始于坚持。

项目总结

本项目以收银基础知识为主线，主要学习收银岗位所必备的基础理论知识，为收银员进行收银技能操作和从事收银岗位工作打下坚实的基础。

任务1 认识超市卖场布局

主要介绍了基本的零售业态、商品知识、超市六大服务性岗位，重点学习了运用磁石理论对超市卖场进行布局，强调了收银员熟悉超市卖场布局的必要性和现实意义。

任务2 初识超市收银岗位

主要介绍了收银员的定义、收银工作的主要内容、收银工作的基本特点，重点通过案例分析初步了解了收银岗位职责，强调要正确认识收银工作，不要产生畏难情绪。

任务3 遵守收银员职业道德

主要介绍了职业道德的含义、职业道德的特点、职业道德的社会作用、收银员的职业道德规范、收银员的基本职业素质，通过模拟情境进行角色扮演，加强收银员职业道德和职业素质的训练。

任务4 规范收银员仪容仪表

主要学习了仪容仪表的含义、仪容仪表的修饰、收银员的礼仪规范，通过仪容仪表等标准化的训练，加强对收银员仪容仪表等礼仪标准的规范，旨在使学生养成良好的职业习惯，培养学生的职业素养。

任务5 认识POS机

主要学习了POS系统的含义、构成及其功能、POS机的基本结构、POS机的外部设备、POS机的保养与维护，旨在让学生熟悉POS机各组成结构及其外部设备，为以后进行收银技能操作做铺垫。

项目二　超市收银操作技能

项目简介

本项目主要学习和训练超市收银操作技能，以收银操作流程为主线，收银操作流程如图 2-1 所示。先对其进行总体认识和学习，然后对其中的各个环节的操作技能进行单独学习和训练。

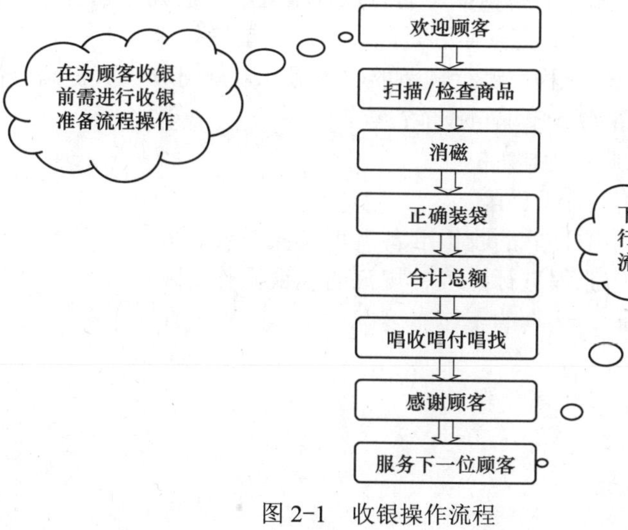

图 2-1　收银操作流程

项目要求

能够准确说出收银操作流程；对收银操作流程各个环节进行强化训练，包括扫描商品、手工录入商品条码、消磁、装袋、识别假钞、点钞、找零、刷卡结算、管理现金，从而提高操作熟练程度；能够进行独立、准确、快速的收银操作，具备收银员必须掌握的基本技能。

任务1 掌握收银操作流程

任务引入

收银员每天的工作就是为顾客提供结账服务，这项工作的质量关系到顾客对超市的满意度和忠诚度。收银工作具有专业性、责任性、熟练性、服务性、规范性的特点，这就要求收银员在收银过程中必须按照收银操作流程进行规范、熟练的操作，为顾客提供快捷便利的服务、为超市创造持续丰厚的利润、为自己带来广阔的发展空间。因此，需要对收银操作流程进行熟练掌握和强化训练。

任务分析

由于收银员工作对超市经营的重要性，则对收银员作业的管理最好要细化到收银操作流程的每一个操作程序乃至每一个动作和每一句用语，确定对收银员作业管理的重点是十分重要的。

晓丽的收银速度总是很慢，效率很低，而且在收银过程中总是频繁暂停，不是缺少这个，就是忘了拿那个，甚至上错机台，究其原因是因为她对收银操作流程不熟悉，没有进行规范操作。如果能熟练掌握收银操作流程，进行规范的收银操作，就可以大大提高收银效率和质量。

要帮助晓丽，应该具备如下知识与技能：

（1）能够列举收银总则和收银岗位职责。

（2）能够复述收银操作总体流程。

（3）能够说出营业前、中、后的收银准备流程及操作要领。

（4）能够按照收银操作流程进行熟练、规范的收银操作。

（5）能够逐步树立严谨、认真的工作态度。

知识准备

一、收银总则

（1）快速。收银的整个操作过程速度快。包括收银员收银的扫描、装袋、找零等细节，现金室操作、收银主管现场营运实务过程，都必须快速完成。

（2）准确。收银工作每一个细节的准确度要求都非常高。准确是衡量工作的重要指标之一。

（3）安全。保证资金的安全、保证顾客的安全、保证商品的安全，安全是收银工作的重要保证条件。任何操作流程都必须有必要的安全防护措施。

（4）优质服务。微笑、礼貌、主动、真诚、自然的客人至上、客人优先的服务就是优质服务的内涵。优质服务不仅是每一位收银员的工作语言、动作、表情的要求，更是每一个人良好、高尚的处事做人风范的一贯体现。良好的精神风貌也是企业良好形象的最佳广告。

（5）三人原则。每一个收银台前排队等候的顾客一般不超过 3 个人。这就要求收银员要提高收银速度，收银主管也要根据客流量情况合理安排收银台的数量、收银时间、收银台位置，减少顾客的等候时间，保证收银通道的畅通。

小知识 如何提高超市收银的服务水平

（1）收银员的选拔。其实，不是每个人都适合超市行业，也不是每个人都适合做收银员。因为没有良好的心态和心理素质以及为他人服务的精神，是不可能做好这份工作的。在沃尔玛、家乐福等知名的零售企业中，对于收银员的挑选是需要经过层层筛选，严格考核的。在沃尔玛、家乐福的招聘中，很多人都会被问到许多有关日常生活的话题，而实际上这些都属于心理素质和能力考核的问题，很多人无意中会暴露自己的性格和缺点，所以，很多自认为很优秀的人去沃尔玛、家乐福面试，最终却被无情淘汰。

（2）严格培训。很多企业疏于对收银员的培训，甚至很多企业都没有人力资源部门，更没有专职的培训人员，很多收银员没有经过岗前培训和岗位培训。因此，收银员上岗只知道如何收钱，不知道如何为顾客服务，更不知道该如何应对顾客跟收银员之间的纠纷，最终导致顾客对超市产生不满。

（3）拟定收银流程，将工作程序化。科学安排收银员的上机时间，尽量合理应对购物高峰和低潮，将工作量均匀化。

（4）拟定合理的管理制度，奖罚分明。对于服务态度好、收银误差少、收款总金额多的收银员要进行奖励或者多发奖金，对于收银误差大、收银总额低的收银员要扣罚奖金或少发奖金。对于屡屡被顾客投诉的收银员要进行再培训、再教育，依然不能胜任岗位的要及时更换岗位。

（5）要定期进行收银员考核、考试。如收银速度、输入商品条码速度、服务用语等。

（6）收银主管或经理尽量从收银员中提拔。一来可以让收银员感到成绩出色是可以得到提升的，二来可以亲自培训、指导收银员，让收银员心服口服。

总之，服务是超市的灵魂，要想方设法提高服务质量，使顾客满意。

二、收银岗位职责

（1）严格遵守各项收银管理制度，听从主管安排的工作。

（2）上岗前必须保证工作服干净整洁，头发梳理整齐，胸牌佩戴整齐。

（3）领取备用金，并清点清楚。

（4）领取购物袋、收银小票，并做好领用登记。

（5）营业前检查主机、小票打印机、消磁系统、扫描器等是否处于正常工作状态。

（6）对卖场的整体经营布局及各类商品的品名、分类、规格、单价要熟悉了解。

（7）收银工作流程应规范、熟练，出现错扫、漏扫一律以违规处理。

（8）收银员要对自己的工号及密码严格保密、收银工作不得由他人代办。

（9）任何情况均不能擅自红冲小票，只可到服务台办理退货手续。

（10）收银员不得利用自己的工作之便使用会员卡进行积分，顾客使用完会员卡后，应及时将会员卡交还顾客手中，家用商品不得使用会员卡积分。

（11）要热情接待每一位顾客，微笑服务，使用收银导语有礼待客，不得与顾客发生任何争执。

（12）随时保持收银台及周边卫生，杂物及相关用品应放在尽量隐蔽的位置，以保持美观。

（13）收银过程中如发生打印机未出纸，收银员如果自己不能解决的，应在第一时间内通知主管（助理、班长）及防损人员进行处理。

（14）在收银过程中，未经收银主管同意，收银员不得擅自离开收银机台。

（15）收银员在交接班时要注意左右机台的协调，不能同时“暂停收银”服务。

（16）营业结束后，做好收银台的清洁卫生，并关闭计算机及消磁器等相关设备，盖好防尘罩。

小案例　某超市收银操作违规行为及处罚规定

有以下情况之一的，一次口头警告，两次书面警告、扣除相应奖金，情节严重的开除：

（1）上班不按时打卡或代打卡、不按规定着工装、仪容仪表不整、与同事打架等。

（2）上班迟到、吃饭超时、早退、无故旷工。

（3）未经同意脱岗、串岗，工作期间与他人聊天、看书等。

（4）未经允许私自换班。

（5）未说礼貌用语，对待顾客态度不好。

（6）商品防盗扣未解。

（7）出现操作失误，不及时通知收银主管。

（8）收银员之间兑换零钱。

（9）不按收银程序操作。

有以下情况之一的，立即开除：

（1）上岗携带私人现金或私拿营业款。

（2）偷窃或非法占有顾客、超市或其他员工的财物。

（3）不顾超市利益，里外勾结漏单。

教师示范

一、收银操作总体流程

收银操作总体流程如图 2-2 所示。

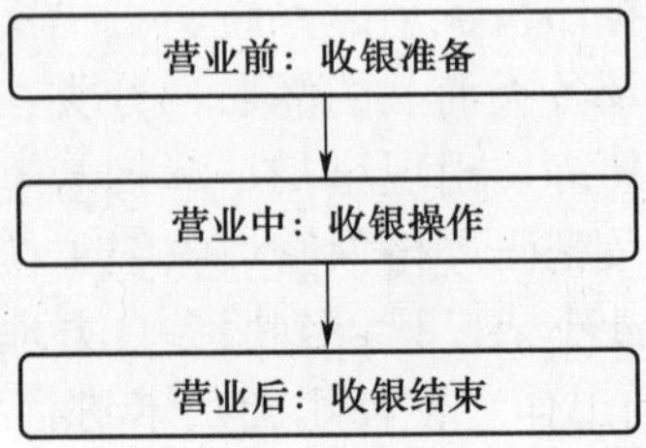

图 2-2　收银操作总体流程

二、营业前的收银准备流程及操作要领

1．营业前的收银准备流程

营业前的收银准备流程如图 2-3 所示。

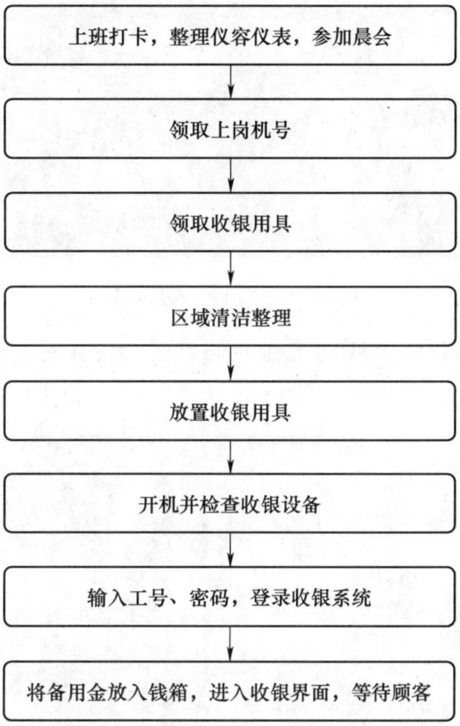

图 2-3 营业前的收银准备流程

2．营业前的收银准备操作要领

（1）收银员上下班和用餐前后均须按要求打卡记录考勤，未按规范要求打卡的，将视为缺勤，并扣除相应工资；代其他员工打卡的，将被视为较重违纪行为。目前，很多超市采用的是指纹打卡。指纹打卡如图 2-4 所示。

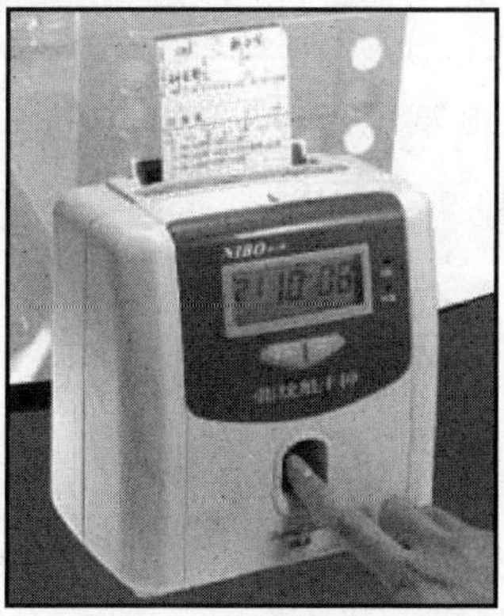

图 2-4 指纹打卡

（2）收银员上岗前，须按照规范整理好自己的仪容仪表。

（3）收银员上岗前须参加由收银主管组织的晨会，晨会主要是总结前一天的工作，布置当天的工作，并强调相关注意事项。收银员参加晨会如图 2-5 所示。

图 2-5　收银员参加晨会

（4）超市每个收银台都有相对应的机台号码，晨会结束后，收银主管会安排收银员的收银岗位，收银员须记好要上岗的机台号码，对号上岗。某超市的前台收银线如图 2-6 所示。

图 2-6　某超市的前台收银线

（5）收银员上岗前须领用相关的收银用具，这些收银用具包括备用金、购物袋、海绵缸、抹布、收银小票。除此之外，收银员可根据工作需要，自备笔、计算器、夹子等用具。收银相关用具如图 2-7 所示，常见的收银用具的作用见表 2-1。

备用金

购物袋

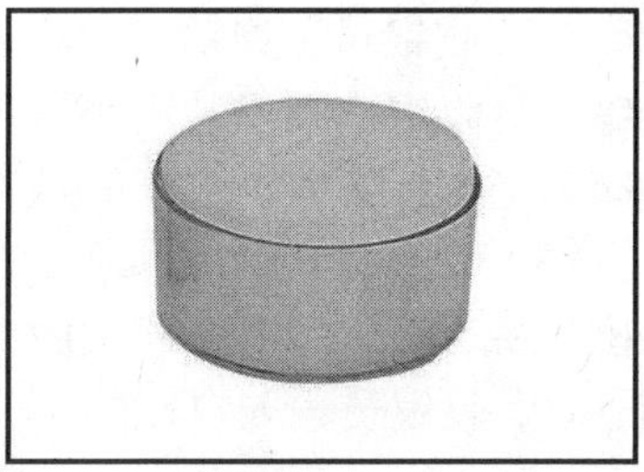

海绵缸

收银小票

计算器

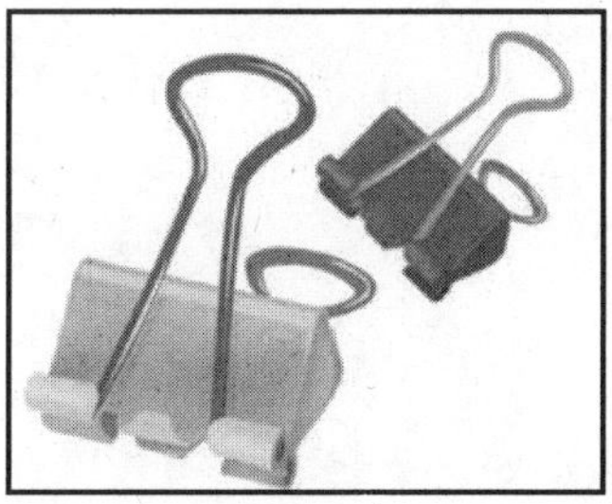

夹子

图 2-7　收银相关用具

表 2-1　常见的收银用具的作用

收银用具的名称	收银用具的作用
备用金	用于顾客结账时为其找零
购物袋	顾客购买商品较多时，为顾客提供购物袋，为顾客带来便利
海绵缸	收银员手比较干燥时，沾一下海绵缸使手变湿润，可方便数钱
抹布	用于随时清洁收银台
收银小票	为顾客提供购物凭证
笔	做必要的标记或记录相关事宜
计算器	用于计算营业额等相关统计数据
夹子	用于分类存放各种票据或单据

（6）收银员上岗前，须对收银台及其周边进行清洁整理，包括整理和清洁收银机台面、清洁收银机设备、整理收银柜、清洁地板与垃圾桶，还包括收银台前货架的理货工作，即整理补充商品、清洁灰尘、核实价签等。收银员上岗前对收银台区域的清洁整理如图 2-8 所示。

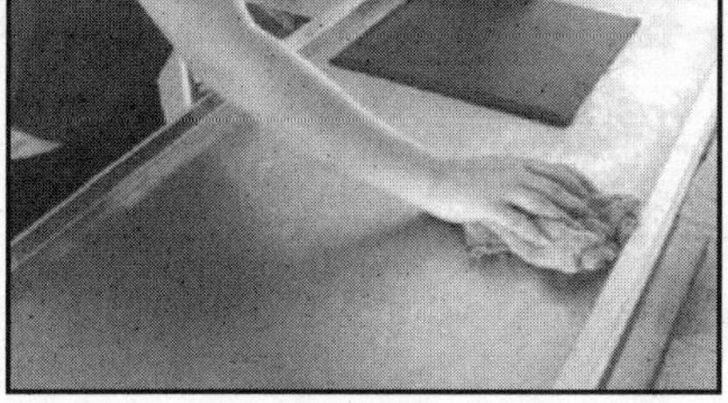

清洁收银机台面

清洁收银机设备

图 2-8　收银员上岗前对收银台区域的清洁整理

（7）收银员上岗前，须将领取的收银用具放置在相应的位置，包括将购物袋挂在收银台边缘、将收银小票安装到小票打印机中、将备用的收银小票放入收银柜，还包括将海绵缸、抹布、笔、计算器、夹子等放在方便自己使用的位置。

（8）收银员开机后，须检查系统日期、开机状态、收银系统是否正常，并检查扫描设备、消磁设备、刷卡设备等相关收银设备是否处于正常工作状态。

（9）收银员输入自己的工号和密码，登录收银系统。收银员登录收银系统如图 2-9 所示。

图 2-9　收银员登录收银系统

（10）收银员将领取的备用金整齐有序地放入钱箱后，进入收银界面，等待顾客。收银界面如图 2-10 所示。

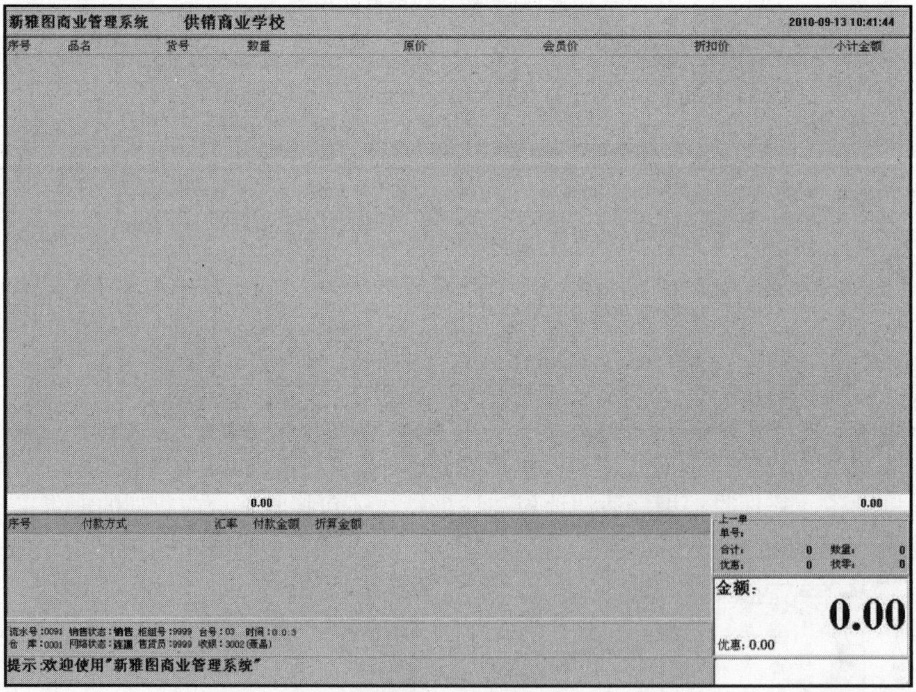

图 2-10　收银界面

三、营业中的收银操作流程及操作要领

1．营业中的收银操作流程

营业中的收银操作流程如图 2-11 所示。

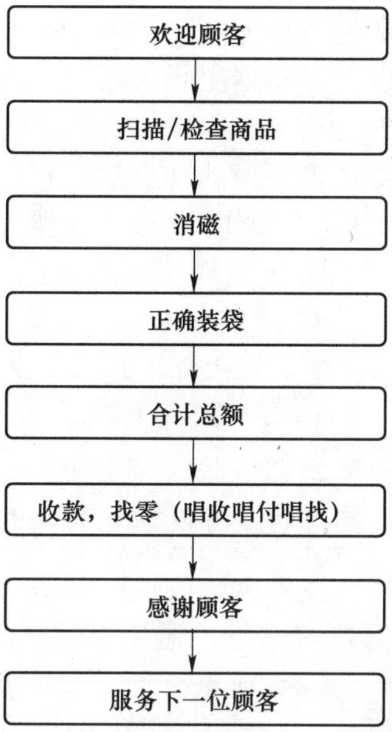

图 2-11　营业中的收银操作流程

2．营业中的收银操作要领

（1）严格按照收银员职业素养的要求为顾客提供收银服务。

小知识

许多大型连锁超市要求收银员必须跟顾客说三句话：“欢迎光临”“请出示您的会员卡”“欢迎下次光临”，这三句话使顾客身心愉悦，体现了超市及收银员对顾客的尊重，提高了顾客的满意度。

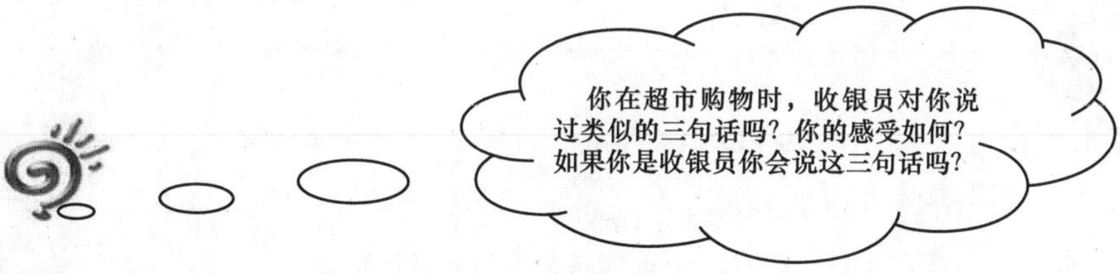

（2）扫描商品。

（3）商品消磁。

（4）商品装袋。

（5）将顾客所购买的商品扫描完毕装袋后，进行合计总额操作。按下键盘上合计总额的功能键，POS 机主显示器上会显示结算窗口（见图 2-12）。收银员按照结算窗口上合计或应付金额，对顾客说“一共×××元”。

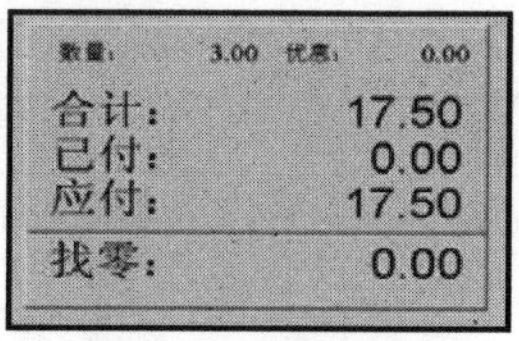

图 2-12　结算窗口

（6）收银员接过顾客所付的现金，须辨别真伪。经核实后，对顾客说“收您×××元”。

（7）收银员在键盘上选择现金的付款方式，输入顾客所给的金额，按下相应的结算键，POS 机主显示器上会显示结算窗口。输入相应金额后的结算窗口如图 2-13 所示。

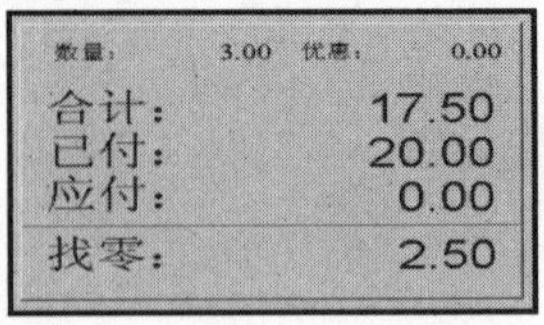

图 2-13　输入相应金额后的结算窗口

（8）钱箱打开后，收银员须将顾客所付的现金放入钱箱并按照图 2-13 中找零的金额进行规范的找零操作，将现金递给顾客的同时须对顾客说“找您×××元”。

小知识

在收银结算的过程中，收银员必须“唱收”“唱付”“唱找”，这样既体现出了对顾客的尊重，又提高了服务质量，更重要的是可以避免失误和纠纷，有效地提高了效率。

（9）收银员须将购物袋、商品、找零款、收银小票等一并交给顾客，确保将相关物品递到顾客手中（见图 2-14），并提醒顾客拿好，避免不必要的误会发生。

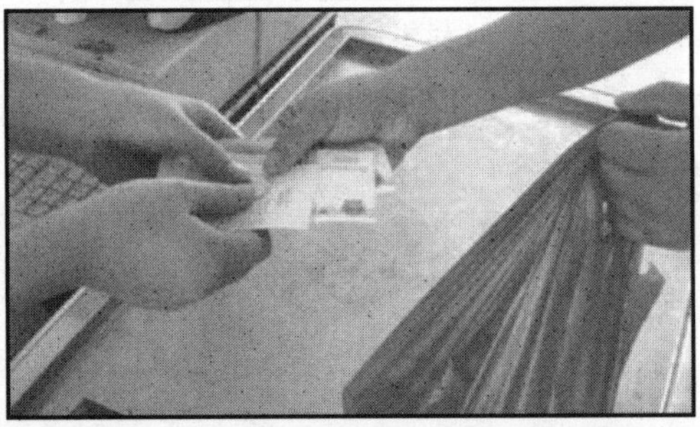

图 2-14　确保将相关物品递到顾客手中

（10）如果顾客所付的不是现金，而是银行卡、购物券，或者在付款时，顾客有会员卡等，收银员须根据超市的具体操作要求，进行规范的操作。

小知识

每个超市都会有各自不同的 POS 收银系统，但功能键和操作方法大同小异。POS 机键盘常见的按键功能见表 2-2。

表 2-2　POS 机键盘常见的按键功能

键名/按键功能	功能描述
数字键	供数字录入（如手工录入商品条码、录入金额等）
确定/回车	操作结束的确认
删除	删除光标前的一个字符
清除	清除已经扫描的一个或多个商品信息（多在多扫、错扫或顾客放弃购买某商品等情况下用）
开钱箱	在收银界面可打开钱箱
挂单	在收银结算时，保存交易信息，但不入流水账。多用于顾客在付款过程中暂停结算。按挂单键，可将顾客已购买的商品信息保存下来（顾客不需要付款，可进入超市继续选购商品），收银员将此笔业务挂单后可进行下一顾客的收银结算操作
提单	挂单后，顾客继续结账时，按提单键，调出被挂单业务，可以继续为此顾客进行收银结算操作

（续）

键名/按键功能	功能描述
数量键	输入商品的数量时，按此键，可自动修改数量，避免多次扫描
会员	顾客出示会员卡，可进行会员卡的读取
合计/结算	计算当前一笔交易的应付金额
银行卡等	提供非现金的结算方式
上下左右箭头	光标移动键，用来移动光标，修改当前某一字段
修改售价	对“可议价”的商品在销售时进行价格的修改
ESC键	退出当前操作状态

四、营业后的收银结束流程及操作要领

1．营业后的收银结束流程

营业后的收银结束流程如图2-15所示。

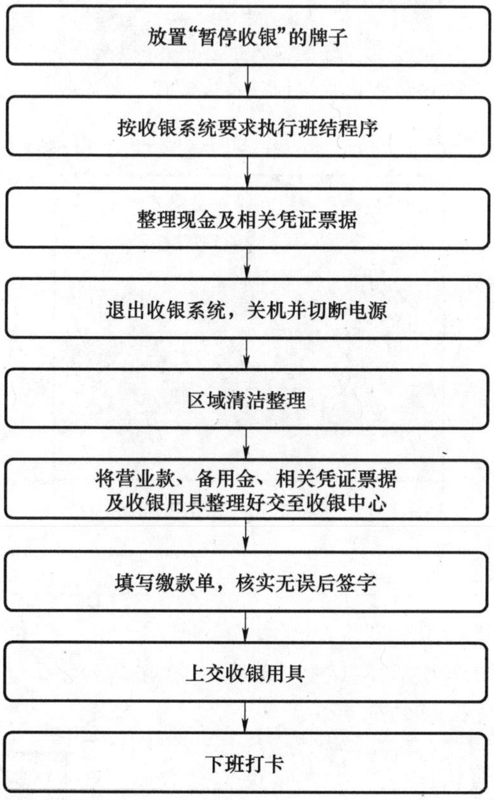

图2-15 营业后的收银结束流程

2．营业后的收银结束操作要领

（1）收银员因下班等情况需要停止收银时，须首先将“暂停收银”的牌子放置在收银台顾客容易看到的位置，并继续为正在排队等候的顾客提供收银服务。收银员停止收银前须首先放置“暂停收银”的牌子如图2-16所示。

图 2-16 收银员停止收银前须首先放置“暂停收银”的牌子

（2）将营业款和备用金分别整理好，放入钱袋。整理好的营业款和备用金如图 2-17 所示。

图 2-17 整理好的营业款和备用金

小知识

收银员需要具备熟练的点钞技术（特别是零钞的清点），在每天交接班时，进行快速、准确的点钞操作，以提高交接班的效率。

（3）常见的凭证票据有信用卡单、现金抵用券、收银小票存根等，这些单据在收银过程中须用夹子分类夹好，并妥善保管，遗失将被视为违规，严重者将会被处分。分类夹好的相关凭证票据如图 2-18 所示。

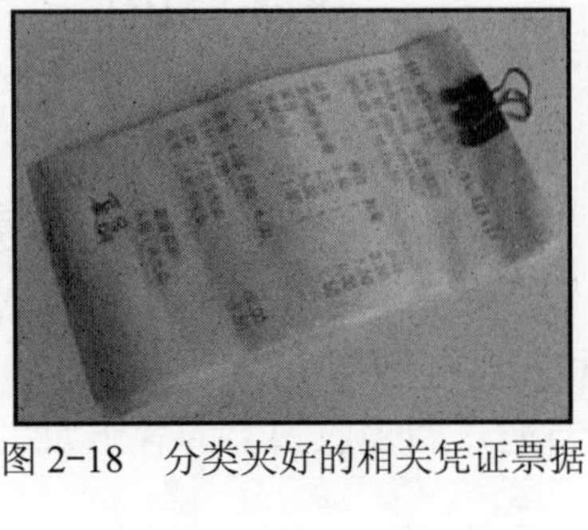

图 2-18 分类夹好的相关凭证票据

（4）收银员将营业款、备用金、相关凭证单据及收银用具整理好交至收银中心（有的称为现金室、收款室、金库等，本书统一称为收银中心）。

（5）收银员须按要求填写缴款单，并与收银中心核实后确认签字。缴款单见表 2-3。

表 2-3　缴款单

年　　月　　日

<table>
<tr><th>收银员姓名</th><th>收银员工号</th><th>收银台号码</th><th>开 机 时 间</th><th>关 机 时 间</th></tr>
<tr><td></td><td></td><td></td><td></td><td></td></tr>
<tr><th>编　号</th><th>项　目</th><th>面值/元</th><th>数　量</th><th>金　额</th></tr>
<tr><td rowspan="9">1</td><td rowspan="9">现金</td><td>100</td><td></td><td></td></tr>
<tr><td>50</td><td></td><td></td></tr>
<tr><td>20</td><td></td><td></td></tr>
<tr><td>10</td><td></td><td></td></tr>
<tr><td>5</td><td></td><td></td></tr>
<tr><td>1</td><td></td><td></td></tr>
<tr><td>0.5</td><td></td><td></td></tr>
<tr><td>0.1</td><td></td><td></td></tr>
<tr><td colspan="2">合　计</td><td></td></tr>
<tr><td rowspan="7">2</td><td rowspan="7">非现金</td><td>银行卡签购单</td><td></td><td></td></tr>
<tr><td>大钞预收登记表</td><td></td><td></td></tr>
<tr><td>现金抵用券</td><td></td><td></td></tr>
<tr><td>其他</td><td></td><td></td></tr>
<tr><td></td><td></td><td></td></tr>
<tr><td></td><td></td><td></td></tr>
<tr><td colspan="2">合　计</td><td></td></tr>
<tr><td>3</td><td colspan="3">总　计</td><td></td></tr>
<tr><td>4</td><td>应交金额</td><td></td><td>长短款情况</td><td></td></tr>
</table>

收银员确认签字：　　　　　　收银主管确认签字：　　　　　　收银中心确认签字：

（6）若出现长款或短款，收银员须进行赔偿。

小知识

一般超市对收银员长短款情况有一个约定的范围，在此范围内是不需要赔偿的。如家乐福、武商量贩等超市的长短款范围是不多于 2 元。

学生模仿

一、实训物资准备

收银台、POS 机等相关收银设备及用具。

二、实训人员组织

全班自由结合分组，每组 4～6 人，自行确定各组组长并进行分工。在各组组长的带领下进行收银操作流程简单的模仿。

三、实训时间安排

每个学生对收银操作流程的模仿不少于 15 分钟。

四、学生模仿过程

（1）各组成员轮流（根据情况进行角色互换）模仿老师进行各个环节的收银操作。

（2）模仿结束后进行交流，找出哪些地方有问题或不到位，指出谁的模仿效果更好。

（3）老师进行点评，肯定优点，指出不足，结合所学内容强调收银操作各环节的流程及注意事项。

（4）本次学习和模仿是简单初步的，主要强调收银操作流程的感性认识，关键性技能后续还要做强化训练。

实训练习

网络资源链接

“收银流程”网址二维码如图 2-19 所示。

图 2-19 “收银流程”网址二维码

练习一　巩固收银操作流程

根据收银操作流程进行连线。

	收银员须按照规范，整理好自己的仪容仪表
	收银员整理营业款和备用金
	扫描商品
	收银员须参加由收银主管组织的晨会
营业前	收银员须领用相关的收银用具
	装袋
	消磁
营业中	收银员合计总额
	收银员须将领取的收银用具放置在相应的位置
	收银员接过顾客所付的现金，须辨别真伪
营业后	收银员输入自己的工号和密码，登录收银系统
	找零
	收银员放置“暂停收银”的牌子
	收银员将领取的备用金整齐有序地放入钱箱后，唱收唱付唱找

练习二　输入金额

（1）以组为单位进行角色扮演。

（2）顾客说出付款金额，收银员输入相应的金额，要求准确、快速，一次练 10 个金额。

（3）进行角色互换，重新练习。

（4）练习结束后进行总结交流，老师进一步强调要点。

（5）这一练习除了使用收银台之外，还可用计算器代替，也可到机房练习数字看打。

练习三　营业前的收银准备

（1）整理仪容仪表，各自整理，相互检查。

（2）各组确定收银主管和收银员，模拟召开晨会，可进行角色互换。

（3）各组根据对应的收银台进行清洁整理工作。

（4）收银员开机，检查系统日期、开机状态、收银系统是否正常，并检查扫描设备、消磁设备、刷卡设备等相关收银设备是否处于正常工作状态。

（5）输入工号和密码，进入收银界面，等待收银。

（6）每个人依次进行上述操作练习。

实训考评

【要求】请根据实训练习情况完成收银操作流程实训练习效果评价（见表 2-4）。

表 2-4　收银操作流程实训练习效果评价

考核项目	考核标准	得分/分
职业素养（20 分）	1. 按时出勤，课堂表现好（10 分）	
	2. 仪容仪表标准（10 分）	

（续）

考核项目	考核标准	得分/分
关键能力（60分）	1．能够进行营业前收银准备流程操作（20分）	
	2．能够进行营业中收银流程操作（20分）	
	3．能够进行营业后收银结束流程操作（10分）	
	4．具备良好的团队合作精神（5分）	
	5．具备一定的组织协调能力（5分）	
知识技能（20分）	1．能够列举收银总则（5分）	
	2．能够描述收银岗位职责（5分）	
	3．能够复述收银操作总体流程（5分）	
	4．能够说出营业前、中、后的收银准备流程及操作要领（5分）	
合计得分		

心得体会：

知识训练

一、不定项选择题（请将最佳选项代号填在括号中）

1．下列物品属于收银用具的有（　　）。

A．购物袋　B．夹子　C．收银小票　D．备用金

2．为了提高服务质量，超市要求收银员必说的三句话有（　　）。

A．“欢迎光临”　B．“请问您需要购物袋吗”

C．“请出示您的会员卡”　D．“欢迎下次光临”

3．营业中的收银操作流程包括（　　）。

A．欢迎顾客　B．扫描/检查商品　C．消磁　D．正确装袋

E．合计总额　F．收款，找零　G．感谢顾客

4．顾客小李正在收银结算，忽然想起自己还有一样东西要买。如果你是收银员，应如何操作？（　　）

A．暂停收银，等着小李购物。

B．制止小李购物，继续为其结账。

C．继续为小李结账，让其付款后将所购商品进行存放后，再进入超市重新购物。

D．按 POS 机键盘上的挂单功能键，让小李去购买所需商品，其间继续为其他顾客提供收银服务。

5．收银操作的总体流程包括（　　）。

A．营业前收银准备操作　B．营业中收银结算操作

C．营业后收银结束操作　D．收银时回答顾客的询问

二、判断题（正确的打“√”，错误的打“×”）

1．在收银过程中，如果收银员有特殊情况，可随时暂停收银、离开收银机台。（　　）

2．在收银结算的过程中，要求收银员必须“唱收”“唱付”“唱找”，这样既体现出

了对顾客的尊重，又提高了服务质量，更重要的是可以避免失误和纠纷，有效地提高了效率。 （ ）

3. 收银员可随意选择上岗的收银机台。 （ ）

4. 收银员要对自己的工号及密码严格保密、收银工作不得由他人代办。 （ ）

5. 一般超市对收银员长短款情况有一个约定的范围，在此范围内是不需要赔偿的。 （ ）

三、案例阅读

谁偷走了我的东西？

一天晚上，顾客赵阿姨打来电话投诉，称其上午在超市购买商品，晚上食用时发现收银小票上多了一样自己没有购买的商品，于是打来电话问个究竟。

客服员在电话里详细听了赵阿姨的诉说，口气委婉地告诉赵阿姨出现此种情况有几种可能，可是赵阿姨没听完客服员的解释就挂了电话。

第二天一早，赵阿姨气冲冲来到总服务台要讨个说法，并态度坚决地认定是收银员藏了她的商品，客服员再三解释都无济于事，连收银主管在一边劝解也没有效果。这时，超市值班经理闻讯赶来，将赵阿姨劝进了办公室，经过耐心的交流，赵阿姨终于消了气，也认同了发生这种事情有如下可能：①收银员装了袋，但顾客忘了拿；②单独装了袋，不慎被其他顾客提走；③商品在回家的路上不慎丢失；④商品被收银员私藏。又经过了一番分析，排除了收银员拿其商品的可能性。最后，经过值班经理耐心细致的解释与分析，赵阿姨终于解除了心头的疑虑，高兴而去。

拓展训练

【任务】掌握收银操作流程。

【目的】通过收银操作流程的强化训练，熟悉收银操作环节，规范收银操作，同时为其他任务的学习和实训奠定基础。

【要求】4～6 个同学一组，自行确定组长，分别进行收银流程操作的训练，并将收银操作流程训练的情况填入收银操作流程训练记载表（见表 2-5）中。

表 2-5　收银操作流程训练记载表

次　数	综合评定得分	训练时间（年月日）	次　数	综合评定得分	训练时间（年月日）
1			11		
2			12		
3			13		
4			14		
5			15		
6			16		
7			17		
8			18		
9			19		
10			20		

职场寄语

（1）案例谁偷走了我的东西中事件的发生，追根溯源，是收银员工作流程不顺畅、操作不规范造成的：唱收、唱付、唱找后，收银员未将购物袋、找零款一并交给顾客，造成失误，导致最终发生投诉的情况。

（2）收银员在日常工作中必须严格按照操作程序进行规范操作，养成良好的职业习惯，树立认真、严谨的工作态度，为顾客提供优质便捷的服务，避免类似事件的发生。

（3）在案例谁偷走了我的东西中，客服员和值班经理表现突出，遵循了“心平气静倾听，冷静全面处理”的服务准则，事件处理很圆满。在超市日常运营中，需要收银员能够具备灵活的应变能力和较强的处事能力。

任务2　商品扫描

任务引入

收银员每天与顾客直接接触，这要求收银员必须提供给顾客高质量的服务，特别要求收银员提高收银速度。在整个收银操作过程中，提高扫描速度是提高收银速度的重要途径之一，扫描率也是超市考核收银员收银速度的重要指标之一，因此，需要加强对商品扫描的训练，以达到提高收银速度的目的。

任务分析

小敏的收银效率不高，究其原因是因为她在收银过程中扫描商品的操作不熟练、速度慢且易出错。如果能熟练掌握扫描方法与技巧，就可以大大提高收银效率。

要帮助小敏，应该具备如下知识与技能：

（1）能够复述商品扫描的原则。

（2）能够说出商品扫描的操作要点。

（3）能够描述商品扫描的操作技巧。

（4）能够熟练进行商品扫描的操作。

（5）能够快速处理商品扫描过程中的例外情况。

知识准备

一、商品扫描的含义

商品扫描是指收银员用扫描器或手工录入的方式扫描商品，以获取商品信息的操作过程。商品扫描是收银过程中必不可少的一个环节。

二、商品扫描的原则

（1）快速扫描。保证以最快的速度将商品进行扫描，包括熟悉一般商品的条码印刷位置、保持印有条码包装面的平整、条码正对着扫描器或扫描枪等。快速扫描原则是提高收银速度、衡量收银员工作素质的重要指标。

（2）无多扫描。保证每一件商品只有效扫描一次。多扫描会导致顾客投诉。

（3）无漏扫描。保证每一件商品都被有效扫描过，在顾客已付款的商品中，无商品漏扫描或扫描不成功。漏扫描会直接造成超市损失，是收银区域防止损耗的重点之一。

三、商品扫描的基本方法

（1）机器扫描。用扫描器或扫描枪进行扫描的方式，准确快速。

（2）人工扫描。对机器扫描多次无效的条码进行手工输入。

教师示范

一、商品扫描的基本操作步骤

商品扫描的基本操作步骤如图 2-20 所示。

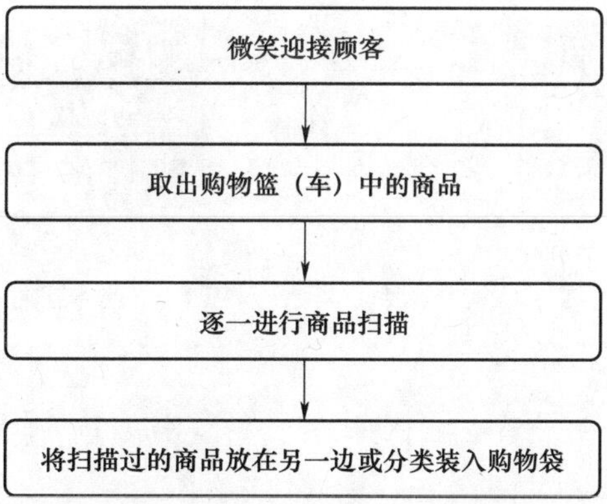

图 2-20　商品扫描的基本操作步骤

二、商品扫描操作要点与技巧

（1）收银员在未接待顾客时应面向正前方规范站立，收银员的规范站立如图 2-21 所示。顾客携带商品前来付款时应使用礼貌用语并向顾客微笑致意，同时身体半侧转，承接顾客所购商品，承接顾客所购商品如图 2-22 所示。

图 2-21　收银员的规范站立

图 2-22　承接顾客所购商品

（2）收银员必须熟悉一般商品的条码位置，商品条码的位置如图 2-23 所示，迅速地把商品条码对准扫描器。注意收银员扫描的是条码的条、空，而非数字，扫描条码的正确位置如图 2-24 所示。

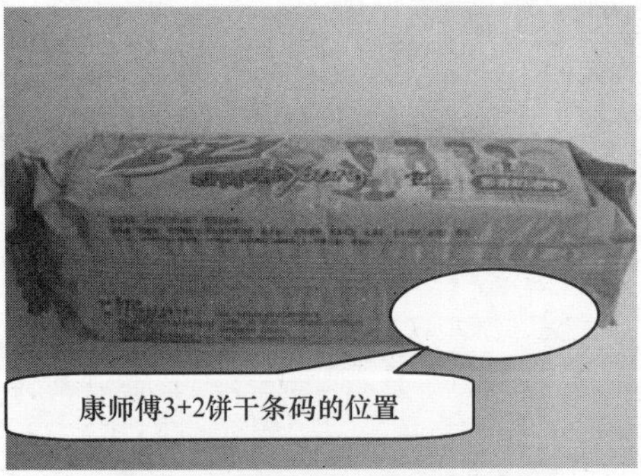

（a）

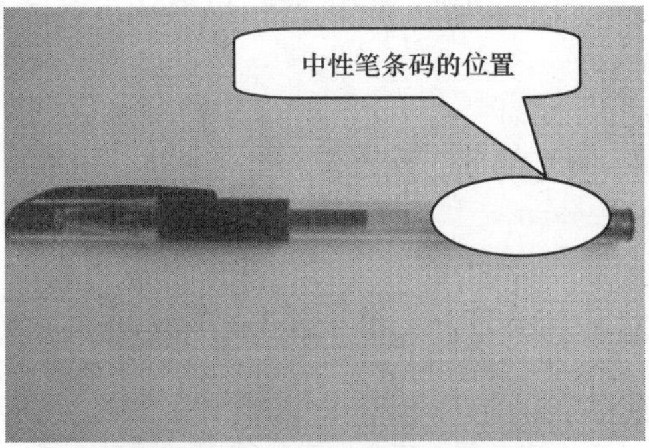

（b）

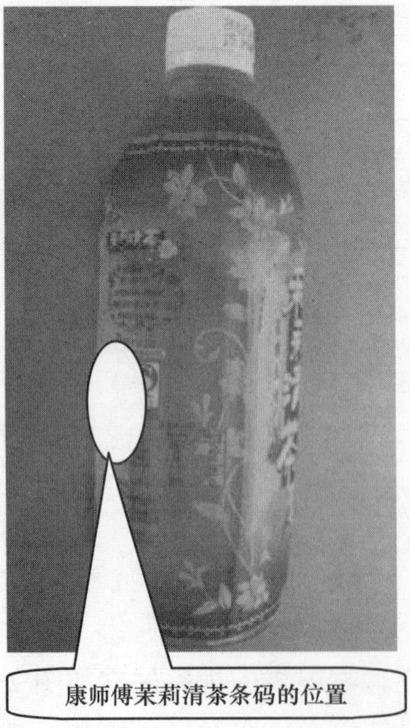

（c）

（d）

图 2-23　商品条码的位置

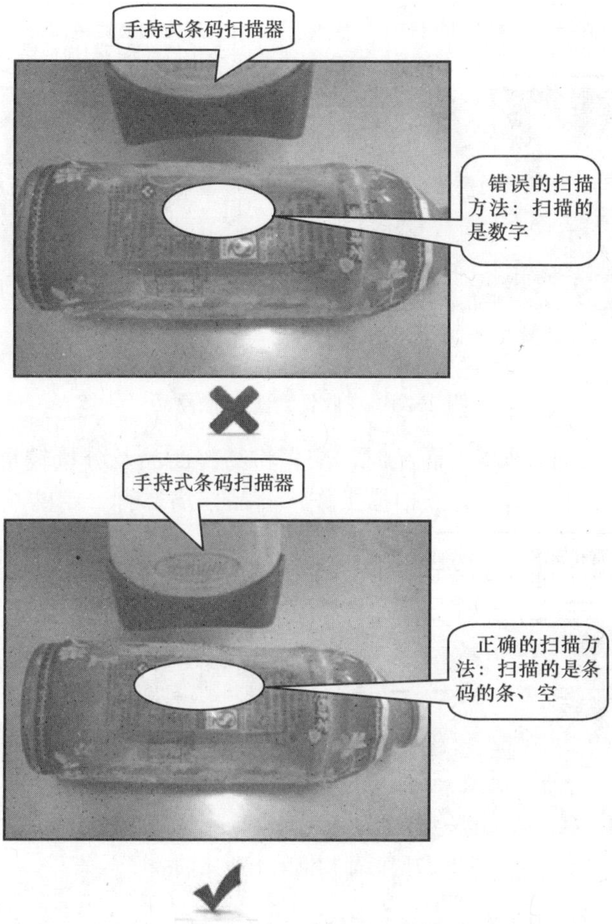

图 2-24 扫描条码的正确位置

（3）对于条码有褶皱或不平整的商品，应将条码摊平，然后再进行扫描，将褶皱或不平整的商品条码摊平如图 2-25 所示。

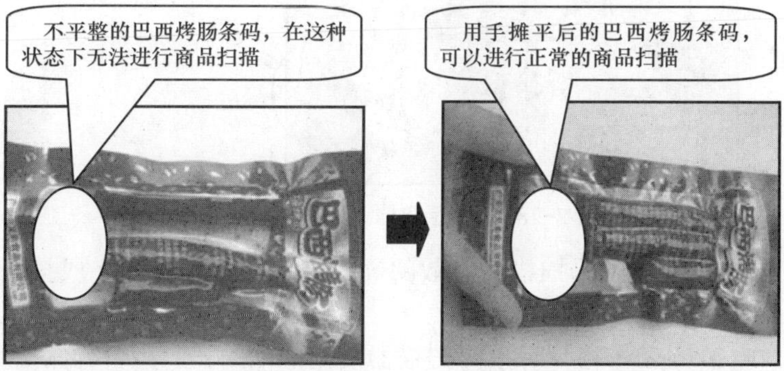

图 2-25 将褶皱或不平整的商品条码摊平

（4）收银员在扫描商品时应将商品从购物篮内取出，不得直接在购物篮内扫描。直接装在推车内的商品应先取出并有序放置在收银台上（可请顾客取出），然后逐一扫描，在收银台上扫描商品如图 2-26 所示。

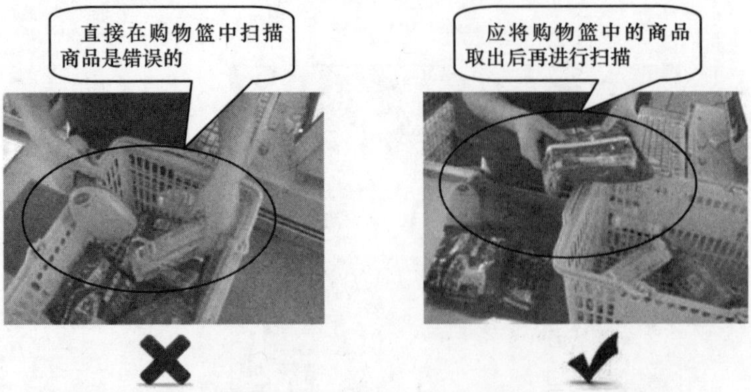

图 2-26　在收银台上扫描商品

（5）收银员拿取篮内或推车内商品时，应先将易碎商品及分量较重商品取出扫描装袋，然后将篮侧翻，对其余商品进行逐一扫描操作，商品扫描要有一定的顺序如图 2-27 所示。

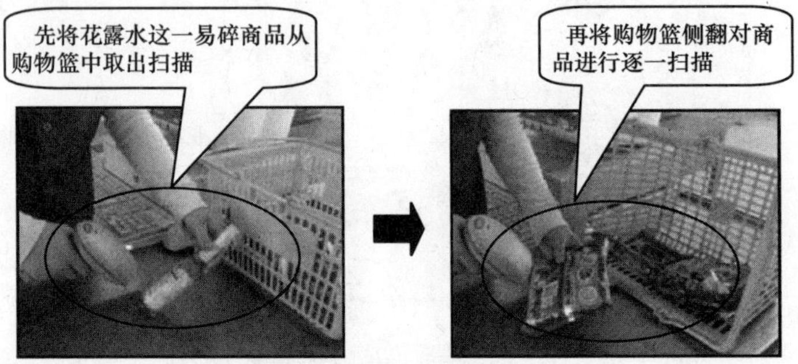

图 2-27　商品扫描要有一定的顺序

（6）收银员对商品扫描前应先查看顾客选购的所有商品，对装袋数量、大小做大致判断，然后按类别对商品进行依次扫描，按类别对商品进行依次扫描如图 2-28 所示。

图 2-28　按类别对商品进行依次扫描

（7）商品在经过固定式条码扫描器有效阅读范围前略做停顿，完成扫描。收银员切勿大幅度晃动商品，以避免多扫。

（8）扫描时，收银员应注意聆听条码扫描器发出的嘀鸣声，声音异常时应查看 POS 机主显示器显示的读码状况，每完成 2～3 个商品（最好扫描一件商品看一下 POS 机主显示器）扫描操作后，收银员应略看 POS 机主显示器上的商品名称、价格、数量是否正确，有疑问应做进一步查看。严禁收银员不看 POS 机主显示器进行连续扫描商品操作，以避免错扫或漏扫现象的发生，如图 2-29 所示。

图 2-29　禁止不看 POS 机主显示器连续扫描

（9）收银员对同种商品数量较少时可逐一进行扫描，不得对同一商品连续扫描代替逐一扫描，同种商品的不同单品须逐一扫描，如图 2-30 所示。

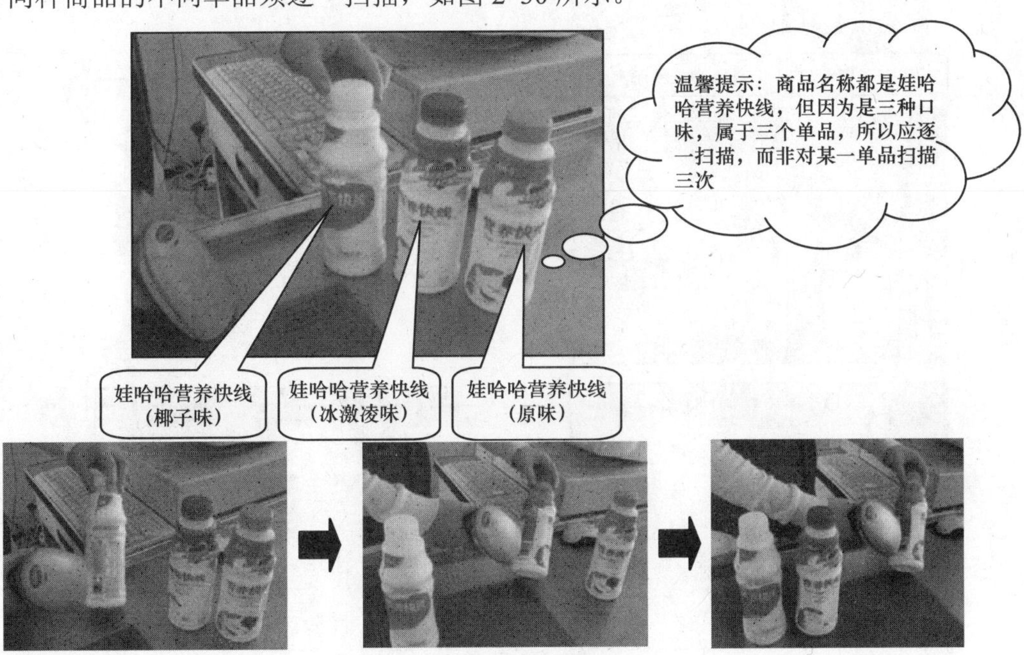

图 2-30　同种商品的不同单品须逐一扫描

（10）商品数量较多时，收银员应键入数量并核对与实物数量是否一致，如图 2-31 所示。

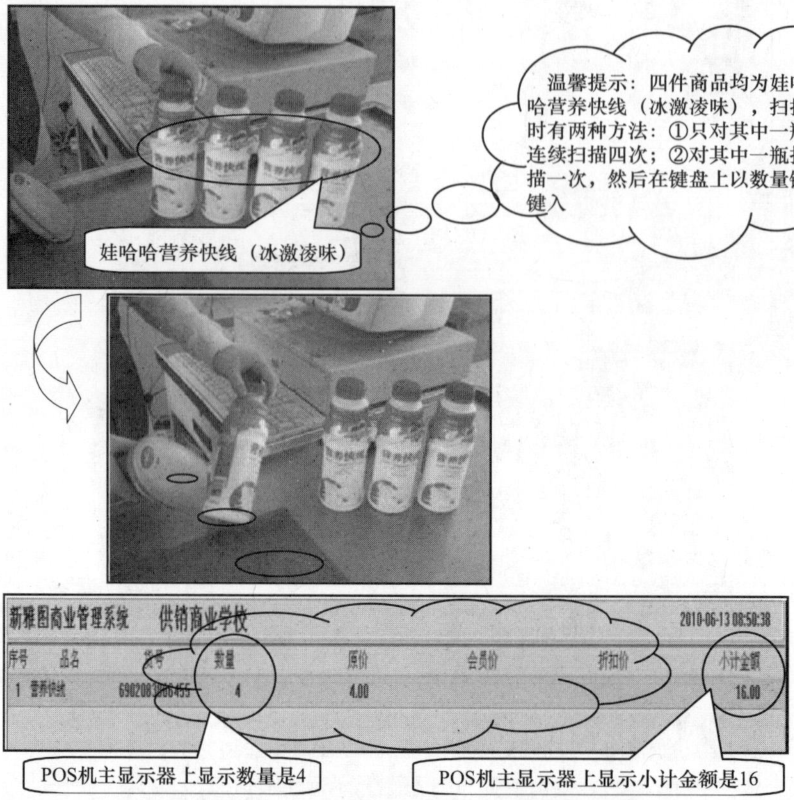

图 2-31　键入数量并核对与实物数量是否一致

（11）对包装相近的商品须辨明清楚再进行扫描（见图 2-32），收银员应避免将不同商品误作同一商品以数量键键入。

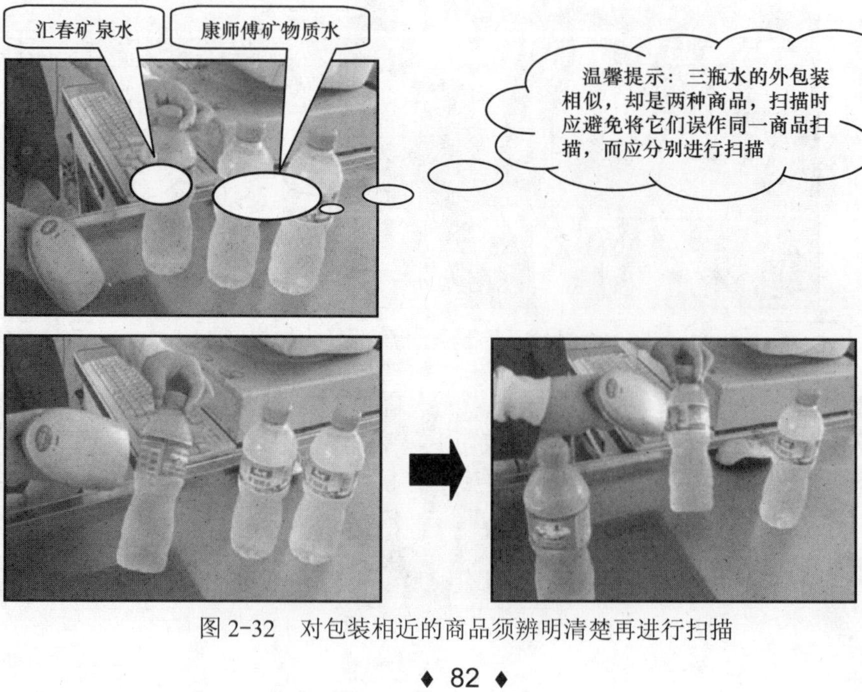

图 2-32　对包装相近的商品须辨明清楚再进行扫描

（12）对包装在一起的搭送赠品进行扫描时，收银员应避免将赠品条码误作商品条码扫描，其如图 2-33 所示。

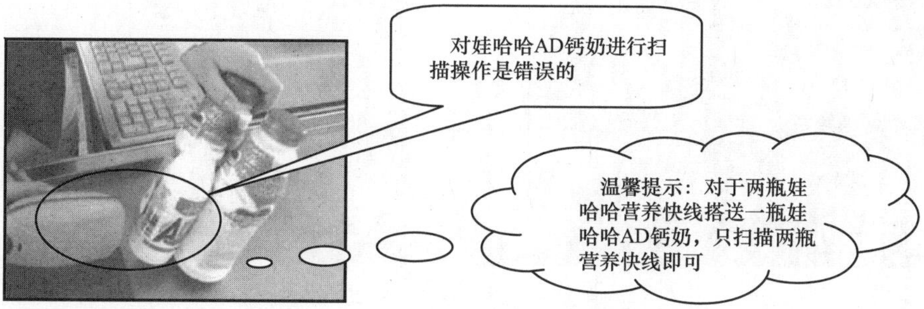

图 2-33　扫描商品时避免扫描搭送的赠品

（13）顾客购买原封整箱商品的，收银员应找到包装箱上内装商品数量说明（规格），对相应单品进行扫描，并以数量键键入。注意保证键入数量的正确与单品取样正确，扫描原封整箱的商品如图 2-34 所示。

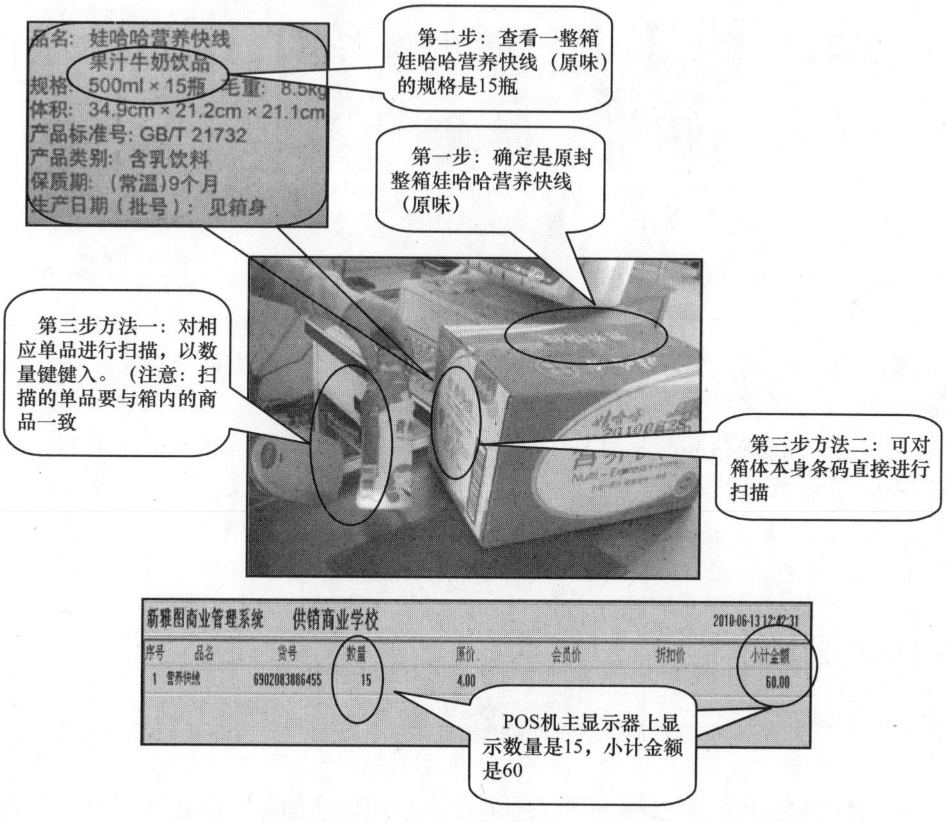

图 2-34　扫描原封整箱的商品

（14）顾客购买整箱商品时，收银员对数量或对应单品不完全确定的，应开箱清点，若包装或封条已经拆开或有拆开痕迹，收银员应开箱查看商品并清点数量。对有可疑现象的不透明外包装，收银员也可以打开包装查看商品，开箱清点并扫描如图 2-35 所示。

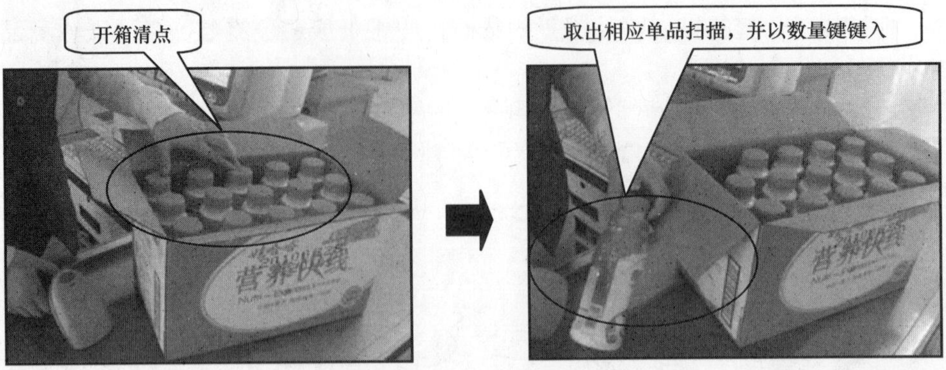

图 2-35　开箱清点并扫描

（15）经过扫描的商品应放置在收银台出口一侧，与未扫描的商品保持一定的距离，防止重复扫描现象的发生，否则易导致顾客多付款，引起顾客投诉，已扫描的商品与未扫描的商品分开放置如图 2-36 所示。

图 2-36　已扫描的商品与未扫描的商品分开放置

（16）对于顾客临时决定不要的商品，收银员应将商品放在收银台指定区域，等待相关工作人员整理。

（17）收银员在扫描商品时应具备一定的防损意识，对某些特殊的商品，如化妆品、牙膏等，在扫描完毕后，须打开外包装，与商品实物进行核对，核对商品如图 2-37 所示。

图 2-37　核对商品

（18）如果遇到用机器扫描的方法无法进行正常扫描的商品，则须用手工录入商品条码的方式进行商品扫描。

三、商品扫描例外的处理

凡是收银员经过多次机器扫描以及手工扫描都不能成功的，称为例外。

商品扫描例外的处理是非常重要的，商品不能扫描意味着不能销售，不能销售意味着顾客的需求不能被满足，超市所有人员的劳动不能得到承认。因此，正确地处理商品扫描例外是收银管理人员、现场管理人员重要的、紧迫的工作之一。

商品扫描例外的处理方法和程序见表 2-6，商品扫描的常见例外见表 2-7。

表 2-6 商品扫描例外的处理方法和程序

收 银 员	1．收银员必须将商品扫描例外的情况向当班收银主管或营运主管报告 2．对顾客说“对不起”后，先将无例外商品进行结账，并请顾客稍作等候 3．当商品扫描例外的问题处理后，应优先将例外商品进行结账操作
收银主管或营运主管	1．接到商品扫描例外的报告后，收银主管或营运主管须第一时间直接处理或派人处理 2．以简单、快速、直接的方式联系现场人员处理 3．现场人员接到正确的条码后迅速反馈给收银员，并向等候的顾客道歉 4．收银员将商品扫描例外记录当日反馈给现场管理层

表 2-7 商品扫描的常见例外

名 称	原 因	处理措施
条码失败	1．条码损坏、有污渍、磨损 2．生鲜条码印刷不完整、不清楚	1．在同样商品中找到正确的条码，采用手工扫描 2．生鲜条码重新计价印刷
条码无效	1．编码错误 2．条码重复使用、假码	1．核实商品的售价，以价格销售的方式售卖 2．将例外记录，由现场跟踪解决
多种条码	1．商品的包装改变，如买一送一 2．促销装商品的赠品条码有效	1．核实正确的条码 2．由现场管理人员处理所有的非正常条码
无条码	1．商品本身无条码，自制条码脱落 2．商品的条码丢失	1．找出正确的条码，采用手工扫描 2．由现场管理人员跟进、督促剩余商品的条码检查

学生模仿

一、实训物资准备

收银台、POS 机、条码扫描器、商品若干（10 件为宜，选择商品时注意易扫描和不易扫描商品的搭配）。

二、实训人员组织

全班自由结合分组，每组 4～6 人，自行确定各组组长并进行分工。在各组组长的带领下，组员依次进行商品扫描训练。可根据训练程度进行组与组之间的商品扫描比赛。

三、实训时间安排

每个学生商品扫描的实训时间不少于 30 分钟。

四、学生模仿过程

（1）各组成员轮流模仿老师用机器进行条码扫描，其他同学观察。

（2）模仿结束后各组进行交流，找出哪些地方操作不正确，指出谁的操作最熟练。

（3）各组进行讨论、交流，每个同学给出纠正错误、提高速度的方法和建议。

实训练习

练习一　竞赛抢答超市常见商品条码的位置

（1）查看并熟悉随身物品的条码位置，商品条码的位置如图 2-38 所示。

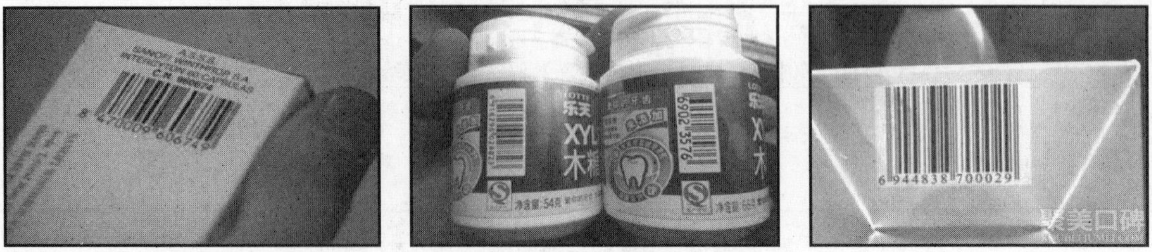

图 2-38　商品条码的位置

（2）根据老师给出的若干商品，各组竞赛抢答商品条码的位置。

练习二　扫描商品条码竞赛

（1）各组依次练习商品扫描。

（2）每组选派两名同学参加商品扫描比赛。

（3）比赛要求：每人完成 10 件商品的扫描，并记录所用时间。

（4）各组总结、交流商品扫描的方法、技巧。

（5）老师点评，进一步强调商品扫描的操作要领。

实训考评

【要求】商品扫描综合速度标准为平均 40 秒内扫描 10 件商品（商品选择注意易扫描、不易扫描的搭配），请根据实训情况完成商品扫描实训效果评价（见表 2-8）。

表 2-8　商品扫描实训效果评价

考核项目	考核标准	得分/分
职业素养（20 分）	1. 按时出勤，课堂表现好（10 分）	
	2. 仪容仪表标准（10 分）	
关键能力（60 分）	1. 微笑迎接顾客；快速找到商品条码（5 分）	
	2. 扫描成功率高，商品数量扫描准确（20 分）	
	3. 扫描综合效率，即速度（20 分）	
	4. 能够迅速处理扫描过程中遇到的问题（5 分）	
	5. 具备良好的团队合作精神（5 分）	
	6. 具备一定的组织协调能力（5 分）	
知识技能（20 分）	1. 能够复述商品扫描的原则和方法（10 分）	
	2. 能够列举常见的商品扫描例外情况（5 分）	
	3. 能够辨别商品扫描例外的原因（5 分）	
合计得分		

心得体会：

知识训练

一、不定项选择题（请将最佳选项代号填在括号中）

1. 商品扫描的原则有（　　）。

A. 安全扫描　　B. 快速扫描

C. 无多扫描　　D. 无漏扫描

2. 常见的商品扫描例外有（　　）。

A. 条码失败　　B. 条码无效

C. 多种条码　　D. 无条码

3. 扫描商品时扫描的是（　　）。

A. 商品名称　　B. 商品标志

C. 商品条码的数字　　D. 商品条码的条、空

4. 扫描时，收银员要看 POS 机主显示器，一般扫描（　　）个商品应查看 POS 机主显示器数据一次。

A. 2～3　　B. 5～6

C. 8～9　　D. 10 个以上

5. 商品扫描的基本步骤包括（　　）。

A. 微笑迎接顾客

B. 取出购物篮（车）中的商品

C. 逐一进行商品扫描

D. 将扫描过的商品放在另一边或分类装入购物袋

二、判断题（正确的打“√”，错误的打“×”）

1. 凡是收银员经过多次机器扫描不能成功的，称为例外。（　　）

2. 商品扫描的方法包括机器扫描和人工扫描两种。（　　）

3. 收银员在扫描商品时为了方便、快速，可以直接在篮内扫描。（　　）

4. 每完成 2～3 个商品扫描后，收银员应略看屏幕上的商品名称、价格、数量是否正确，有疑问应做进一步查看，禁止不看屏幕连续扫描。（　　）

5. 顾客购买整箱商品时，若包装或封条已经拆开或有拆开痕迹，收银员应开箱查看商品并清点数量。（　　）

三、案例阅读

“秀气”的收银员

中秋节，某超市收银台前人潮涌动，顾客都在排队急着结账后回家过节，收银员也一个个手如飞梭：扫描、收款、找零。突然，有个收银台前不断传来顾客的抱怨声，顾客排的队也特别长，但移动的速度出奇的慢。原来这位收银员特别“秀气”，慢慢地拿过顾客的商品，慢慢地扫描，再缓缓取过来顾客递的钱，轻轻地放入收银钱箱，然后非常“秀气”地在钱箱内寻找零钞，最后小心翼翼地递到顾客手中……整个过程都在缓慢进行，和动作麻利的其他收银员相比，显得非常“秀气”，在一边早已等得不耐烦的顾客一个个吵嚷起来，埋怨声不绝于耳。

拓展训练

【任务】商品扫描。

【目的】通过商品扫描的强化训练，熟练掌握商品扫描的方法与技巧，不断提高扫描的速度，达到商品扫描标准（平均 40 秒内扫描 10 件商品）。

【要求】2 个同学一组，1 人进行商品扫描训练，另 1 人计时，扫描 10 件商品（商品选择注意易扫描、不易扫描的搭配）计时一次，并将商品扫描训练的情况填入商品扫描训练记载表（见表 2-9）中。学生可以交替训练。

表 2-9 商品扫描训练记载表

次　数	用时/s	训练时间（年月日）	次　数	用时/s	训练时间（年月日）
1			11		
2			12		
3			13		
4			14		
5			15		
6			16		
7			17		
8			18		
9			19		
10			20		

职场寄语

（1）在现代社会中，各行各业的人才竞争相当激烈，我们常可以听到这样一句话："我们需要专业化的人才。"的确，在这个时代，随着整个社会成员综合素质的普遍提高，良好的敬业精神已不单单是超市竞争的优势，而专业的业务知识与精湛的业务能力更能为超市赢得最终的竞争优势，对于服务行业尤是如此。这就要求卖场工作人员熟练地掌握业务技能，提高自己的工作效率与工作质量。

（2）熟练掌握与提高业务技能不仅是对每个从业人员最基本的上岗要求，也是保证优质服务的必备条件。许多超市为了提高一线员工的工作质量而常常举办一些相关的业务技能现场竞赛。试想：像上面案例中的那位"秀气"的收银员，由于技能操作不熟练导致收银速度缓慢，不仅自己工作很吃力，也在卖场工作最繁忙的时候耽误了顾客的时间，引来了不必要的麻烦。

（3）收银员上岗前一定要经过专业的岗前技能强化培训，如果业务不熟练可以在营运非高峰期上岗实习，但若遇到营运高峰（如中秋节等），为了保证服务质量，管理人员应根据情况灵活调班。同时加强培训，通过考核上岗，达不到超市用人标准的人员应给予淘汰。

任务3 手工录入商品条码

任务引入

收银员在扫描商品时，有时由于条码过于褶皱等原因，用条码扫描器无法进行正常扫描，这就需要收银员用手工的方式直接在键盘上录入商品条码，完成扫描。手工录入商品条码在日常的收银过程中经常遇到，需要收银员能够快速、准确地进行商品条码的手工录入操作，因此需要对此进行专门的强化训练。

任务分析

晓英在收银过程中最怕顾客购买散装食品和小商品，因为这些商品通常不能用条码扫描器进行正常扫描，需要进行手工录入商品条码，而晓英手工录入商品条码的操作技能不熟练，不能进行准确、快速地录入，总是耽误时间，引起顾客的抱怨。

要帮助晓英，应该具备如下知识与技能：

（1）能够说出商品条码的含义。

（2）能够复述商品条码的构成。

（3）能够列举商品条码的作用。

（4）能够熟练掌握手工录入商品条码的操作技巧。

（5）能够复述数字键盘的键位分布和手指分工。

（6）能够实现盲打，将手指在键盘上定位，敲击各个键位。

（7）能够准确敲击键盘输入条码。

（8）能够自觉进行手工录入商品条码的强化训练。

知识准备

一、商品条码的含义

商品条码是由一组按照一定的编码规则排放的黑条（简称条）、白条（简称空）以及对应数字代码组成的，表示一定商品信息的图形标识符。商品条码是一种国际通用的商品信息标识，是商业自动化管理和销售的基础。康师傅矿泉水的条码如图2-39所示。

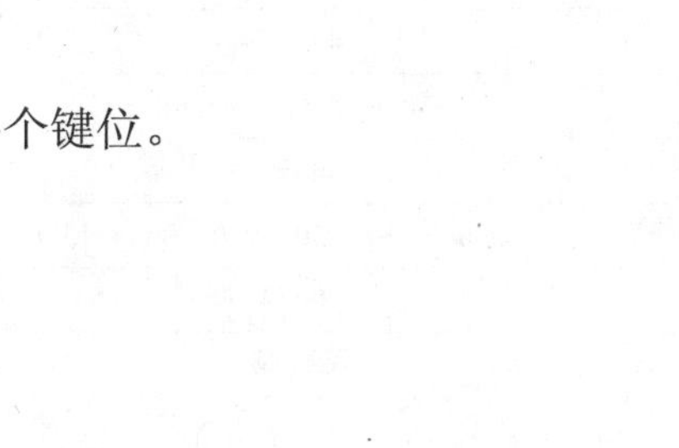

图2-39 康师傅矿泉水的条码

二、商品条码的构成

我国通用的商品条码为EAN条码，EAN条码一般有13位数字，由前缀码、制造厂商代码、商品代码和校验码组成，商品条码的构成如图 2-40 所示。

图 2-40　商品条码的构成

商品条码中的前缀码是用来标识国家或地区的代码，赋码权在国际物品编码协会，常见的前缀码见表 2-10。

表 2-10　常见的前缀码

前　缀　码	代表的国家或地区
690～692	中国大陆
693	中外合资
471	中国台湾地区
489	中国香港特别行政区
958	中国澳门特别行政区
400～440	德国
450～459、490～499	日本
460～469	俄罗斯
000～019、030～039、060～139	美国
500～509	英国
880	韩国
……	……

此外，应用于特殊领域的条码也有其前缀码，如 978、979 代表图书，990～999 代表优惠券，977 代表连续出版物，020～029、040～049、200～299 代表店内码等。

由于我国许多商品没有通用的普及性条码，所以，超市要实行条码管理，就必须建立适应本超市的内部条码，即店内码。店内码也是超市使用较多的条码，如超市中散装商品用条码电子秤打印出的条码价签，就是典型的店内码。条码电子秤打印出的店内码如图 2-41 所示。

图 2-41　条码电子秤打印出的店内码

店内码通常是用条码打印机自动生成的，条码打印机如图 2-42 所示。

图 2-42　条码打印机

三、商品条码的作用

采用商品条码及其技术，能够大幅度提高购物的结算速度，减少差错，实现商品购、销、调、存的自动化信息管理、物流管理，提高企业管理水平和经济效益。商品条码的作用概括为如下四点：

（1）可以实现自动销售。

（2）可以提高记账速度。

（3）可以准确地控制商品库存。

（4）能够避免常见差错的出现。

教师示范

一、手工录入商品条码的基本操作步骤

手工录入商品条码的基本操作步骤如图 2-43 所示。

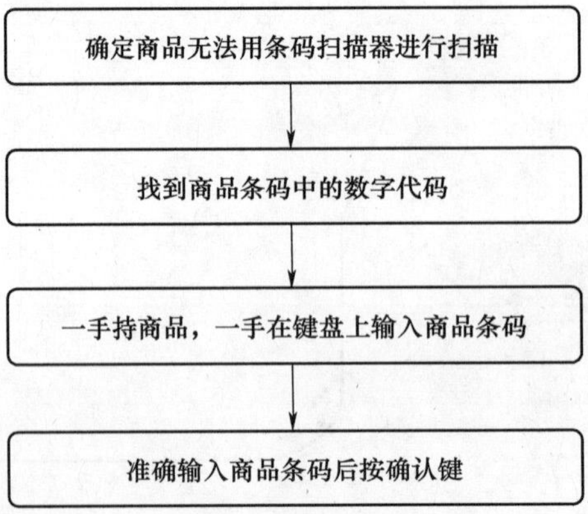

图 2-43　手工录入商品条码的基本操作步骤

二、手工录入商品条码的操作要点与技巧

（1）收银员进行商品扫描操作时，须首先尝试用条码扫描器进行扫描。因为在通常情况下，用条码扫描器进行商品扫描要比手工录入商品条码的速度快。机器扫描与人工扫描的效果评价标准对比见表 2-11。由此可见，扫描商品的首选是用条码扫描器扫描。

表 2-11　机器扫描与人工扫描的效果评价标准对比

对 比 项 目	机器扫描（条码扫描器扫描）	人工扫描（手工录入商品条码）
商 品 件 数	10 件	8 件
商 品 要 求	易扫描与不易扫描商品搭配	无
速 度 要 求	40 秒内完成	1 分钟内完成

（2）一般要求用条码扫描器扫描 2～3 次仍无法正常扫描的，应立刻采用手工录入的方式。不得多次用条码扫描器扫描无效后仍坚持尝试，以免影响收银速度，为顾客带来不便。

（3）确定无法用条码扫描器扫描后，应快速找到商品条码的数字字符，其如图 2-44 所示。

图 2-44　快速找到商品条码的数字字符

（4）一手持商品，使商品条码数字字符清晰可见，一手在键盘上录入商品条码，最好能够实现盲打，即眼睛只看商品条码，不看键盘，这样可有效提高操作速度，手工录入商品条码如图 2-45 所示。此项操作须进行不断的强化训练，训练时可以用商品条码，也可用随机组合的数字。

图 2-45　手工录入商品条码

（5）手工录入商品条码完毕后，可先进行核对，确保录入准确再按确认键，否则需重新录入。核对已录入的商品条码如图 2-46 所示。

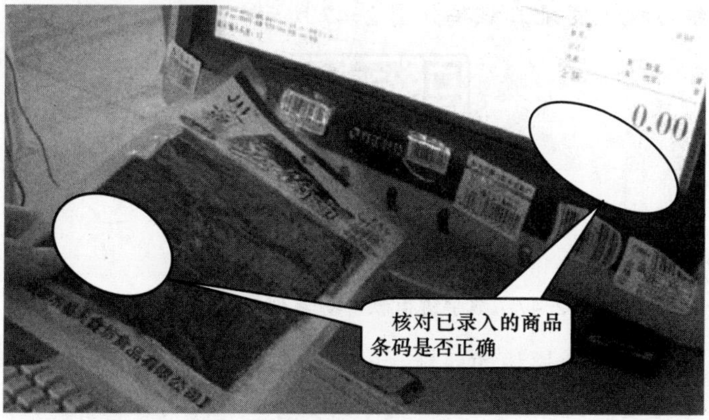

图 2-46　核对已录入的商品条码

（6）对于手工录入的散装商品，收银员要有防损意识，对商品和价格要进行适当的核对，以免给超市带来损失。

学生模仿

一、实训物资准备

收银台、POS 机等相关收银设备。

二、实训人员组织

全班自由结合分组，每组 4～6 人，自行确定各组组长并进行分工。在各组组长的带领下，组员依次进行手工录入商品条码的训练。可根据训练程度进行组与组之间的条码录入竞赛。

三、实训时间安排

每个学生手工录入商品条码的实训时间不少于 30 分钟。

四、学生模仿过程

（1）各组成员轮流模仿老师用数字键盘录入条码，其他同学观察。

（2）模仿结束后各组进行交流，找出哪些地方操作不正确，指出谁的操作最熟练。

（3）采用头脑风暴法，每个同学给出纠正错误、提高速度的方法和建议。

实训练习

网络资源链接

（1）数字键盘软件练习视频网址：http://v.qq.com/page/z/g/7/z0158qj2ag7.html

数字键盘软件练习视频网址二维码如图 2-47 所示。

图 2-47　数字键盘软件练习视频网址二维码

（2）认识数字键盘与键盘操视频网址：http://v.qq.com/page/q/7/i/q015812rb7i.html

认识数字键盘与键盘操视频网址二维码如图 2-48 所示。

图 2-48　认识数字键盘与键盘操视频网址二维码

练习一　复述临摹数字键盘

（1）观察数字键盘（见图 2-49），寻找十个数字和小数点分布位置的规律。

7 食指	8 中指	9 无名指
4 食指	5 中指	6 无名指
1 食指	2 中指	3 无名指
0 拇指		. 无名指

图 2-49　数字键盘

（2）观察图 2-49，说说以右手操作键盘，手指该如何分工。

（3）将观察到的结果复述出来，并在图 2-50 中将数字键盘键位数字与对应手指分工临摹下来。

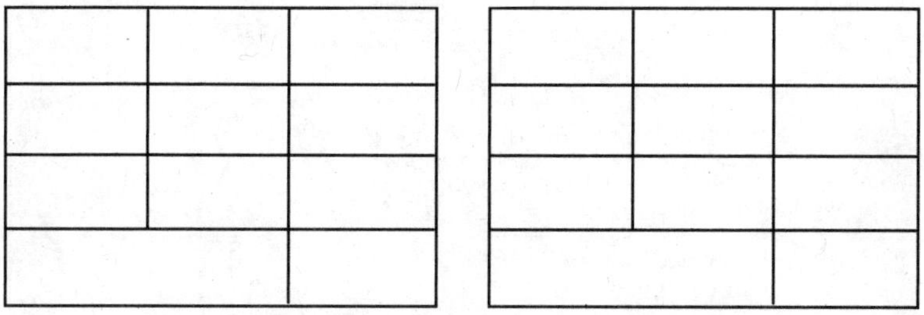

图 2-50　数字键盘键位数字与对应手指分工

练习二　练习数字键盘操

（1）观看视频演示，学习数字键盘操，数字键盘操如图 2-51 所示。

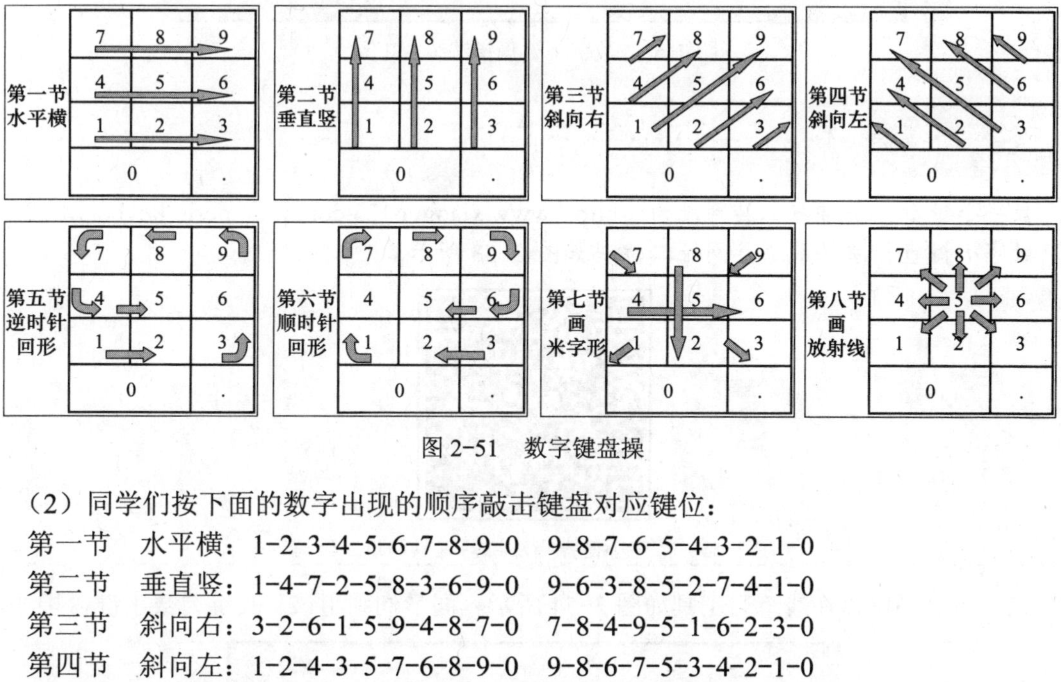

图 2-51　数字键盘操

（2）同学们按下面的数字出现的顺序敲击键盘对应键位：

第一节　水平横：1-2-3-4-5-6-7-8-9-0　9-8-7-6-5-4-3-2-1-0

第二节　垂直竖：1-4-7-2-5-8-3-6-9-0　9-6-3-8-5-2-7-4-1-0

第三节　斜向右：3-2-6-1-5-9-4-8-7-0　7-8-4-9-5-1-6-2-3-0

第四节　斜向左：1-2-4-3-5-7-6-8-9-0　9-8-6-7-5-3-4-2-1-0

第五节　逆时针回形：1-2-3-6-9-8-7-4-5-0　5-4-7-8-9-6-3-2-1-0

第六节　顺时针回形：3-2-1-4-7-8-9-6-5-0　5-6-9-8-7-4-1-2-3-0

第七节　画米字形：4-5-6-8-5-2-7-9-1-3-0　3-1-9-7-2-5-8-6-5-4-0

第八节　画放射线：5-1-5-2-5-3-5-6-5-9-5-8-5-7-5-4-0
4-5-7-5-8-5-9-5-6-5-3-5-2-5-1-5-0

（3）听录音播放或老师朗诵键盘操口令，敲击键盘对应键位。

练习三　利用软件练习数字键盘指法

（1）数字小键盘指法练习工具如图 2-52 所示。同学们利用该工具练习数字键盘指法。

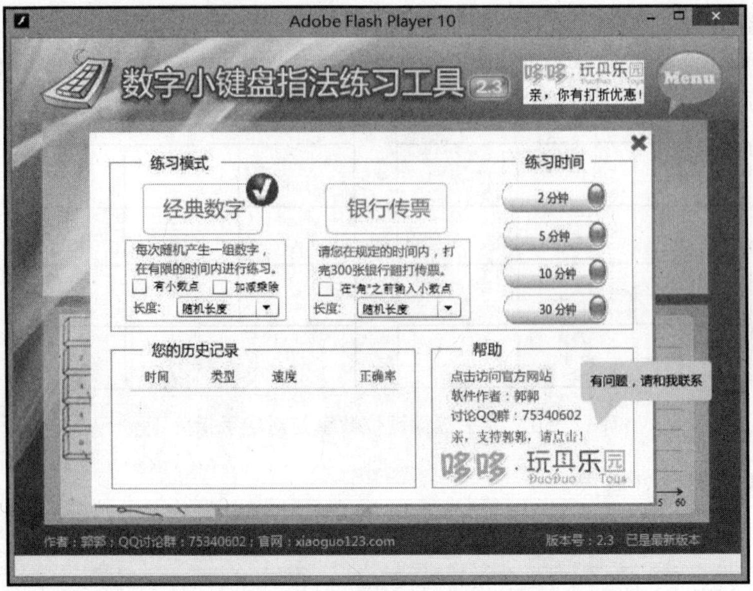

图 2-52　数字小键盘指法练习工具

网络资源链接

数字小键盘指法练习工具网址为：http://www.xiaoguo123.com/p/numeric-keyboard-22/

数字小键盘指法练习工具网址二维码如图 2-53 所示。

图 2-53　数字小键盘指法练习工具网址二维码

（2）数字小键盘在线练习工具如图 2-54 所示。同学们利用该工具练习数字键盘指法。

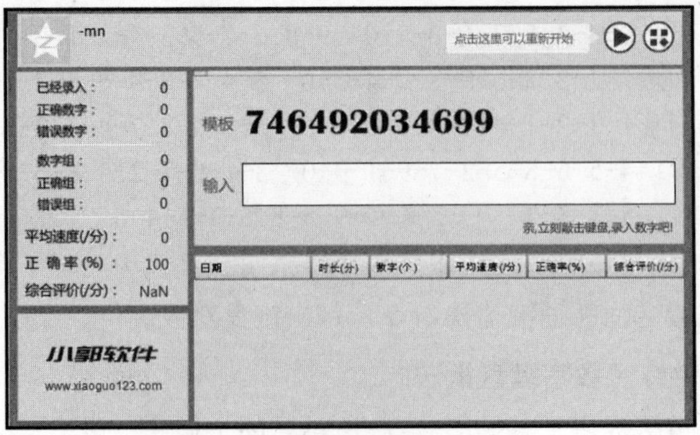

图 2-54　数字小键盘在线练习工具

网络资源链接

数字小键盘在线练习工具网址：http://www.xiaoguo123.com/xiaojianpanzaixianlianxi/
数字小键盘在线练习工具网址二维码如图 2-55 所示。

图 2-55 数字小键盘在线练习工具网址二维码

练习四 手工录入商品条码

（1）准备若干商品条码。

（2）正确录入这些商品条码。

（3）全班或以小组为单位进行录入比赛（可以输入 Excel 表格，利用条码生成器检验正确性），条码生成器如图 2-56 所示。

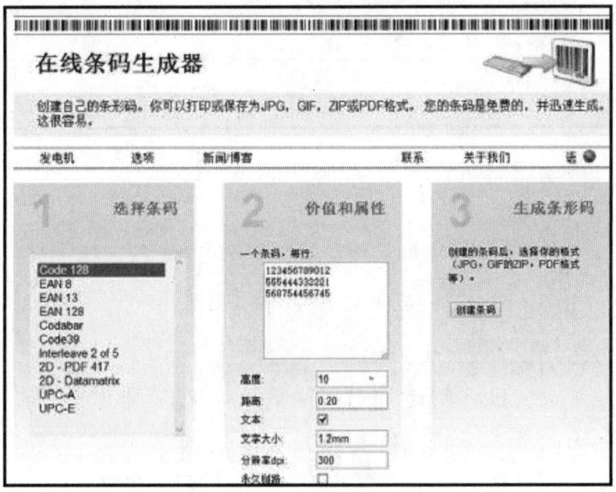

图 2-56 条码生成器

网络资源链接

条码生成器网址：http://www.barcode-generator.de/V2/zh/index.jsp
条码生成器网址二维码如图 2-57 所示。

图 2-57 条码生成器网址二维码

实训考评

【要求】能够在 1 分钟内用手工录入的方式准确录入 8 件商品的条码，请根据实训情况完成手工录入商品条码实训效果评价（见表 2-12）。

表 2-12　手工录入商品条码实训效果评价

考核项目	考核标准	得分/分
职业素养（20 分）	1. 按时出勤，课堂表现好（10 分）	
	2. 仪容仪表标准（10 分）	
关键能力（60 分）	1. 手工录入商品条码的速度（20 分）	
	2. 能够准确找到商品条码的位置（10 分）	
	3. 录入商品条码的准确率（20 分）	
	4. 具备良好的团队合作精神（5 分）	
	5. 具备一定的组织协调能力（5 分）	
知识技能（20 分）	1. 能够复述商品条码的含义（5 分）	
	2. 能够复述商品条码的构成（10 分）	
	3. 能够复述商品条码的作用（5 分）	
合计得分		
心得体会：		

知识训练

一、不定项选择题（请将最佳选项代号填在括号中）

1. 商品条码的构成包括（　　）。

A. 前缀码　　B. 制造商代码　　C. 商品代码　　D. 校验码

2. 我国大陆商品条码的前缀码有（　　）。

A. 690　　B. 691　　C. 692　　D. 471

3. 商品条码的作用包括（　　）。

A. 可以实现自动销售　　B. 可以提高记账速度

C. 可以准确地控制商品库存　　D. 能够避免常见差错的出现

4. 商品条码 6920927181221 中，制造商代码是（　　）。

A. 1　　B. 690　　C. 18122　　D. 0927

5. 商品条码 6928899488690 中，“48869”是（　　）。

A. 商品代码　　B. 前缀码　　C. 校验码　　D. 制造商代码

二、判断题（正确的打“√”，错误的打“×”）

1. 商品条码是由一组按照一定的编码规则排放的条、空以及对应数字代码组成的图形标识符，表示一定的商品信息。（　　）

2. 我国通用的商品条码为 EAN 条码，一般有 13 位数字，由前缀码、制造厂商代码、商品代码和校验码组成。（　　）

3. 在收银过程中进行商品扫描时，应首选手工录入商品条码的方式。 ( )

4. 采用商品条码及其技术，能够大幅度提高购物的结算速度，减少差错，实现商品购、销、调、存的自动化信息管理、物流管理，提高企业管理水平和经济效益。 ( )

5. 条码扫描器扫描和手工录入商品条码都可进行商品扫描、获取商品信息。 ( )

三、案例阅读

不一样的红富士

一天上午，某超市的防损员针对收银台偶尔出现的商品与条码不符的情况进行了跟踪调查。超市进口的日本红富士上贴有商品标签，防损员拿掉标签后去进行称重，计量员没看标签，就按普通红富士的价格给防损员计了价（进口红富士 9 块多钱一斤，而普通红富士 5 块多钱一斤）。之后这名防损员故意将条码电子秤打印出来的带有金额的条码标签弄褶皱，到收银台买单时，收银员无法用条码扫描器进行正常扫描，于是就直接手工录入了这袋红富士的条码，但收银员并未发现这袋红富士的问题，防损员付完钱后，将这袋红富士轻而易举地拿出了超市。试想，如果有顾客将价格不一的同类商品混装起来按低价称重买单，必将造成超市商品的流失，从而影响超市利益。

拓展训练

【任务】手工录入商品条码。

【目的】通过手工录入商品条码的强化训练，能够在 1 分钟内准确录入 8 件商品的条码。

【要求】2 个同学一组，1 人进行手工录入商品条码的操作，另 1 人计时，每完成 8 件商品条码的录入计时一次，并将训练的情况填入手工录入商品条码训练记载表（见表 2-13）中。学生可以交替训练。

表 2-13 手工录入商品条码训练记载表

次数	用时/s	准确程度	训练时间（年月日）	次数	用时/s	准确程度	训练时间（年月日）
1				11			
2				12			
3				13			
4				14			
5				15			
6				16			
7				17			
8				18			
9				19			
10				20			

职场寄语

（1）在案例不一样的红富士中可以看出，收银员的责任心不强，单凭商品标签而不看商品本身去分辨商品，这种行为造成的损失是无法估量的。

（2）商品流失的途径是多种多样的，混装商品称重计价就是一种很常见的方式。

（3）收银员在收银过程中用条码扫描器无法正常扫描时，立即手工录入商品条码这种做法是正确的，不仅节约了时间，还提高了收银效率。但是，收银员的防损意识淡薄，没有检查、核对商品，扫描完毕后直接进行结算，致使这袋日本红富士被当作普通红富士。因此，收银员在练习专业技能的同时，还要加强防损意识的培养。

（4）超市须进一步要求各岗位人员认真履行职责，从小事抓起，熟悉日常工作及商品特点，做好每一环节工作。同时，必须加强防损培训，不只是理论方面，更要注重将所学的知识运用到工作当中去。同时，培训后要进行追踪和督导，树立全员防损意识，共同建筑防损大堤，确保超市的共同利益。

任务 4　商品消磁

任务引入

收银员在收银过程中能正确地消磁是非常重要的，否则容易引起顾客的不满，增加了收银稽核人员的工作量与工作难度。在整个收银操作过程中，收银员如果能熟练掌握消磁方法与技巧，提高消磁效率，必须要加强对商品消磁的训练。

任务分析

吴女士在超市买完东西，并且已经付款，但出门时检测器却发出报警声，吴女士很尴尬也很气愤。经保安检查后，发现是个别商品没有消磁所致。究其原因，是因为收银员收银过程中对商品消磁的操作不熟练、出现漏消磁等失误。如果能熟练掌握消磁方法与技巧，就可以大大避免失误，提高服务质量。

作为收银员，应该具备如下知识与技能：

（1）能够说出 EAS 系统的全称及其构成。

（2）能够复述商品消磁的原则。

（3）能够列举商品消磁的基本操作方法。

（4）能够简述商品消磁的操作技巧。

（5）能够熟练运用商品消磁方法和技巧进行消磁操作。

（6）能够快速处理商品消磁过程中的例外情况。

知识准备

一、EAS 系统

EAS（Electronic Article Surveillance）系统又称电子商品防窃（盗）系统，是目前大型零售行业广泛采用的商品安全措施之一。EAS 系统主要由三部分组成：检测器（Sensor），如图 2-58

所示；电子标签（Electronic Label and Tag），如图 2-59 所示；解码器（Deactivator），如图 2-60 所示。

图 2-58　检测器

软标签

软标签

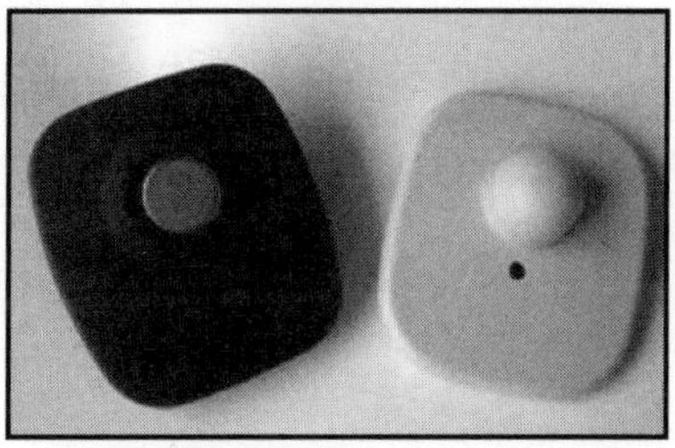

硬标签

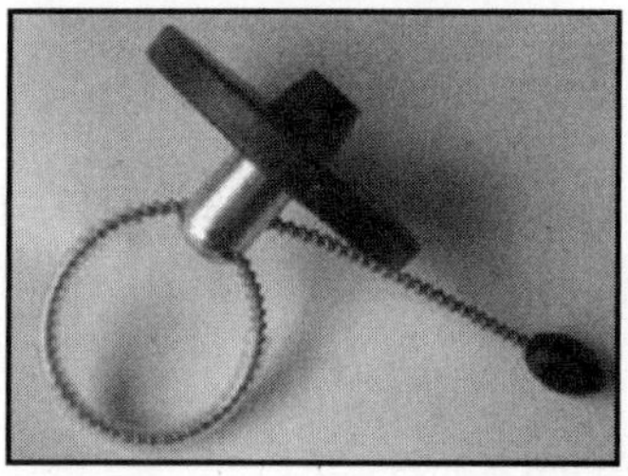

硬标签

图 2-59　电子标签

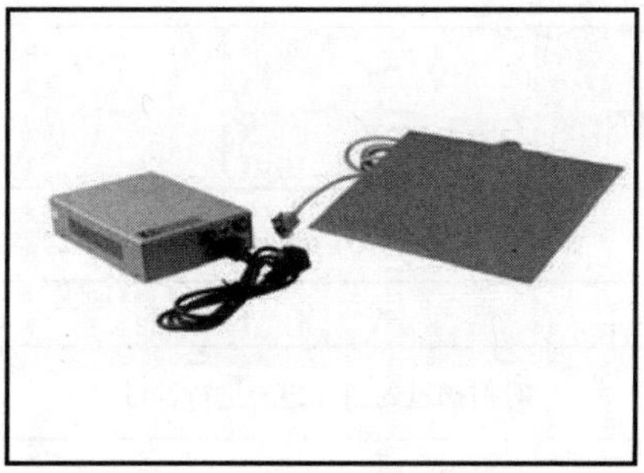

图 2-60　解码器（消磁板）

电子标签分为软标签和硬标签，软标签直接黏附在较硬商品上，硬标签多用于服装类柔软的、易穿透或瓶装的商品，须配备专门的取钉器，取钉器如图 2-61 所示。

图 2-61　取钉器

二、商品消磁的含义

商品消磁是指收银员用机器或手工的方式给商品消磁，以解除商品报警的操作过程。此操作一般在商品收银过程中完成。

三、商品消磁的原则

（1）快速消磁。以快捷的速度将每一件已经扫描成功的商品进行消磁。

（2）无漏消磁。保证每一件需消磁的商品都经过消磁且消磁成功，包括熟悉商品消磁的正确方法和有效的消磁空间，掌握重点消磁的商品。

（3）保护商品。进行硬标签手工消磁时，不能损坏商品，应轻取轻拿。

四、商品消磁的基本方法

（1）机器消磁。用消磁器进行消磁的方式，适用于软标签。

（2）人工消磁。用手工进行消磁的方式，适用于硬标签。

教师示范

一、商品消磁的基本操作步骤

商品消磁的基本操作步骤如图 2-62 所示。

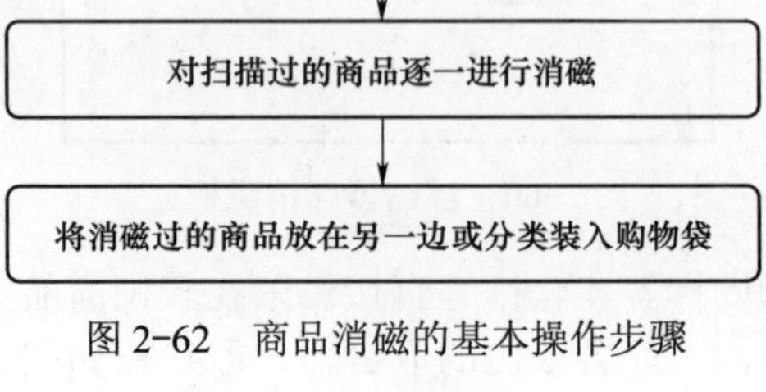

图 2-62　商品消磁的基本操作步骤

二、商品消磁的操作要点和技巧

1．检测消磁板

（1）每天上班做收银准备工作时必须接通消磁板电源，每个收银员应领取一个防盗签，作为收银员专门用来检测消磁板是否处于正常工作状态的工具，此防盗签由收银员自己保管。

（2）接通电源后，为了检测消磁板是否能正常工作，收银员应将一只手按在消磁板的盖板上，另一只手拿防盗签在盖板上晃动，若消磁板发出嗡嗡声，同时放在消磁板盖板上的手有轻微颤动的感觉，说明消磁板处于正常工作状态。检查消磁板工作状态如图 2-63 所示。

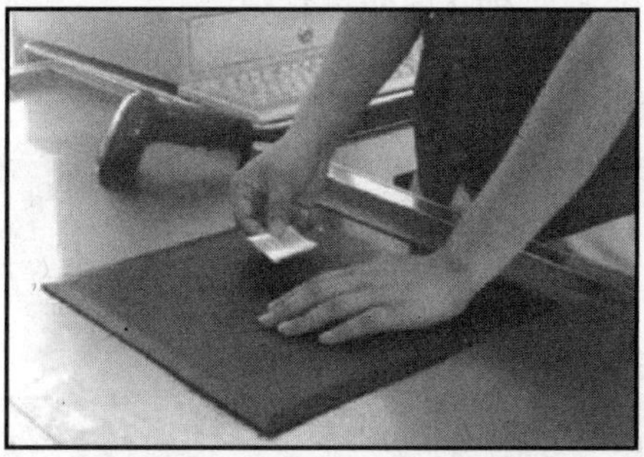

图 2-63 检查消磁板工作状态

（3）如用防盗签检测消磁板时，既无声响也无颤动的感觉，那么说明消磁板的电源未接通或有故障，此时应揭开收银台面板，将消磁板与电源的线接触部分按紧，同时检查电源插头与电源插座是否连接好，这些工作做完后如消磁板右下角的指示灯已亮，说明消磁板电源已接通，可正常工作。消磁板正常工作的指示灯如图 2-64 所示。

图 2-64 消磁板正常工作的指示灯

（4）确认电源线连接无问题而消磁板指示灯不亮，应请电工对电源线进行检测，如电源线有问题，则更换电源线，如电源线无问题，则要求设备供应商对设备进行检测。

温馨提示

收银工作前，一定要记得检查消磁板是否处于正常工作状态。

2．商品消磁的具体操作

（1）熟记需要消磁的商品类别。

（2）对需要消磁的商品，先扫描后消磁，如图 2-65 所示。

图 2-65　先扫描后消磁

（3）扫描完一件商品，应当即对此商品进行消磁。

（4）某些高档化妆品、罐装商品的电子标签在包装瓶内，消磁时注意正、反面消磁，对特定商品双面消磁如图 2-66 所示。

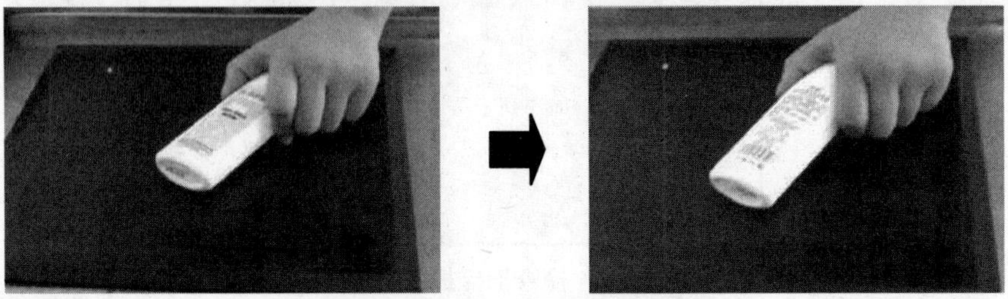

图 2-66　对特定商品双面消磁

（5）在卖场内小专柜已结账的商品（如化妆品），收银员应查看收银小票，核对已付款商品如图 2-67 所示，并对商品进行消磁。

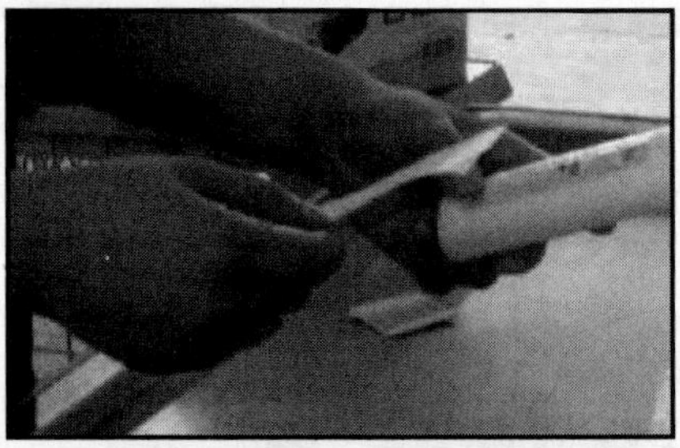

图 2-67　核对已付款商品

（6）收银员应特别注意体积小、价格较高的商品的消磁，如巧克力、中高档内衣内裤、化妆品、洗涤用品等，体积小、价格高的德芙巧克力如图 2-68 所示。在对商品进行消磁时应尽量降低商品的高度，并将商品的正反面分别进行消磁。

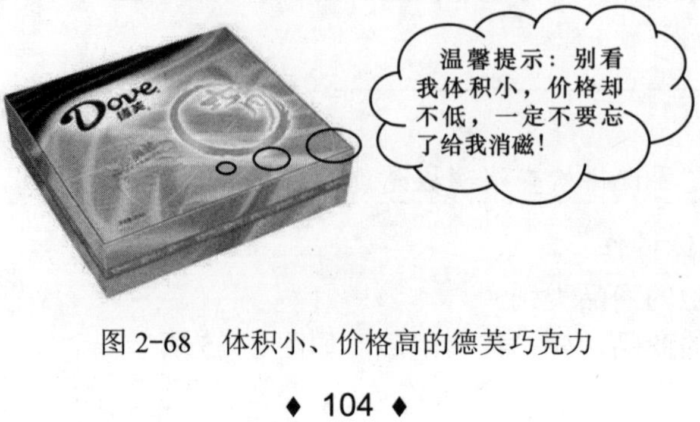

图 2-68　体积小、价格高的德芙巧克力

（7）对有硬标签的商品进行消磁，如服装、丝袜等，取钉时务必不要损坏商品，注意轻拿轻放，对有硬标签的商品进行消磁如图 2-69 所示。

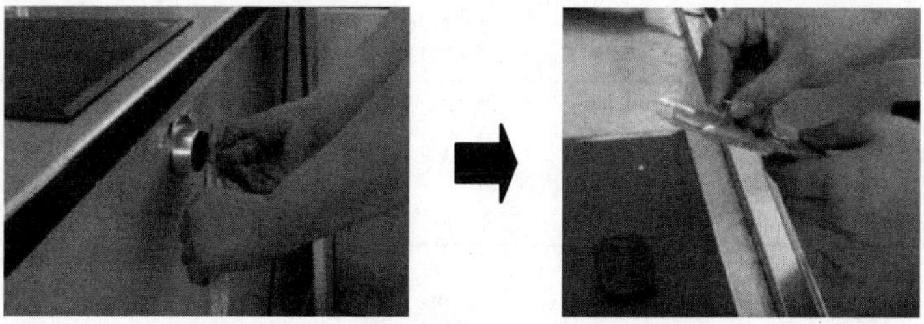

图 2-69　对有硬标签的商品进行消磁

温馨提示

取商品上的硬标签时，一定要小心谨慎，不要损坏了商品。取下的磁钉，要及时收好。

（8）特别注意不要将防盗签的钢钉丢弃在地板上，否则会引起人身伤害事故。

（9）收银员应避免将商品和包装袋压在消磁板电源线上，这样容易造成消磁板与电源线接触不良而导致消磁板断电。

（10）收银稽核员反映某收银台有消磁不净的问题，此收银台的收银员应重新检测消磁板是否处于正常工作状态。

温馨提示

每天结束收银工作后应关闭消磁板电源。

三、商品消磁例外的处理

商品经过出口处防盗门时引起报警，则为商品消磁例外。

正确地消磁是非常重要的，否则容易引起顾客的不满，增加了收银稽核人员的工作量与工作难度。妥善地处理好商品消磁例外是收银管理人员的职责之一。

商品消磁例外的处理方法和程序见表 2-14，商品消磁的常见例外见表 2-15。

表 2-14　商品消磁例外的处理方法和程序

工作人员	处理方法
收银员	1．对返回的已结账未消磁的商品，应第一时间对其进行消磁处理 2．对顾客或稽核员说“对不起”，表示歉意 3．记住消磁例外的商品，以便下一次能正确消磁
稽核员	1．对引起的报警向顾客做解释，并快速查找未消磁的商品 2．如确属于商品未消磁，则征得顾客同意后将商品带回收银台进行消磁 3．提醒收银员要正确执行消磁程序 4．将已经消磁的商品还给顾客，并道歉 5．将未消磁情况进行记录，并即时报告收银主管
收银主管	1．接到报告后，提醒收银员的工作并做记录，以便处理和分享信息 2．现场处理因未消磁而引起的顾客投诉问题

表 2-15　商品消磁的常见例外

商品消磁例外	原　因	处 理 措 施
漏消磁	商品未经过消磁程序	1. 商品必须经过消磁程序，特别是硬标签的商品类别，应予以熟记 2. 重新对商品进行消磁
消磁无效	商品消磁的方法不正确，超出消磁的空间	1. 结合消磁指南，掌握正确的消磁方法 2. 特别对软标签的类别商品予以熟记，反复多次消磁，直到有消磁回音为止 3. 重新对商品进行消磁

学生模仿

一、实训物资准备

收银台案（已配置好消磁板）、取钉器、电子商品防盗（EAS）系统、商品若干（12 件为宜，选择附有软标签的商品、硬标签的商品和无标签商品的搭配）。

二、实训人员组织

全班自由结合分组，每组 4～6 人，自行确定各组组长并进行分工。在各组组长的带领下，组员依次进行商品消磁训练。可根据训练程度进行组与组之间的商品消磁比赛。

三、实训时间安排

每个学生商品消磁的实训时间不少于 20 分钟。

四、学生模仿过程

（1）各组成员轮流模仿老师用机器进行商品消磁，其他同学观察。

（2）模仿结束后各组进行交流，找出哪些地方操作不正确，指出谁的操作不熟练。

（3）各组进行讨论、交流，每个同学给出纠正错误、提高速度的方法和建议。

实训练习

练习一　软标签消磁竞赛

（1）每人 30 秒时间进行商品消磁比赛。

（2）以消磁成功率、完成消磁商品数量为竞赛考核标准。

练习二　硬标签消磁竞赛

（1）每人完成 5 件商品硬标签消磁，记录完成时间。

（2）要求：快速、规范操作，不损坏商品。

（3）各组进行总结、交流。

（4）老师点评，强调商品消磁的操作要领。

实训考评

【要求】50 秒内完成 12 件商品消磁（商品选择注意附有硬标签、软标签和无电子标签商品的搭配），请根据实训情况完成商品消磁实训效果评价（见表 2-16）。

表 2-16　商品消磁实训效果评价

考核项目	考核标准	得分/分
职业素养（20 分）	1. 按时出勤，课堂表现好（10 分）	
	2. 仪容仪表标准（10 分）	
关键能力（60 分）	1. 微笑迎接顾客（2 分）	
	2. 能区分有电子标签和无电子标签商品（3 分）	
	3. 能检测判断消磁板的工作状态（5 分）	
	4. 能快速取下硬标签（5 分）	
	5. 商品消磁成功率高（10 分）	
	6. 商品消磁综合效率，即速度（10 分）	
	7. 能够迅速处理商品消磁过程中遇到的问题（15 分）	
	8. 具备良好的团队合作精神（5 分）	
	9. 具备一定的组织协调能力（5 分）	
知识技能（20 分）	1. 能够复述商品消磁的原则（5 分）	
	2. 能够说出商品消磁的基本操作方法（5 分）	
	3. 能够列举商品消磁的常见例外情况（5 分）	
	4. 能够说出 EAS 系统的全称及构成（5 分）	
合计得分		
心得体会：		

知识训练

一、不定项选择题（请将最佳选项代号填在括号中）

1. 商品消磁的原则有（　　）。
   A. 保护商品　B. 快速消磁　C. 无漏消磁　D. 无多消磁
2. 常见的商品消磁例外有（　　）。
   A. 漏消磁　B. 重复消磁　C. 消磁无效　D. 无条码
3. 商品消磁的方法有（　　）。
   A. 人工消磁　B. 机器消磁　C. 快速消磁　D. 无漏消磁
4. 收银员处理消磁例外的程序有（　　）。
   A. 第一时间处理　B. 向顾客致歉
   C. 记住消磁例外的商品　D. 直接收回

二、判断题（正确的打“√”，错误的打“×”）

1. 收银员对返回的已结账未消磁的商品，应第一时间对其进行消磁处理。（ ）
2. 收银员把所有商品都扫描完后再进行消磁。（ ）
3. 消磁无效属于消磁例外。（ ）
4. 商品消磁时要保证商品的完整，不要损坏商品。（ ）
5. 在卖场内专柜已付款的商品，不用进行消磁。（ ）
6. 收银员工作前，一定要对消磁板进行检测。（ ）

三、案例阅读

响起的报警器

五月某天早晨，在超市购物的顾客杨小姐购买完化妆品，在收银台付完款准备离开时，一边的警报器突然响起，闻声而来的防损员跑过来，打算检查杨小姐的挎包，这时许多正在购物的顾客也纷纷向这边张望，后经防损员检查，原来是由于收银员失误，将一瓶化妆水漏消磁而引发报警器鸣响。由于当时围观的顾客很多，杨小姐羞辱交加，顾不上听防损员的解释，扔下已买单的商品气愤地跑出了商场。当天下午，杨小姐的哥哥向超市客户服务中心投诉。

拓展训练

【任务】商品消磁。

【目的】通过商品消磁的强化训练，熟练掌握商品消磁的方法与技巧，不断提高商品消磁的效率，达到商品消磁标准（平均50秒内消磁12件商品，且无漏消磁）。

【要求】2个同学一组，1人进行商品消磁训练，另1人计时，消磁12件商品（商品选择注意软标签、硬标签和无电子标签商品的搭配）计时一次，并将商品消磁训练的情况填入商品消磁训练记载表（见表2-17）中。学生可以交替训练。

表2-17 商品消磁训练记载表

次数	用时/s	成功率	训练时间（年月日）	次数	用时/s	成功率	训练时间（年月日）
1				11			
2				12			
3				13			
4				14			
5				15			
6				16			
7				17			
8				18			
9				19			
10				20			

职场寄语

（1）收银工作必须要熟练与严谨，貌似不起眼的工作，如果失误就会隐藏巨大的隐患与危机，所以一定要强化收银员标准规范的工作意识。

（2）防损员简单粗暴的工作态度与方式（查寻顾客背包前没有与顾客提前沟通，且态度粗暴）是许多顾客投诉的焦点，今后我们一定要强化这方面的培训与正确引导。

任务5 商品装袋

任务引入

在收银过程中，装袋服务是一项基本程序。自 2008 年 6 月 1 日我国实行了“限塑令”之后，超市的装袋服务已经逐渐弱化，但仍可看做一项增值服务，因此，我们需要对装袋服务加以掌握和训练。

小知识

2007 年 12 月 31 日，中华人民共和国国务院办公厅下发了《国务院办公厅关于限制生产销售使用塑料购物袋的通知》。这份被群众称为“限塑令”的通知明确规定：“从 2008 年 6 月 1 日起，在全国范围内禁止生产、销售、使用厚度小于 0.025 毫米的塑料购物袋”“自 2008 年 6 月 1 日起，在所有超市、商场、集贸市场等商品零售场所实行塑料购物袋有偿使用制度，一律不得免费提供塑料购物袋”。

任务分析

某日下午五时，赵阿姨打来电话投诉：其刚才在某超市购买商品，收银员为她装袋后，她就提着自己的一袋商品回家了。回家后对照收银小票检查时发现，自己买的商品少了两件，但多了一件自己没购买的商品。于是打来电话问个究竟。同时，另一位顾客也打来电话，原因和赵阿姨一样。经调查后发现，收银员在装袋时，把两个人的某些商品装错了。

收银员会出现这样的失误，与她的工作态度和方法是有很大关系的。

作为收银员，应该具备如下知识与技能：

（1）能够复述商品装袋的原则。

（2）能够列举商品装袋的基本操作方法。

（3）能够简述商品装袋的操作技巧

（4）熟练运用商品装袋技巧，为顾客做好装袋服务。

（5）能够快速处理商品装袋过程中的例外情况。

知识准备

一、商品装袋的含义

商品装袋是指收银员能根据商品的类别和数量进行正确的装袋，达到易提、稳定、承重合适的效果。

二、商品装袋的原则

（1）正确选择购物袋：购物袋的尺寸有大小之分，需要根据商品的多少来选择正确尺寸、数量的购物袋。究竟用一个大的购物袋还是用两个小的购物袋，应由商品的类别和购买量来决定。

（2）将商品分类装袋：如服装、内衣等贴身纺织品，一般不与食品类商品混装，避免污染。

（3）装袋后达到易提、稳定、承重合适的效果。

三、商品装袋的基本方法

（1）易碎商品（方便面、膨化食品、薯片）能分开装最好，不能的则放在购物袋的最上方。

（2）考虑商品的强度，将饮料类、罐装类、酒类商品放在购物袋的底部或侧部，起到支撑的作用。

（3）考虑商品的轻重，重的商品放底部，轻的商品放上面。

（4）考虑商品的总重量不能超出购物袋的极限，商品的总体积不能超出购物袋，如果让顾客感觉不方便提取或有可能超重，则最好分开装或多套一个购物袋。

教师示范

一、商品装袋的基本操作步骤

商品装袋的基本操作步骤如图 2-70 所示。

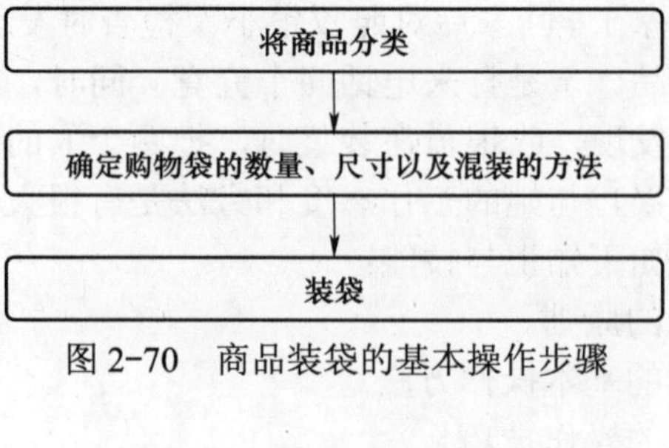

图 2-70　商品装袋的基本操作步骤

温馨提示

不要小看商品装袋工作，它可是有很多技巧的。

二、商品装袋的操作要点和技巧

（1）重、大、底部平稳的商品先放置于袋底，其装袋方式如图 2-71 所示。

图 2-71　重、大、底部平稳的商品装袋方式

（2）正方形或长方形的商品应放入袋子的两侧，以作为支撑，其装袋方式如图 2-72 所示。

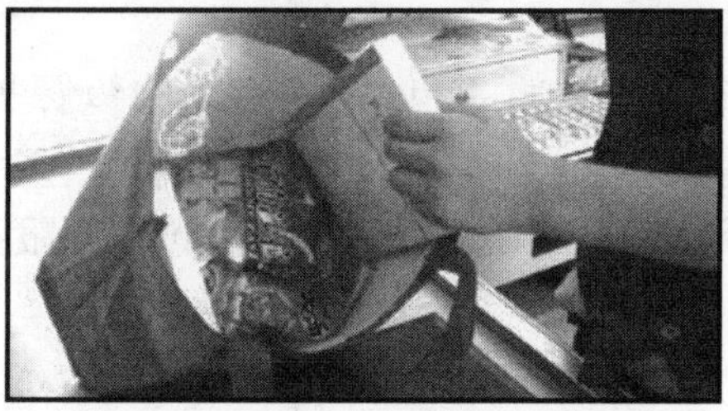

图 2-72　正方形或长方形的商品装袋方式

（3）容易碰损、破碎，较轻、较小的商品应置于袋子的上方，其装袋方式如图 2-73 所示。

图 2-73　易碎、较轻、较小的商品装袋方式

（4）瓶装及罐装的商品应放在袋子的中间，以避免受外界压力破损，其装袋方式如图 2-74 所示。

图 2-74　瓶装及罐装的商品装袋方式

（5）生鲜食品不得与干货食品、熟食、面包类即食食品混合装袋，生熟应分开。

（6）海鲜类食品不与其他食品混装，避免串味。

（7）冷冻品、豆制品等容易出水的商品和肉、菜等易流出汁液的商品，应先用边体袋装好后再放入购物袋中。

（8）服装类、化学用剂等商品应单独装袋。

（9）装入袋中的商品不能高过袋口，以免顾客提拿不方便，商品装袋效果如图 2-75 所示。

（10）超市在促销活动中所发的广告页或赠品要确认已放入购物袋中。

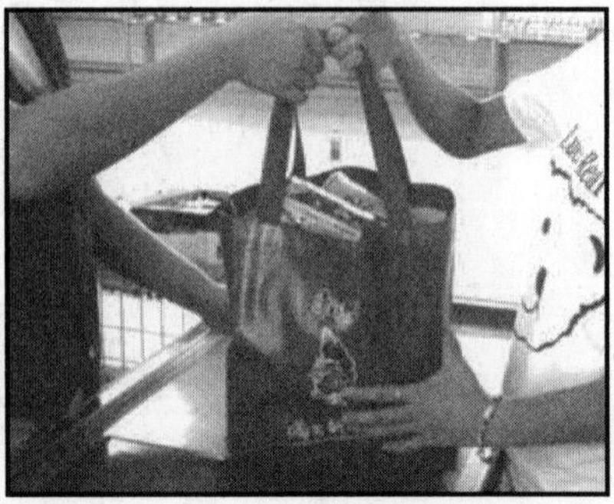

图 2-75　商品装袋效果

温馨提示

商品装袋后，一定要记得把促销赠品和广告页放入购物袋中，这对超市的销售将会有不少帮助。

（11）对体积大于购物袋而装不下的商品，要示意顾客到服务台打包。

温馨提示

对于体积过大的商品，应示意顾客到服务台打包。注意与顾客的沟通，不要引起不必要的误会。

（12）提醒顾客清点商品，以免将商品遗忘在收银台上。

温馨提示

收银员细心周到的提醒，会让顾客获得更多的购物愉悦感。

（13）装袋时避免发生不是同一位顾客的商品放在同一购物袋中的现象。

三、商品装箱捆扎

（1）对瓶装商品或袋子装不下的大商品，应另外用绳子捆好，以方便顾客提拿。

（2）条形物（如挂衣杆）可用绳子捆扎。

（3）商品装箱要合理排列商品。商品装箱方式如下。

1）可按商品的形状大小错开排列，有的则利用商品之间的空位，将商品的提手、耳、环等藏进空位中去，充分利用箱子的容量，采取填空补齐的办法，减少商品之间的空隙，这样既使商品装得平整，又增加了箱子的抗压力。如毛巾之类的商品放入箱中，其箱型应采用“长宽固定，高低调节”的类型。

2）对形状规则的商品，可利用商品本身的空间，与商品的大小口径相配套进行商品套装。如首饰盒、搪瓷器皿、玻璃杯便可利用商品本身的大小形状，采取大套小的方法套在一起。而一些易碎商品，则必须加强对该商品边角的保护，加上一些衬垫物，使包装具有一定弹性，使之能够承受一定的冲撞力。

四、商品装袋例外的处理

出现商品过重、商品不能装袋、装袋后袋子破裂或顾客要求多用袋子的情况，都为商品装袋例外。

商品装袋的常见例外及例外的处理方法见表 2-18。

表 2-18 商品装袋的常见例外及例外的处理方法

名　称	处理措施
商品过重	将商品用多个购物袋分装
不能装袋	向顾客说明因购物袋大小问题不能装袋，并指示顾客可以到服务台捆扎
袋子破裂	去掉破裂袋子，重新装袋
顾客请求	向顾客解释购物袋可以承受的重量

学生模仿

一、实训物资准备

收银台、购物袋（大、中、小号）、商品 15 件（选择商品时注意各种不同包装形态商品的搭配）。

二、实训人员组织

全班自由结合分组，每组 4～6 人，自行确定各组组长并进行分工。在各组组长的带领下，组员依次进行商品装袋训练。可根据训练程度进行组与组之间的商品装袋比赛。

三、实训时间安排

每个学生商品装袋的实训时间不少于 15 分钟。

四、学生模仿过程

（1）各组成员轮流模仿老师进行商品装袋，其他同学观察。

（2）模仿结束后各组进行交流，找出哪些地方操作不正确，指出谁的操作最熟练。

（3）各组进行讨论、交流，每个同学给出纠正错误、提高速度的方法和建议。

实训练习

练习一　商品搭配装袋

（1）各小组内两人结合，一人进行商品搭配装袋，另一人说明使用原则并评价效果，其他组员观看，对练习情况进行记录。

（2）各组依次或同时进行。

（3）各组进行讨论、交流。

（4）老师点评，强调商品装袋时的搭配要领。

练习二　练习捆扎散装鸡蛋

（1）各组讨论散装鸡蛋的捆扎方法。

（2）参照图 2-76 练习捆扎散装鸡蛋。

练习三　练习捆扎图书

（1）各组讨论捆扎图书的方法。

（2）参照图 2-77 练习捆扎图书。

练习四　练习胶纸包装纸箱。

（1）各组讨论如何用胶纸包装纸箱。

（2）参照图 2-78 练习胶纸包装纸箱。

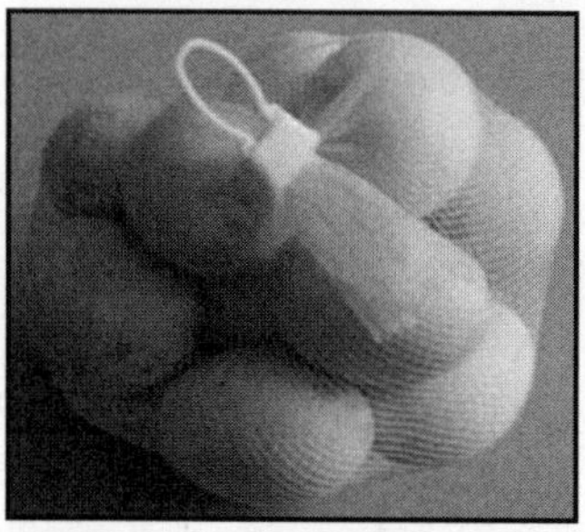
图 2-76　捆扎散装鸡蛋

图 2-77　捆扎图书

图 2-78　胶纸包装纸箱

实训考评

【要求】商品装袋的标准是在尽量短的时间内完成商品装袋，装袋后达到易提、稳定、承重合适的效果（选择商品时注意各种不同包装形态商品的搭配），请根据实训情况完成商品装袋实训效果评价（见表 2-19）。

表 2-19　商品装袋实训效果评价

考核项目	考核标准	得分/分
职业素养（20 分）	1. 按时出勤，课堂表现好（10 分）	
	2. 仪容仪表标准（10 分）	
关键能力（60 分）	1. 微笑服务（2 分）	
	2. 能正确对商品分类（3 分）	
	3. 能正确选择购物袋（5 分）	
	4. 能快速判断装袋顺序和装袋方式（15 分）	
	5. 装袋综合效率，即速度、效果（15 分）	
	6. 能够迅速处理装袋过程中遇到的问题（10 分）	
	7. 具备良好的团队合作精神（5 分）	
	8. 具备一定的组织协调能力（5 分）	

（续）

考核项目	考核标准	得分/分
知识技能（20分）	1．能够复述商品装袋的原则（5分）	
	2．能够说出商品装袋的基本操作方法（5分）	
	3．能够列举常见的商品装袋例外情况（5分）	
	4．能够说出商品装袋例外的处理方法（5分）	
合计得分		
心得体会：		

知识训练

一、不定项选择题（请将最佳选项代号填在括号中）

1．装袋时，（　　）应该置于上方。

A．易碰损、破碎的商品　　B．较轻、较小的商品

C．重的商品　　D．瓶装商品

2．下面说法正确的有（　　）。

A．重、大、底部平稳的东西先放置于袋底

B．正方形或长方形的商品应放入袋子的两侧，以作为支撑

C．服装类商品应单独装袋

D．装入袋中的商品不能高过袋口，以免顾客提拿不方便

3．常见的商品装袋例外有（　　）。

A．顾客请求　　B．不能装袋

C．商品过重　　D．袋子破裂

4．商品装袋的基本步骤包括（　　）。

A．将商品分类

B．确定购物袋的数量、尺寸以及混装的方法

C．装袋

D．与顾客道别

二、判断题（正确的打“√”，错误的打“×”）

1．收银员装袋前，应先对商品进行分类。（　　）

2．我国“限塑令”颁布后，装袋服务仍是收银员必须做的工作。（　　）

3．商品装袋时，可以不用按顺序任意装。（　　）

4．商品装袋时，要确认超市在促销活动中所发的广告页或赠品是否放入购物袋中。（　　）

5．服装类商品应单独装袋。（　　）

三、案例阅读

“刁蛮”的顾客

一位顾客在某超市购买了一个枕头，买单时收银员用一个购物袋帮她装好，顾客要求再

给一个购物袋，收银员向顾客解释说只需一个购物袋就可以了，但顾客却自己拿了一个购物袋就走，随后还到前台进行了投诉，说收银员服务态度不好。

温馨提示

我国“限塑令”颁布后，装袋服务不再是超市收银员的必要工作。但是装袋服务体现了一个超市的服务水平，同时也是一个被消费者逐步理解的过程。

拓展训练

【任务】商品装袋。

【目的】通过商品装袋的强化训练，熟练掌握商品装袋的方法与技巧，从而提高商品装袋的效率，即装袋用时少，装袋后要达到易提、稳定、承重合适的效果。

【要求】2 个同学一组，1 人进行商品装袋训练，另 1 人计时。装袋 15 件商品（选择商品时注意各种不同包装形态商品的搭配）计时一次，并将商品装袋训练的情况填入商品装袋训练记载表（见表 2-20）中。学生可以交替训练。

表 2-20　商品装袋训练记载表

次　数	用时/s	效　果	训练时间（年月日）	次　数	用时/s	效　果	训练时间（年月日）
1				11			
2				12			
3				13			
4				14			
5				15			
6				16			
7				17			
8				18			
9				19			
10				20			

职场寄语

在案例“刁蛮”的顾客中，收银员只给顾客一个购物袋的做法原则上是对的（因枕头较轻，一个购物袋完全可以承受重量，少给一个购物袋可节省费用），但顾客不满意，要求还要一个购物袋，作为收银员应向顾客做具体解释，若在解释后顾客还是不愿意接受，则应满足其要求（给予其购物袋）。作为服务窗口的工作人员，在处理问题时应注意灵活性。

当然，我国“限塑令”实施后，购物袋是收费的，很多顾客在购物时都逐渐习惯自带购物袋，如果顾客需要购物袋，收银员应为其提供。

任务 6　识别假钞

任务引入

收银工作每天都与现金打交道，这就要求收银员能熟练掌握假钞识别技术，在收银结算过程中，能够对顾客所付的现金做出快速、准确的判断，对于假钞和可疑的人民币，收银员应要求顾客予以更换，这样，一方面可以提高收银效率，另一方面也可以为收银员自身和超市减少不必要的损失。因此，需要对假钞识别技术进行学习和训练。

任务分析

晓芸在收银过程中的收款环节速度很慢，而且多次在交接班时赔钱，究其原因是她没有掌握识别假钞的方法，不会辨别人民币的真伪，有时还会收取残缺污损的人民币。如果能够熟练掌握假钞的识别技术，对人民币的真伪做出迅速、准确的判断，就可以提高收银效率，也可以为自己减少损失。

要帮助晓芸，应该具备如下知识与技能：

（1）能够复述第五套人民币各个面值的主要特征。

（2）能够复述识别假钞的方法。

（3）能够复述残缺污损人民币的含义和兑换标准。

（4）能够熟练运用识别假钞的方法，快速、准确地识别假钞。

（5）能够树立严谨、认真的工作态度。

知识准备

一、人民币简介

中国人民银行成立后，于 1948 年 12 月 1 日首次发行人民币，新中国成立后成为中华人民共和国法定货币，至 1999 年 10 月 1 日启用新版人民币为止，共发行五套。人民币简称为 CNY（China Yuan），常用的缩写是 RMB（Ren Min Bi），在数字前一般加上“¥”表示人民币的金额。目前，第一、二、三套人民币都已经停止流通，市场上流通的人民币以第五套为主，还有少量的第四套人民币。

2015 年 11 月 12 日，中国人民银行发行了 2015 年版第五套人民币 100 元纸币。在保持规格、主图案、主色调等与 2005 年版第五套人民币 100 元纸币不变的前提下，对票面图案、防伪特征及其布局进行了调整，更易于识别真伪。

小知识

为适应经济发展和市场货币流通的要求，1999 年 10 月 1 日，在中华人民共和国成立 50 周年之际，中国人民银行陆续发行了第五套人民币（1999 年版）。之后，为了提高第五套人民币的印刷工艺和防伪技术水平，经国务院批准，中国人民银行于 2005 年 8 月 31 日发行了第五套人民币 2005 年版 100 元、50 元、20 元、10 元、5 元纸币和不锈钢材质 1 角硬币。

二、2005 年版第五套人民币介绍

1. 5 元纸币

5 元纸币如图 2-79 所示，正面图案为水仙，雅号“凌波仙子”；背面为泰山，同衡山、恒山、华山、嵩山合称“五岳”；泰山因地处东部，故称“东岳”。

图 2-79　5 元纸币

2. 10 元纸币

10 元纸币如图 2-80 所示，正面图案为月季，被誉为“花中皇后”；背面为夔门，在瞿塘峡入口处，是长江三峡的西大门，又名“瞿塘关”。瞿塘峡在三峡中最短，却最为雄伟险峻。

图 2-80　10 元纸币

图 2-80　10 元纸币（续）

3．20 元纸币

20 元纸币如图 2-81 所示，正面图案为荷花，号称“花中君子”，拥有出淤泥而不染的高贵品格；背面为桂林山水，漓江水清澈秀丽。

图 2-81　20 元纸币

4．50 元纸币

50 元纸币如图 2-82 所示，正面图案为菊花；背面为布达拉宫，是藏王松赞干布为远嫁西藏的唐朝文成公主而建立的。

图 2-82　50 元纸币

图 2-82　50 元纸币（续）

5. 100 元纸币

100 元纸币如图 2-83 所示，正面图案为梅花，梅花一树浩然正气，集众芳之优点于一身；背面是人民大会堂，是全国人民代表大会开会的地方和全国人大常委会的办公场所。

图 2-83　50 元纸币

6. 1 角硬币

1 角硬币如图 2-84 所示，采用不锈钢材质，色泽为钢白色。正面为中国人民银行、1 角和汉语拼音字母 YIJIAO 及年号 2005；背面为兰花图案及中国人民银行的汉语拼音字母 ZHONGGUO RENMIN YINHANG。

图 2-84　1 角硬币

三、2005年版第五套人民币的公众防伪特征

第五套人民币纸币采用了11项公众防伪特征，以2005版100元纸币为例，100元纸币防伪特征如图2-85所示。

（1）固定人像水印。位于票面正面的左侧空白处，迎光透视，可见与主景图像相同、立体感很强的毛泽东头像水印。

（2）胶印缩微文字。票面正面的上方椭圆形图案中，多处印有胶印缩微文字，在放大镜下可看到RMB和RMB100字样。

（3）全息磁性开窗安全线。人民币纸币背面中间偏右，有一条开窗安全线，开窗部分可以看到由缩微字符¥100组成的全息图案，仪器检测有磁性。

（4）胶印对印图案。票面正面的左侧中间处和背面的右侧中间处均有一圆形局部图案，迎光观察，正背面图案重合并组合成一个完整的阴阳互补古钱币图案。

（5）手工雕刻头像。票面正面的主景毛泽东头像，采用手工雕刻凹版印刷工艺，形象逼真、传神，凹凸感强，易于识别。

（6）隐形面额数字。票面正面的右上方有一装饰性图案，将票面置于与眼睛接近平行的位置，面对光源做上下倾斜晃动，可以看到面额数字100字样。

（7）光变油墨面额数字。票面正面的左下角100字样，与票面垂直角度观察为绿色，倾斜一定角度则变为蓝色。

（8）白水印。位于票面正面的双色异形横号码下方，迎光透视，可以看到透光性很强的水印100字样。

（9）雕刻凹版印刷。票面正面的主景毛泽东头像、中国人民银行行名、盲文及背面主景人民大会堂等均采用雕刻凹版印刷，用手指触摸有明显凹凸感。

（10）双色异形横号码。票面正面的左下角印有双色异形横号码，左侧部分为暗红色，右侧部分为黑色。字符由中间向左右两边逐渐变小。

（11）凹印手感线。票面正面的主景图案右侧，有一组自上而下规则排列的线纹，采用雕刻凹版印刷工艺印制，用手指触摸，有极强的凹凸感。

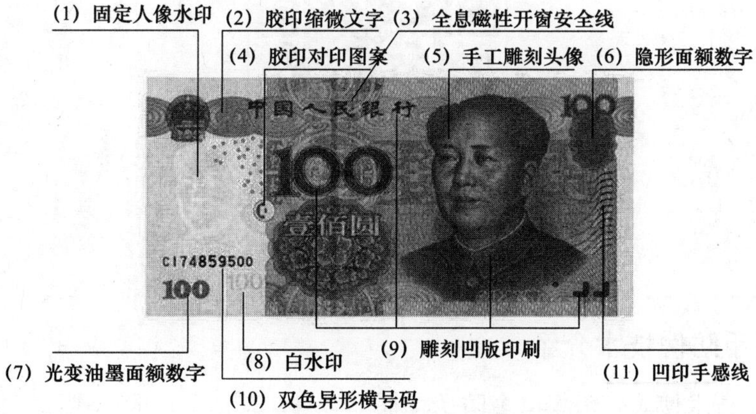

图2-85 100元纸币防伪特征

图 2-85　100 元纸币防伪特征（续）

小知识

除 11 项公众防伪特征外，2005 版第五套人民币 100 元纸币还具有若干专业防伪特征，需要借助仪器设备来帮助鉴别，其专业防伪特征如下：

（1）无色荧光油墨印刷图案。人民币纸张的正面中国人民银行字样的下方隐藏着在紫外线光照射下可显示的黄绿色荧光面额数字 100。

（2）有色荧光油墨印刷图案。人民币纸张背面的人民大会堂上方的五角星及圆环图案，在紫外线光照射下显示橘黄色荧光。

（3）无色荧光纤维。人民币纸张中随机分布的无色纤维，在紫外线光照射下显示为黄色或蓝色。

（4）磁性号码。人民币纸张正面的左下角，双色异形横号码右侧部分的黑色号码具有磁性，用装备磁码识读器的检测仪可以读取其记录和存储的文字和符号信息。

网络资源：

视频：第五套人民币防伪指南（官方版），时长 8:48，网址为 http://www.tudou.com/programs/view/-0G16jrczNE/

第五套人民币防伪指南视频网址二维码如图 2-86 所示。

图 2-86　第五套人民币防伪指南视频网址二维码

四、人民币防伪技术介绍

高超的制币技术使人民币集诸多防伪特征于一身，有别于一般印刷品，杜绝了假钞的模仿现象。

1．人民币的纸张防伪

人民币造纸的原料大多采用纤维较长的棉、麻等植物做纸浆，这样造出来的纸张光洁坚韧、挺度好，耐磨力强，经久流通纤维不松散，不易发毛、断裂。在造纸过程中专门采取了以下先进的技术：

（1）水印。水印是在生产过程中通过预制模具，改变纸浆纤维密度的方法而制成的，它在造纸过程中已制作定型，而不是后压印上去或印在人民币表面的。水印图案都有较强的立体感、层次感，而纸张表面却保持了平整光滑。

（2）安全线。安全线是在造纸的过程中采用特殊技术，在纸张中嵌入两条比较薄的金属线或塑料线，如印有缩微文字的安全线、有磁性和全息特征的安全线、荧光安全线、开窗式安全线等。将安全线埋入纸张的方法有两种：一种是将其完全埋入纸张中间；另一种是间隔地埋入纸张中，部分显露在纸张表面，被称为开窗式安全线。

（3）无色荧光纤维。无色荧光纤维是在造纸的过程中加入纸浆中，所造出的纸张，只有在紫光灯下才能看见纤维的荧光反映。

2．人民币的油墨防伪

油墨是印刷的主要媒介，我国的人民币在印制过程中使用了多种防伪油墨，印制人民币的油墨是专门研制的。印制人民币的油墨种类如下：

（1）光变油墨。用光变油墨印刷的图案具有流光溢彩的金属光泽，在自然光下随着人眼视角的改变，会呈现两种或三种不同的颜色，色差变化明显。图案用高清晰度扫描仪、彩色复印机或其他设备都无法复制。

（2）荧光油墨。荧光油墨是在紫外光照射下能发出可见光的特种油墨。根据印刷油墨有无颜色可分为有色荧光油墨和无色荧光油墨两种。前者是把具有荧光的化合物加入有色油墨中，印刷的图案肉眼可见，后者是把具有荧光的化合物加入无色油墨中，印刷的图案肉眼不可见。

（3）磁性油墨。磁性油墨是采用具有磁性的粉末材料作为成分所制作的印刷油墨。它的特点是外观色深，检测仪器简单，主要用于印刷银行票证的磁性编码文字和符号，具有记录和存储信息的功效，将印有磁性编码的票证投入磁码识读器中可辨识真伪。

3．人民币的印刷防伪

人民币在印刷过程中使用多种防伪印刷技术，其印刷技术如下：

（1）雕刻凹版印刷。凹印版经雕刻而成，其图案线条呈凹槽形并低于印版的版面，涂布油墨印出图案后，油墨附着于纸张上，凸出于纸张表面，图文线条精细、层次丰富、立体感很强，用手触摸有明显的凹凸感。雕刻凹版印刷技术应用于毛泽东头像、中国人民银行行名、面额数字、盲文标记等处。特别是人民币中的毛泽东头像应用手工雕刻凹版，其工艺复杂、图案唯一，很难模仿。

（2）条形码防伪技术。在同一个双色异形横号码中，其左半部分为红色，右半部分为黑色，黑色的号码具有磁性，可供机读。

（3）对印印刷技术。对印是在纸张两面一次性印刷的互为镜像的图案，在透光观察时完全重合。在第五套人民币中有胶印对印图案，透光观察，正背面图案组成一个完整的古钱币图案，这种方式称为胶印对印。

（4）胶印缩微文字。胶印缩微文字是采用特殊的制版工艺，将文字缩小到肉眼几乎看不到的程度，印到人民币纸张上，需借助放大镜方能观察到。

（5）隐形面额数字。隐形图案技术只能通过雕刻凹版设计才能实现，它能很好地防止复印伪造。第五套人民币在已发行的各券种的正面右上方均有一椭圆形（圆形、方形）图案，将票面置于与眼睛接近平行的位置时，面对光源平面旋转 45° 或 90°，即可看到人民币纸张面额字样。

网络资源链接

视频：CCTV《原来如此》节目中介绍的如何鉴别人民币真伪，时长 17:18，网址为 http://www.tudou.com/programs/view/8aVvUSNnBPc/

如何辨别人民币真伪视频网址二维码如图 2-87 所示。

图 2-87　如何辨别人民币真伪视频网址二维码

五、2015 年版第五套人民币 100 元纸币介绍

2015 年 11 月 12 日中国人民银行发行了 2015 年版第五套人民币 100 元纸币，2015 年版 100 元纸币的样币如图 2-88 所示。

图 2-88　2015 年版 100 元纸币的样币

2015年版第五套人民币100元纸币在保持2005年版第五套人民币100元纸币规格、正背面主图案、主色调、中国人民银行行名、国徽、盲文和汉语拼音行名、民族文字等不变的前提下，对部分图案做了适当调整，对整体防伪性能进行了提升。

1．光变镂空开窗安全线

位于票面正面的右侧。垂直票面观察，安全线呈品红色；当观察角度由直视变为与票面成一定角度时观察，安全线呈绿色，2015年版100元纸币安全线如图2-89所示；透光观察，可见安全线中正反交替排列的镂空文字¥100。光变镂空开窗安全线对光源要求不高，颜色变化明显，同时集成镂空文字特征，有利于公众识别。光变镂空开窗安全线和磁性全埋安全线分别位于票面两边，也有利于防止伪造人民币。

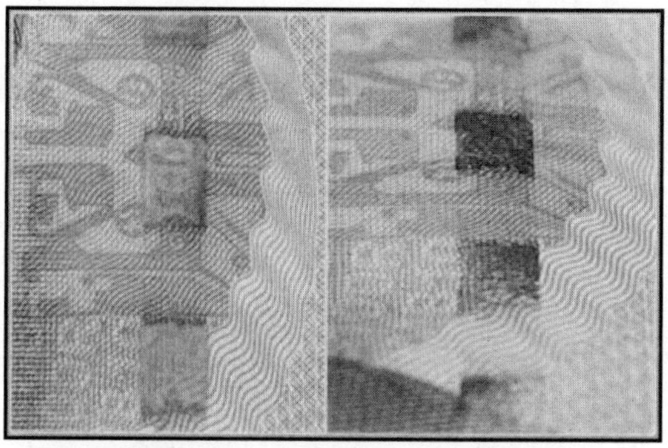

图2-89 2015年版100元纸币安全线

2．光彩光变数字

位于票面正面的中部。垂直票面观察，数字100以金色为主，平视观察，数字100以绿色为主，2015年版100元纸币光彩光变数字如图2-90所示。随着观察角度的改变，数字颜色在金色和绿色之间交替变化，并可见到一条亮光上下滚动。光彩光变技术是国际钞票防伪领域公认的前沿公众防伪技术之一，使公众更容易识别。目前全世界已有包括中国、俄罗斯、欧元区在内的多个国家和地区的钞票采用了该技术。

图2-90 2015年版100元纸币光彩光变数字

3．人像水印

位于票面正面的左侧空白处。透光观察，可见毛泽东头像，2015年版100元纸币人像水印如图2-91所示。与2005年版100元纸币相比，水印清晰度明显提升，层次更加丰富。

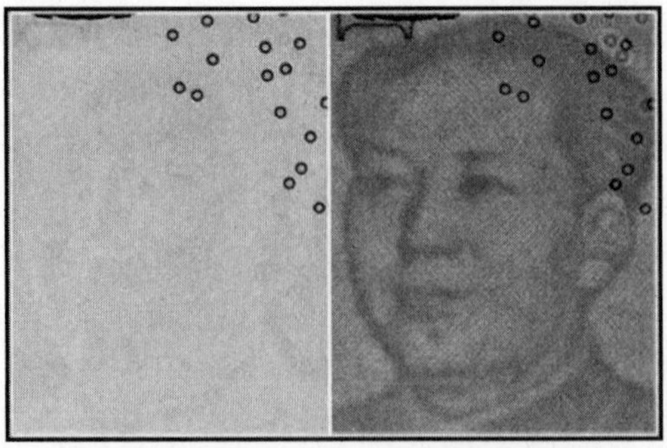

图 2-91　2015 年版 100 元纸币人像水印

4. 胶印对印图案

票面正面的左下方和背面的右下方均有面额数字 100 的局部图案。透光观察，正背面图案组成了一个完整的数字 100，2015 年版 100 元纸币胶印对印图案如图 2-92 所示。

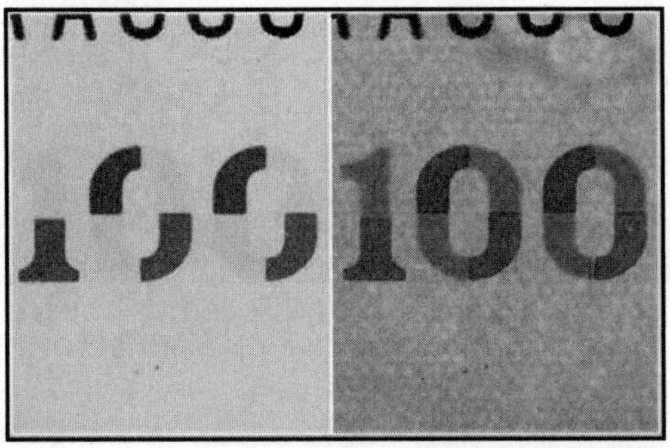

图 2-92　2015 年版 100 元纸币胶印对印图案

5. 横竖双号码

票面正面的左下方采用横号码，其冠字和前面两位数字为暗红色，后面六位数字为黑色，右侧竖号码为蓝色，2015 年版 100 元纸币横竖双号码如图 2-93 所示。2015 年版 100 元纸币改变了原有的冠字号码字形，更符合公众识别习惯和机器读取要求，有利于提高机器对人民币纸张的冠字号码识别的准确率，也有利于防范伪造人民币。

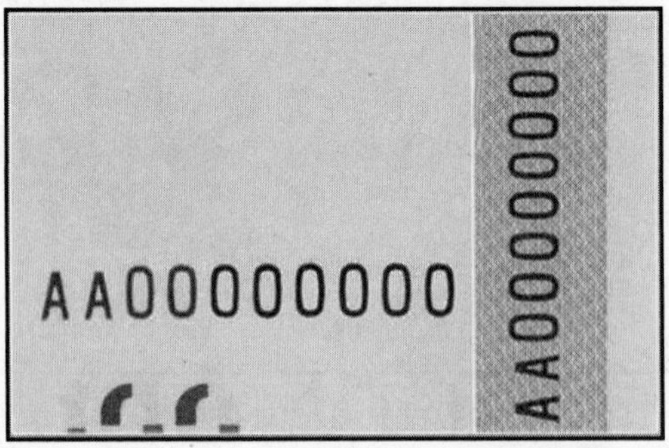

图 2-93　2015 年版 100 元纸币横竖双号码

6. 白水印

白水印位于票面正面的横号码下方，透光观察，可以看到透光性很强的水印面额数字

100，2015 年版 100 元纸币白水印如图 2-94 所示。

图 2-94　2015 年版 100 元纸币白水印

7．雕刻凹印

票面正面的毛泽东头像、国徽、中国人民银行行名、右上角面额数字、盲文及背面的人民大会堂等均采用雕刻凹印印刷技术，用手指触摸有明显的凹凸感，2015 年版 100 元纸币雕刻凹印如图 2-95 所示。

图 2-95　2015 年版 100 元纸币雕刻凹印

教师示范

一、识别假钞的方法

识别假钞的方法如图 2-96 所示。

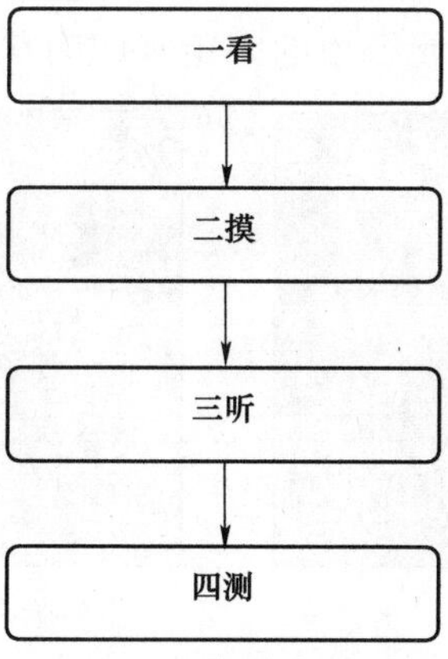

图 2-96　识别假钞的方法

网络资源链接

（1）视频：手机软件“如何识别假钞”，时长 5:43，网址为 http://v.qq.com/boke/page/s/0/w/s0164rz4jpw.html

如何识别假钞视频网址二维码如图 2-97 所示。

图 2-97　如何识别假钞视频网址二维码

（2）“教你识别假钞”手机软件下载，网址为 http://www.liqucn.com/rj/31501.shtml

教你识别假钞手机软件下载网址二维码如图 2-98 所示。

图 2-98　教你识别假钞手机软件下载网址二维码

手机浏览器下载：打开手机浏览器，在地址栏输入 liqucn.com/3150 即可。

二、识别假钞的操作要领

1. 看

（1）看水印。第五套人民币各面值纸币的固定水印位于其票面正面左侧的空白处，迎光透视，可以看到立体感很强的水印。100 元、50 元纸币的固定水印为毛泽东头像图案，如图 2-99 所示；20 元、10 元、5 元纸币的固定水印为花卉图案，如图 2-100 所示。

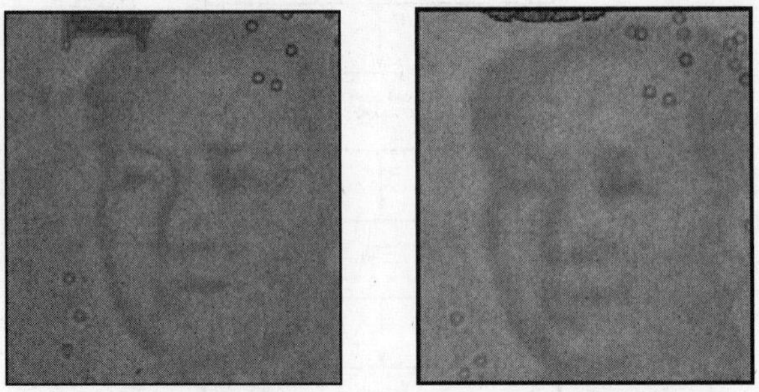

100 元　　50 元

图 2-99　100 元和 50 元的毛泽东头像图案水印

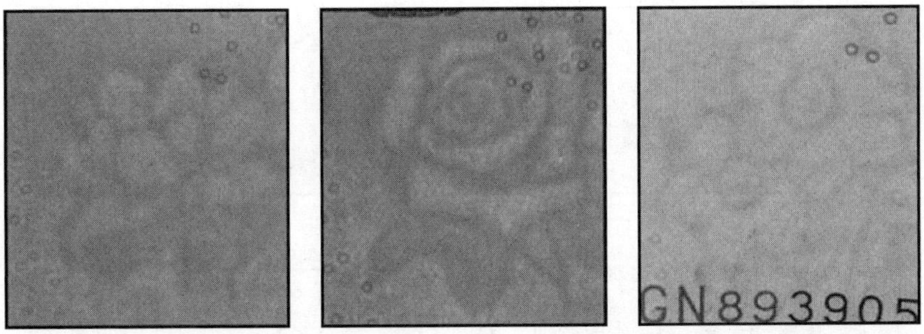

20元　　10元　　5元

图 2-100　20 元、10 元和 5 元的花卉图案水印

（2）看安全线。在 2005 年版第五套人民币 100 元、50 元纸币背面中间偏右的安全线开窗部分，可以看到由胶印缩微字符¥100、¥50 组成的全息图案，100 元和 50 元的安全线如图 2-101 所示；在 20 元、10 元、5 元纸币正面中间偏左的安全线开窗部分可以看到由胶印缩微字符¥20、¥10、¥5 组成的全息图案，20 元、10 元和 5 元的安全线如图 2-102 所示。安全线为全息磁性，仪器检测有磁性。

图 2-101　100 元和 50 元的安全线

图 2-102　20 元、10 元和 5 元的安全线

（3）看光变油墨。100 元和 50 元纸币正面左下方的面额数字采用光变油墨印刷。将垂直观察的票面倾斜到一定角度时，100 元的面额数字会由绿色变为蓝色，100 元的光变油墨如图 2-103 所示；50 元的面额数字则会由金色变为绿色，50 元的光变油墨如图 2-104 所示。

图 2-103　100 元的光变油墨

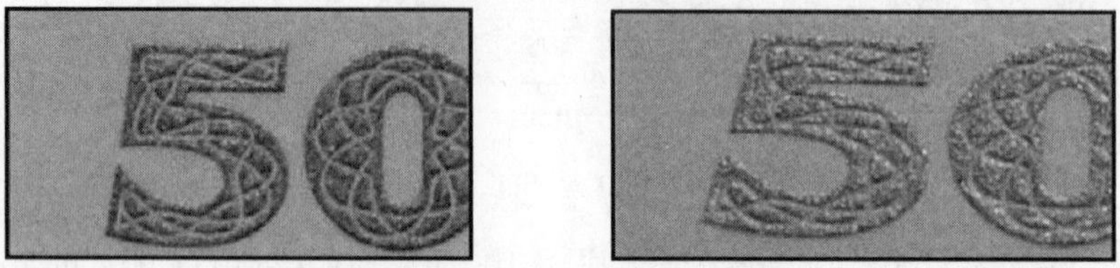

图 2-104　50 元的光变油墨

（4）看胶印对印图案。第五套人民币纸币的胶印对印图案应用于 100 元、50 元、20 元和 10 元纸币中。其票面正面的左下方和背面的右下方都印有一个圆形局部图案。迎光透视，两幅图案能准确对接，组合成一个完整的古钱币图案，100 元、50 元、20 元和 10 元的胶印对印古钱币图案如图 2-105 所示。

100 元　　50 元　　20 元　　10 元

图 2-105　100 元、50 元、20 元和 10 元的胶印对印古钱币图案

（5）看胶印缩微文字。用 5 倍以上的放大镜观察票面，看票面图案线条、缩微文字是否清晰干净。在第五套人民币纸币的各面值正面胶印图案中，多处均印有缩微文字，20 元纸币背面也有该防伪措施。100 元的胶印缩微文字为 RMB 和 RMB100，50 元为 50 和 RMB50，20 元为 RMB20，10 元为 RMB10，5 元为 RMB5 和 5，100 元、50 元、20 元和 10 元的胶印缩微文字如图 2-106 所示。

100 元　　50 元　　20 元　　10 元

图 2-106　100 元、50 元、20 元和 10 元的胶印缩微文字

2. 摸

（1）摸票面正面的中国人民银行、毛泽东头像、盲文面额标记（见图 2-107）。第五套人民币纸币的各面值正面主景均为毛泽东头像，采用手工雕刻凹版印刷工艺，形象逼真、传神，凹凸感强，易于公众识别。此外，票面面额、团花、凹印手感线、国徽、背面主景、民族文字、年号、行长盖章也有凹凸触感。

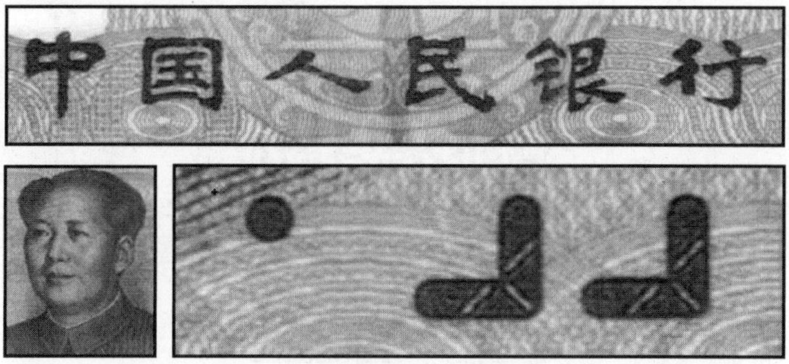

图 2-107 票面正面的中国人民银行、毛泽东头像、盲文面额标记

（2）摸人民币纸币是否薄厚适中，挺括度好。

3. 听

通过抖动人民币纸币，使其发出声响，根据声音来分辨人民币纸币的真伪。人民币的纸币具有挺括、耐折、不易撕裂的特点。手持人民币纸币，用力抖动、手指轻弹或两手一张一弛轻轻对称拉动，就能听到清脆响亮的声音。

4. 测

借助紫外线光灯或验钞机来分辨人民币的真伪。目前，超市一般没有为收银员配备验钞机，收银员通过长期实践，用以上三种方法就可以识别假钞。

在紫外线光线的照射下，人民币纸币正面的中国人民银行下方会显示隐藏的荧光面额数字，背面会显示有色的荧光图案，100 元正面与背面的荧光面额数字和图案如图 2-108 所示。

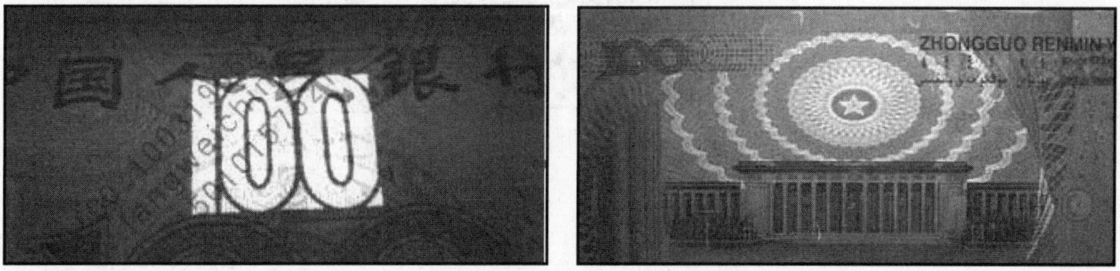

图 2-108 100 元正面与背面的荧光面额数字和图案

温馨提示

人民币纸币上面的年份是制版年份，不是发行年份，现在的第五套人民币 1 元纸币只有 1999 年版，其他面额的都分为 1999 年版和 2005 年版，100 元人民币纸币还有 2015 年版的。

网络资源链接

视频：第五套人民币防伪常识（1999 版），时长 27:59，网址为 http://www.tudou.com/programs/view/eodHXSSHpw8/

第五套人民币防伪常识视频网址二维码如图 2-109 所示。

图 2-109　第五套人民币防伪常识视频网址二维码

网络资源链接

新闻：2007 年以来，在广东、福建、浙江、四川等地，金融机构和警方陆续发现仿真度极高的假钞。此类假钞多以 HD90 或 HB90 开头，仅靠肉眼较难辨认。

视频：如何鉴别假钞，时长 4:23，网址为 http://v.ku6.com/show/LLnQir-ogiooSlIO.html

如何鉴别假钞视频网址二维码如图 2-110 所示。

图 2-110　如何鉴别假钞视频网址二维码

三、硬币的鉴别

一般而言，假硬币分为铸造硬币和压印硬币两种。

识别铸造的假硬币关键是一看二听。铸造的假硬币因为加入了铅，所以看起来发黑，光泽度不够。另外，摔在地上，假硬币发出的声音不是很清脆。

压印的假硬币在材质上和真硬币没什么区别，所以从光泽度和声音上无法辨认，那就要看硬币上的花纹了。首先是用手摸，真硬币摸上去凹凸感较强，但如果硬币的边缘过于光滑则为假硬币。其次是用眼看，一般来说，假硬币都有明显的锈迹或图案模糊现象。除此之外，如果通过上述方法还是无法辨认，那么可前往银行用仪器进行鉴别。

网络资源链接

视频：硬币防伪，时长 1:29，网址为 http://v.youku.com/v_show/id_XMTc4MDEwNzM2.html

硬币防伪视频网址二维码如图 2-111 所示。

图 2-111 硬币防伪视频网址二维码

学生模仿

一、实训物资准备

各种面值的人民币若干、各种面值的假钞若干、各种类型缺损的点钞练功券若干。

二、实训人员组织

全班自由结合分组，每组 4～6 人，自行确定各组组长并进行分工。在各组组长的带领下，组员依次训练识别假钞。可根据训练程度进行组与组之间的识别假钞比赛。

三、实训时间安排

每个学生识别假钞的实训时间不少于 15 分钟。

四、学生模仿过程

（1）各组成员轮流模仿老师，逐项检查第五套人民币公众防伪特征，鉴别是否为假钞，其他同学观察。

（2）模仿结束后各组进行交流，找出哪些地方操作不正确，指出谁的操作不熟练。

（3）采用头脑风暴法，每个同学给出纠正错误、提高速度的方法和建议。

实训练习

练习一　连线练习

将识别方法与对应的公众防伪特征进行连线，再将公众防伪特征与对应的防伪技术进行连线，其连线练习如图 2-112 所示。

4种识别方法

A．手摸

B．眼看

C．耳听

D．机器测

11种公众防伪特征

1．固定图案水印

2．胶印缩微文字

3．全息磁性开窗安全线

4．胶印对印图案

5．手工雕刻头像

6．隐形面额数字

7．光变油墨面额数字

8．白水印

9．雕刻凹版印刷

10．双色异形横号码

11．凹印手感线

3种防伪技术

甲、人民币的纸张防伪

乙、人民币的印刷防伪

丙、人民币的油墨防伪

图 2-112 连线练习

练习二 标记题

（1）将 11 种公众防伪特征的编号 1～11 标记在 2005 年版第五套人民币介绍的各样票的相应位置。

（2）将 4 种识别方法的编号 A、B、C、D 标记在 2005 年版第五套人民币介绍的各样票的相应位置。

（3）将 3 种防伪技术的编号甲、乙、丙标记在 2005 年版第五套人民币介绍的各样票的相应位置。

练习三 找图游戏题

（1）同学们在第五套人民币 100 元纸币上找出“神秘的 E 字”，如图 2-113 所示。

（2）同学们在第五套人民币 100 元纸币上找出“神秘的跪拜猫”，如图 2-114 所示。

（3）同学们在第五套人民币 100 元纸币上找出“神秘的 RMB 立体字”，如图 2-115 所示。

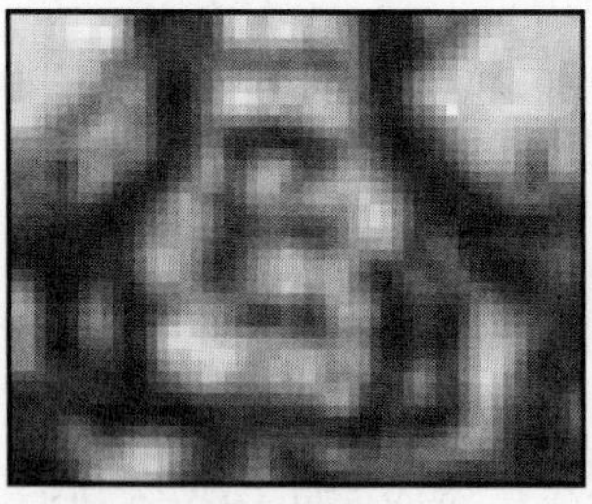

图 2-113 “神秘的 E 字”

图 2-114 “神秘的跪拜猫”

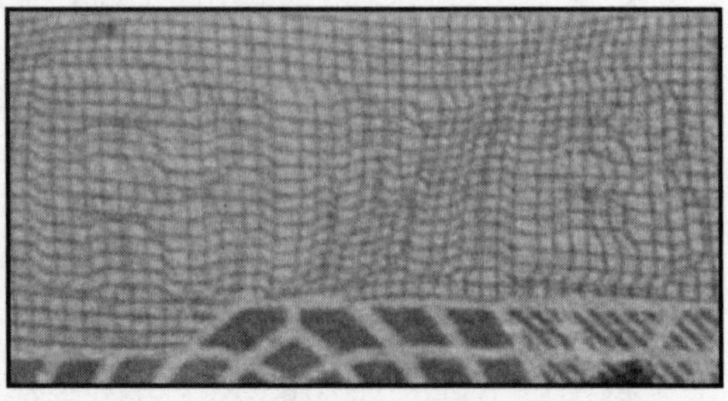

图 2-115 “神秘的 RMB 立体字”

实训考评

【要求】能够快速、准确地识别假钞。请根据实训情况完成识别假钞实训效果评价（见表 2-21）。

【说明】将 9 张人民币和 1 张假币混放在一起作为一组，将假币从这组人民币中识别出来。每人识别三组，在 3 分钟内完成。

表 2-21　识别假钞实训效果评价

考核项目	考核标准	得分/分
职业素养（20 分）	1. 按时出勤，课堂表现好（10 分）	
	2. 仪容仪表标准（10 分）	
关键能力（60 分）	1. 熟悉识别假钞的方法（10 分）	
	2. 能够快速地识别假钞（15 分）	
	3. 能够准确地识别假钞（15 分）	
	4. 能够说出其为假钞的依据（10 分）	
	5. 具备良好的团队合作精神（5 分）	
	6. 具备一定的组织协调能力（5 分）	
知识技能（20 分）	1. 能够复述第五套人民币各个面值的主要特征（10 分）	
	2. 能够说出识别假钞的方法（10 分）	
合计得分		

心得体会：

知识训练

一、不定项选择题（请将最佳选项代号填在括号中）

1. 识别假钞的方法包括（　　）。
   A. 看　　B. 摸　　C. 听　　D. 测
2. 目前在市场流通最多的人民币是（　　）。
   A. 第一套人民币　　B. 第二套人民币
   C. 第三套人民币　　D. 第四套人民币
   E. 第五套人民币
3. 第五套人民币 100 元有哪几版？（　　）。
   A. 1999 年版和 2000 年版　　B. 1999 年版、2005 年版和 2015 年版
   C. 2000 年版和 2005 年版　　D. 2000 年版和 2002 年版
4. 在识别假钞时要看什么？（　　）

A. 看水印　　B. 看安全线　　C. 看光变油墨　　D. 看票面图案
E. 看胶印缩微文字

5. 第五套 100 元人民币纸币的胶印对印图案是（　　）。
A. 古钱币　　B. 太极　　C. 国旗　　D. 毛泽东头像

二、判断题（正确的打“√”，错误的打“×”）

1. 目前，第一、二、三套人民币都已经停止流通，市场上流通的人民币以第五套为主，其次还有少量的第四套人民币。（　　）
2. 第五套人民币纸币的正面都有毛泽东头像。（　　）
3. 摸人像、中国人民银行行名等处，如果很平整，则为真钞，否则为假钞。（　　）
4. 第五套人民币各面值纸币的固定水印图案都一样，均为毛泽东头像。（　　）
5. 人民币是我国的法定货币，常用的缩写是 RMB。（　　）

三、案例阅读

同号的 20 元人民币

一天，收银员小李正在进行正常的收银结账工作，忽然发现顾客刘先生所付的两张 20 元人民币有点可疑，仔细一看，发现两张 20 元人民币的号码竟然是一样的。小李要求刘先生更换，没想到刘先生不但不更换，反而和小李吵了起来。最后，超市工作人员报了警，经确认，顾客刘先生所持的两张 20 元人民币的确是假钞。据了解，刘先生只记得这两张假钞是自己买东西时别人找给他的，因为面值小自己并未在意，今天购物时才拿出来使用并被超市发现是假钞的。最后刘先生将假钞交给了银行，拿出真钞付款。

拓展训练

【任务】识别假钞。

【目的】通过识别假钞的强化训练，熟练掌握识别假钞的方法，能够快速、准确地识别假钞。

【要求】2 个同学一组，1 人进行识别假钞训练，另 1 人计时，识别 3 组（每 9 张人民币和 1 张假钞为一组）计时一次，并将识别假钞训练的情况填入识别假钞训练记载表（见表 2-22）中。学生可以交替训练。

表 2-22　识别假钞训练记载表

次　数	用时/s	准　确　率	训练时间（年月日）	次　数	用时/s	准　确　率	训练时间（年月日）
1				11			
2				12			
3				13			
4				14			
5				15			
6				16			

（续）

次数	用时/s	准确率	训练时间（年月日）	次数	用时/s	准确率	训练时间（年月日）
7				17			
8				18			
9				19			
10				20			

职场寄语

（1）案例同号的20元人民币中事件的发生，是由于顾客刘先生平时粗心大意，并未留意对假钞的识别，最终造成了损失。因此，我们需要时刻警惕假钞流入市场。

（2）收银员小李在收银工作中认真履职，能够熟练运用识别假钞的方法避免了误收假钞，也避免了自己和超市的经济损失，此行为值得学习。

（3）在收银工作中，须养成认真、严谨的工作习惯。由于收银工作直接与现金接触，所以必须熟练掌握假钞的识别方法，能够快速、准确地识别假币。

（4）黏了透明胶带的人民币不仅会妨碍真伪鉴别，还容易造成银行验钞、清分和销毁设备的损坏，建议消费者在人民币破损后，不要用透明胶布、钉书钉等固定、修补，最好直接拿到银行兑换，可小心地把透明胶撕掉，改用棉纸或者薄点的纸重新粘贴。粘贴的时候，最好不要贴在纸币号码、防伪特征等关键部位上。

（5）通过验钞机只是一个程序，如果票面有污损、熏焦、水湿、变色等现象，则不能辨别真假，应在专业的金融机构兑换，如果一般的商业银行不予兑换，则可以到最权威的中国人民银行的货币管理机构去甄别。

任务7　点钞训练

任务引入

在我们的生活和工作中多少都会涉及现金的收入、支出和盘点，对普通老百姓而言，点钞是一项生活技能。而对于各种收银员、银行柜台工作人员、企事业单位出纳等工作岗位的人员来说，接触到的现金更多，因此点钞成了他们工作的重要组成部分。点钞速度的快慢、点钞水平的高低、点钞质量的好坏，直接影响到收银工作的效率和收银工作的服务质量。熟练掌握点钞技术已经成为收银员的基本业务技能要求之一。因此，收银员要学习点钞技术并加以强化训练。

任务分析

晓英在收银过程中最怕看见排着长龙等待买单的顾客，因为她的点钞技术不熟练，每次收银都要清点很多次，这不仅耽误了顾客的时间，影响顾客对企业的正面评价，而且对自己的工作信心和个人职业发展产生了负面影响。所以，她决定学习点钞技术。

要帮助晓英，应该具备如下知识与技能：

（1）能够说出手工点钞的基本步骤。

（2）能够熟练掌握手持式单指单张点钞法。

（3）能够熟练运用点钞的计数方法。

（4）能够熟练掌握纸币的扎把。

（5）能够熟练掌握点验钞机的操作流程。

（6）能够解决点验钞机的常见问题。

（7）能够学会点验钞机的日常保养。

知识准备

一、点钞的含义

点钞是指工作人员用手或者借助点验钞机，通过采用不同的方法来清点货币，以达到整理和计数效果的一种技能，主要分为手工点钞和机器点钞。点钞券又称练功券，是练习点钞技能的纸币替代品；清水台是指在点钞前用于沾湿手指以便捻钞的工具；私章是指点钞人完成扎钞工作后，在扎钞条上盖章以明确责任的工具。点钞券、清水台和私章如图 2-116 所示。

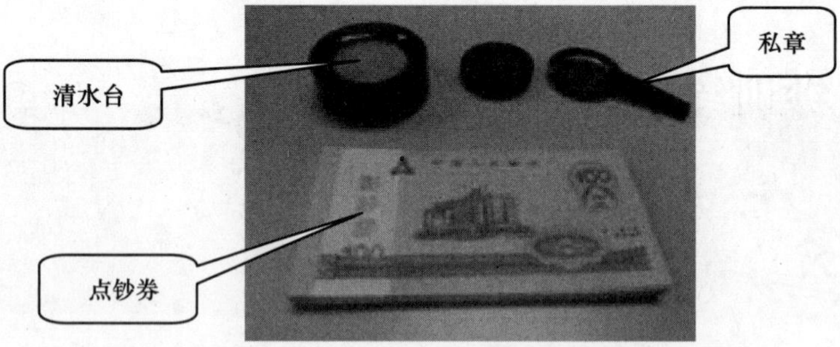

图 2-116　点钞券、清水台和私章

二、手持式单指单张点钞法

1. 含义

手持式单指单张点钞法是将钞票拿在左手，右手将通过手指间的配合一次清点一张的点钞方法。这是点钞的基本方法，也是使用人数较多的方法，具有技术动作简单，点钞频率高，持钞票面小，容易发现假钞和残钞，适合清点新旧、不同面值钞票的优点；缺点是记数较多，比较费力。

2. 基本要求

（1）坐姿端正、身体放松。点钞是一项劳务强度较大的工作，正确的坐姿有利于提高工作效率，减轻身体负担。点钞时应身体放松，坐姿端正，挺直腰背，放松双肩，双肘自然放在桌上，两脚自然平踏地面不要抖动。

（2）全神贯注、动作连贯。点钞是一项技术活，需要集中精神进行，在眼、手、脑等身体部位的高度配合下连贯完成的技术动作。点钞过程中发现的假钞和残钞应及时挑选出来，以保证点钞工作的质量。

（3）稳中求准、准中求快。只有保持坐姿平稳和点钞手势不变形，才能追求点钞结果的准确性，而准确是点钞的基本要求，在保证准确的前提下，点钞要保持匀速，不要时快时慢，经过一段时间的训练之后可以加快点钞速度，提高工作效率。

3. 基本步骤

手工点钞的步骤：拆把→点数→扎把→盖章。

（1）拆把。就是把待点的成把钞票的封条拆掉。

（2）点数。是指眼、手、脑的结合，用眼仔细观察，用手清点钞票，用脑记忆数量。

（3）扎把。将清点完成的一百张钞票墩齐并用扎钞条扎紧。

（4）盖章。在成把钞票的扎钞条上加盖点钞人私章以明确责任。

三、机器点钞

机器点钞是指借助于点钞机进行清点钞票。随着科学技术的发展，现在市面上大部分点钞机已经具备点钞、鉴伪功能，之后也就发展成了点验钞机。为了方便教学，我们以“康艺-HT2780”点验钞机为模板进行讲解。

1. 认识点验钞机

（1）点验钞机正面如图 2-117 所示。

1 喂钞台　2 提手　3 控制面板　4 显示窗　5 面盖　6 接钞轮　7 接钞台

图 2-117　点验钞机正面

（2）点验钞机背面如图 2-118 所示。

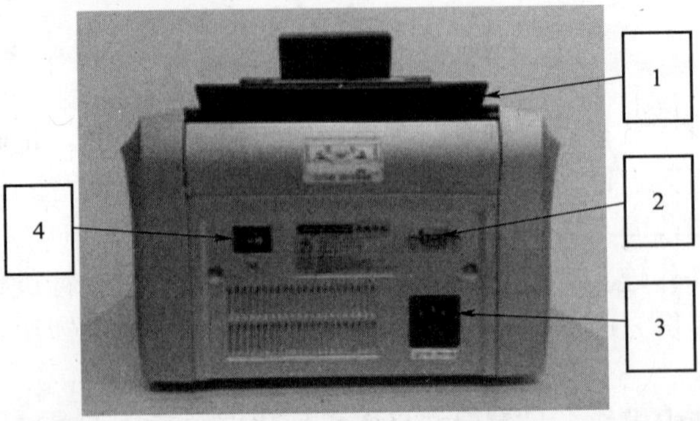

1 滑钞板　2 外接显示器接口端子　3 电源线插座　4 电源开关

图 2-118　点验钞机背面

（3）点验钞机功能键如图 2-119 所示。

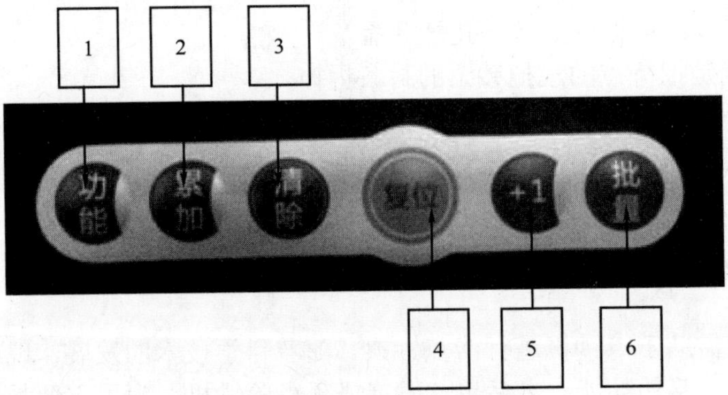

图 2-119　点验钞机功能键

1）功能键：按此键，可根据需要切换点验钞模式。

2）累加键：按此键，可连续累计清点数的总值（该状态无复点功能）。

3）清除键：按此键，可清除当前计数值（即计数显示窗回到 0 重新计数）。

4）复位键：停机后再次运行时按此键。

5）+1 键：按此键，预置显示窗的预置张数将依次加 1（混点模式无此功能）。

6）批量键：按此键，预置显示窗的预置数按 100、50、20、10、5 空白（关闭）循环切换（混点模式无此功能）。

（4）点验钞机显示屏如图 2-120 所示。

图 2-120　点验钞机显示屏

1）功能提示区：指示各功能的开关状态。

2）预置复点显示区：显示预置数或前一次清点数或出错代码。

3）数量显示区：显示已点人民币的全部张数。

4）报警显示区：当机器收到可疑币报警时，该图标闪烁。

5）合计金额显示区：显示已点人民币的全部金额。

2．基本要求

（1）放置好点验钞机。点验钞机一般在室内环境使用，应避免强光直接照射；同时，要求放置在平整的桌面上，以利于点验钞机平稳工作。

（2）准备好待点钞票和相关工具。点验钞机工作速度快、效率高，点钞过程中人机配合要默契，动作要连贯，一般要把待点的钞票和工具整齐摆放在点验钞机右边，能够做到顺手拿来。

（3）试机。首先要检查点验钞机外部是否有问题，再接上电源检查点验钞机是否能通电。调试时，放一把钞票过机，看机器是否正常运转，下钞是否流畅，出钞是否均匀，点钞是否正确，直到调试成功为止。

3．基本步骤

机器点钞的步骤：拆把→清点→计数→扎把、盖章。

（1）拆把。就是把待点的成把钞票的封条拆掉，将右手掌摊成前低后高的形状并顺势将钞票放入喂钞台。

（2）清点。机器工作时，点钞员要注意观察钞票是否有破损；如果在清点过程中听见机器发出嘟嘟的报警声音，显示器上闪烁显示存在疑币时，机器会暂停工作，则说明当前这张钞票有问题，解决问题之后可按键继续工作。

（3）计数。成把钞票清点完成之后可以查看显示器上的清点结果是否正确，有必要的话可以进行多次清点。

（4）扎把、盖章。将清点完成的一百张钞票墩齐，用扎钞条扎紧并在扎钞条上加盖点钞人私章以明确责任。

4．点验钞机常见问题及解决方法

（1）喂钞台和接钞台有留张。清点的时候由于机器捻钞轮不能将钞票捻入点验钞机，造成钞票遗留在喂钞台；左手到接钞台取钞时，有时容量漏拿一张，造成留张。解决的方法是：注意将右手手掌摊成前低后高的形状并顺势将钞票放入喂钞台；在接钞台拿钞票的时候注意检查。

（2）机器“吃钞”。由于钞票破旧，很容易被卷到机器内部。解决的方法是：调节机器后面捻钞轮的松紧旋钮，顺时针拧一周或两周，使下钞流畅，必要时应更换机器阻力片。

（3）计数不准。这个问题主要是由两个原因造成的。一方面是钞票本身比较破旧或者有杂物，另一方面是机器本身的问题，比如进钞感应器、出钞感应器、捻钞轮等有问题。解决的方法是：过于破旧的钞票改为手工点钞，发现钞票中有杂物应及时取出；清扫光电计数传感器上的积尘；清尘后不能恢复正常的应检查阻力片、捻钞轮是否严重磨损，必要时应及时更换磨损的零配件。

（4）有疑币时报警不及时或者不报警。这主要是荧光感应器出现问题。解决的方法是：清扫荧光感应器上的积尘；调节荧光感应器的灵敏度；或者更换老化的荧光管。

5．点验钞机的日常保养

（1）除尘。保养点验钞机最重要的工作就是除尘。经常使用的点验钞机每次使用前后都要及时清扫；使用较少的点验钞机应该放到储物柜里并定期清扫。

（2）及时更换磨损的零配件。由于工作量大或者使用不当都会致使零配件损坏，应及时更换以保证机器正常工作。

教师示范

一、手持式单指单张点钞法的动作要领

1．持钞

（1）打横钞票，左手中指和无名指用力夹住钞票左边中间位置，食指和中指在钞票前面，无名指和尾指在后面，手指呈自然弯曲状，打横钞票如图 2-121 所示。

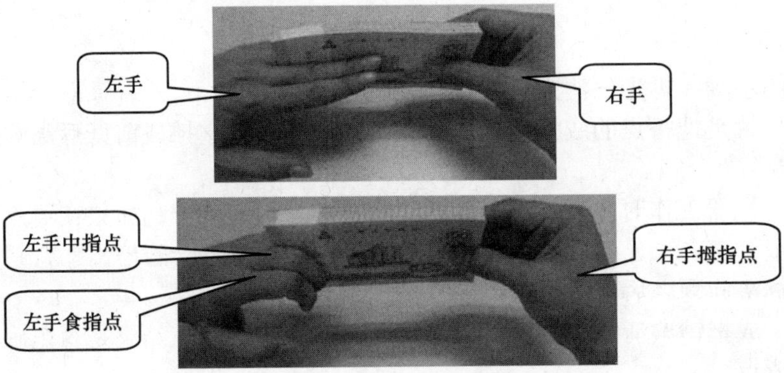

图 2-121　打横钞票

（2）右手将钞票向左上方翻起，左手拇指将钞票按在食指上并在右手的帮助下将钞票打开呈扇形，正确的手势如图 2-122 所示。如果打开的扇形动作不正确将会影响点钞的速度与质量。错误的手势如图 2-123 所示。

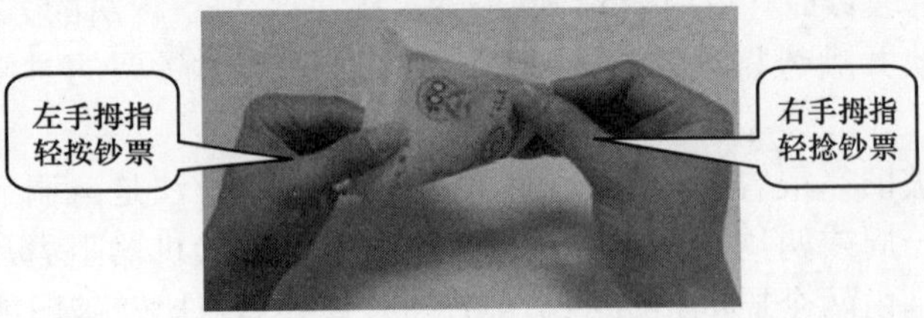

图 2-122　正确的手势

图 2-123　错误的手势

2．点钞

（1）右手拇指、食指、中指在清水台沾水，为点钞做好准备工作。

（2）左手持钞，右手拇指指尖逐张向下捻动钞票右上角，食指在钞票背面的右端配合拇指捻动，无名指将捻起的钞票向胸前弹；同时，左手拇指在右手点钞的过程中要及时向后移动让未点钞票始终保持扇形。整个点钞过程的动作幅度不易过大，应轻捻快弹。持票的手势

的拇指指尖捻动钞票如图 2-124 和图 2-125 所示。

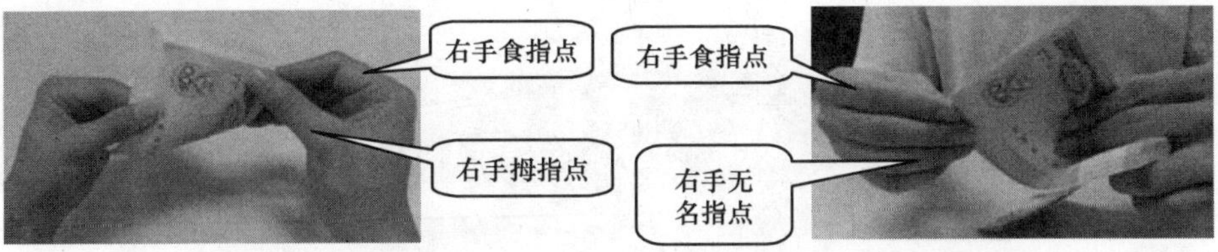

图 2-124　持钞的手势

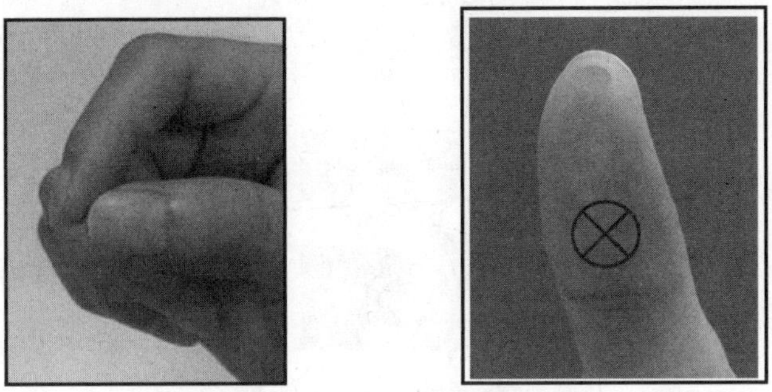

图 2-125　拇指指尖捻动钞票

3．计数

清点与计数是同步进行的，计数的速度必须跟上清点的速度。所以，我们要采用简单快捷的计数方法——分组计数法。例如：

1、2、3、4、5、6、7、8、9、**1**（表示 10 张）

1、2、3、4、5、6、7、8、9、**2**（表示 20 张）

1、2、3、4、5、6、7、8、9、**3**（表示 30 张）

……

1、2、3、4、5、6、7、8、9、**10**（表示 100 张）

每行最后一个数字既表示这一组的第 10 张钞票，也表示这一组的序号。第一行最后一个数字 1 表示 10 张；第二行最后一个数字 2 表示 20 张；依此类推，最后一行的 10 表示 100 张。

需要注意的是，在计数时不要念出声，应以默记的形式配合点钞。

4．扎把

扎把就是将清点完成的一百张钞票墩齐并用扎钞条扎紧。

（1）墩齐钞票，如图 2-126 所示。

图 2-126　墩齐钞票

（2）中间开缝，如图 2-127 所示。

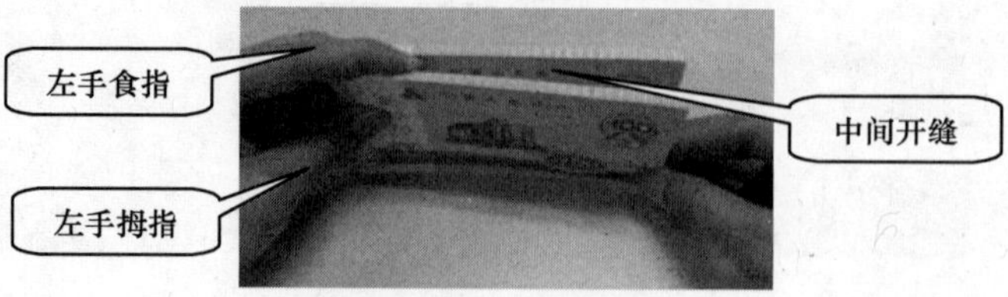

图 2-127　中间开缝

（3）插入扎钞条，如图 2-128 所示。

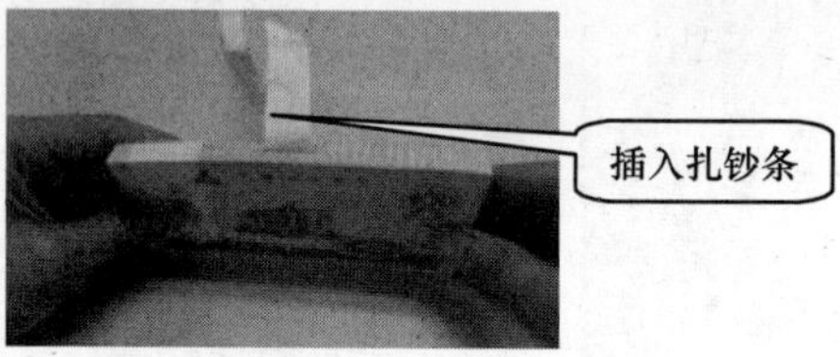

图 2-128　插入扎钞条

（4）绕钞扎把，如图 2-129 所示。

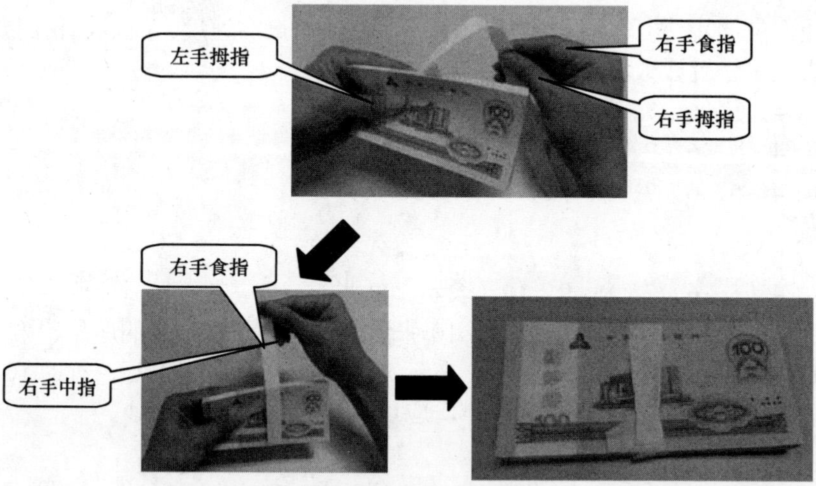

图 2-129　绕钞扎把

（5）盖章。在成把钞票的扎钞条上加盖点钞人的私章以明确责任，如图 2-130 所示。

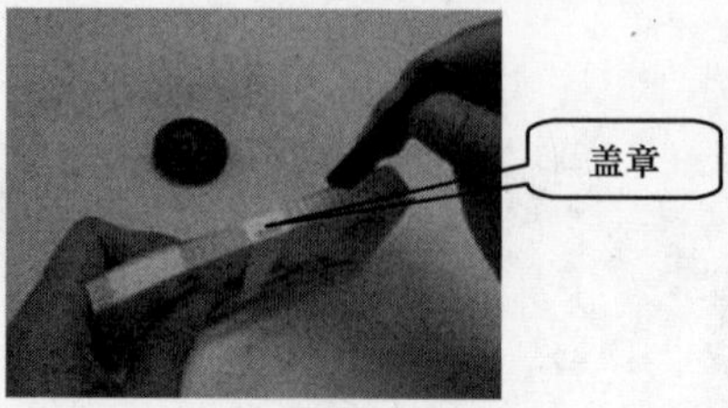

图 2-130　盖章

二、机器点钞的操作要领

这里只强调喂钞台放钞的操作要领，正确的放钞操作如图 2-131 所示，错误的放钞操作如图 2-132 所示。

图 2-131 正确的放钞操作

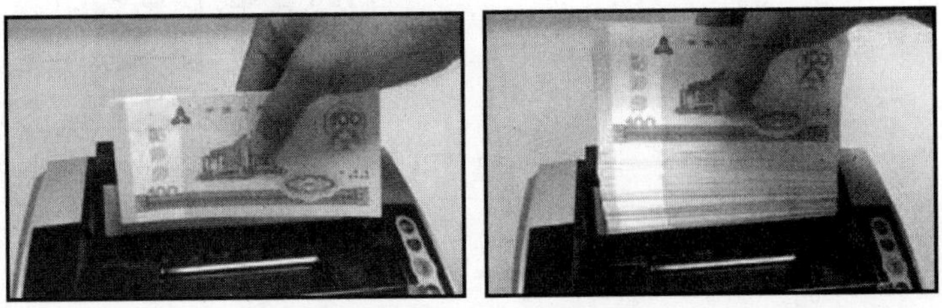

图 2-132 错误的放钞操作

学生模仿

一、实训物资准备

点验钞机、点钞机、练功券等相关点钞物资。

二、实训人员组织

全班自由结合分组，每组 4～6 人，自行确定各组组长并进行分工。在各组组长的带领下分组进行点钞训练。可根据训练程度进行组与组之间的点钞竞赛。

三、实训时间安排

每个学生每天训练手持式单指单张点钞法时间不少于 20 分钟；训练机器点钞时间不少于 5 分钟。

四、学生模仿过程

（1）各组成员轮流模仿老师手工点钞或者使用机器点钞，其他同学观察。
（2）模仿结束后进行交流，找出哪些地方技术不正确，指出谁的技术最熟练。
（3）老师点评，强调点钞的操作要点，并指出要勤学苦练，以做到熟能生巧。

实训练习

网络资源链接

手持式单指单张点钞方法视频网址：http://v.ku6.com/show/Dk5PpogaynL9JvIhGgiovA...html

手持式单指单张点钞方法视频网址二维码如图 2-133 所示。

图 2-133 手持式单指单张点钞方法视频网址二维码

网络资源链接

手持式单指单张点钞学生演示视频网址：http://v.youku.com/v_show/id_XMjgyMjYwMTc2.html?from=s1.8-1-1.2

手持式单指单张点钞学生演示视频网址二维码如图 2-134 所示。

图 2-134 手持式单指单张点钞学生演示视频网址二维码

练习一 训练手持式单指单张点钞法

手持式单指单张点钞法考核标准见表 2-23。

表 2-23 手持式单指单张点钞法考核标准

考核项目	考核标准	成绩评定	说明
手持式单指单张点钞法	30 秒之内	优	1. 钞票数为 100 张左右，学生事前不知道张数，做到正确率 100% 2. 完成拆把、清点、计数、扎把、盖章等规定动作 3. 动作标准，扎把结实美观
	31～40 秒	良	
	41～50 秒	中	
	51～60 秒	及格	
	超过 60 秒	不及格	

练习二 训练分组计数法

1、2、3、4、5、6、7、8、9、**1**（表示 10 张）

1、2、3、4、5、6、7、8、9、**2**（表示 20 张）

1、2、3、4、5、6、7、8、9、**3**（表示 30 张）

……

1、2、3、4、5、6、7、8、9、**10**（表示 100 张）

练习三 训练使用机器点钞

（1）训练在点验钞机的喂钞台放钞票。

（2）训练点验钞机鉴伪、累加、清除、复位功能。
（3）训练破旧钞票过机清点及处理可能发生的问题。
（4）训练点验钞机的日常保养。

实训考评

【要求】请根据实训情况完成点钞实训效果评价（见表 2-24）。

表 2-24　点钞实训效果评价

考核项目	考核标准	得分/分
职业素养（20 分）	1．按时出勤，课堂表现好（10 分）	
	2．仪容仪表标准（10 分）	
关键能力（60 分）	1．手持式单指单张点钞的准确性（15 分）	
	2．手持式单指单张点钞的速度（10 分）	
	3．钞票扎把是否结实美观（15 分）	
	4．钞票扎把的速度（5 分）	
	5．使用机器点钞的熟练程度（5 分）	
	6．具备良好的团队合作精神（5 分）	
	7．具备一定的组织协调能力（5 分）	
知识技能（20 分）	1．能够说出手工点钞的基本步骤（5 分）	
	2．能够说出点钞的计数方法（10 分）	
	3．能够说出点验钞机的日常保养方法（5 分）	
合计得分		
心得体会：		

知识训练

一、不定项选择题（请将最佳选项代号填在括号中）

1. 手工点钞的基本步骤包括（　　）。
   A. 拆把　B. 点数　C. 扎把　D. 盖章
2. 点钞时身体部位做法正确的有（　　）。
   A. 身体放松　B. 两脚自然抖动
   C. 挺直腰背　D. 双眼注意周边的环境
3. 点验钞机在日常保养中应该做到（　　）。
   A. 除尘　B. 及时更换磨损的零配件
   C. 太阳暴晒，保持干燥　D. 用完后可以随意摆放

4. 手持式单指单张点钞法的基本要求包括（　　）。

A. 讲究速度、越快越好　　B. 坐姿端正、身体放松

C. 全神贯注、动作连贯　　D. 稳中求准、准中求快

二、判断题（正确的打“√”，错误的打“×”）

1. 保养点验钞机最重要的工作就是除尘。（　　）

2. 机器点钞和手工点钞的步骤基本相同。（　　）

3. 打横钞票时，右手中指和无名指用力夹住钞票右边中间位置，食指和拇指在钞票前面，无名指和尾指在钞票后面，手指呈自然弯曲状。（　　）

4. 点钞前，右手拇指、食指、中指应先在清水台沾水，为点钞做好准备工作。（　　）

5. 清点与计数是同步进行的，计数的速度必须跟上清点的速度。（　　）

三、案例阅读

收银员 5 年练成点钞王

“欢迎光临，有积分卡吗？”接待顾客时，收银员小李总会问候一下，然后就是快速地操作：刷积分卡、扫码、装袋、点钞、找零，或者刷信用卡结账。她的动作比其他收银员都快，没有多余或重复的动作，特别是点钞，每次把零钱交到顾客手中都准确无误。在小李负责的收银线上，顾客流动速度比别的收银线都快。有的顾客买的东西多，有的顾客买的东西少，最快的她十几秒就能完成。在十多分钟的时间里，小李服务了 20 多位顾客，平均每位顾客结账时间只需要 30 秒。

小李是怎么练成这手绝活的呢？她说：“刚开始我也不行，手慢心慌，还发生差错。”但是遇到问题她没有气馁，而是向有经验的同事讨教，然后给自己定下目标，从细节上改进，不断练习。白天上班的时间不够，下班她就带着点钞纸回家继续练习。

练习说起来简单做起来难，特别是过程枯燥机械。为了练就点钞快、准、好的本领，她经常练习到胳膊酸痛、手指发麻、手指磨起了血泡、手上划出一道道口子，一触到就钻心疼。家人看了心痛不已，小李却摇摇头安慰他们说：“没事，伤口很快就会好的。”特别是集团推荐她参加全市比赛前，她更是加班加点练习。

如今，看小李点钞是一种享受。钞票在她手中唰唰作响，声音清脆、节奏清晰，就像鼓点一样好听。据同事们介绍，其实比赛时由于紧张，小李还没有发挥出最好水平。平时工作中，她点钞的速度更快。看来，只有接触她的消费者才能领略到点钞能手的绝活。

拓展训练

【任务】“人机对战”点钞训练。

【目的】通过强化训练，大部分学生的点钞技能能达到优良水平。

【要求】全班同学分组，4 个同学一组或者 6 个同学一组，一组同学采用手持式单指单张法点钞，另一组同学采用机器点钞，对比点钞速度、准确度，并将训练情况填入“人机对战”点钞训练记载表（见表 2-25）中。同学之间可以交替训练。

表 2-25 “人机对战”点钞训练记载表

手工点钞				机器点钞			
次数	用时/s	准确程度	训练时间（年月日）	次数	用时/s	准确程度	训练时间（年月日）
1				1			
2				2			
3				3			
4				4			
5				5			
6				6			
7				7			
8				8			
9				9			
10				10			

职场寄语

点钞看似简单，其实是一项专业技能，更是一门手艺，想要做到“点钞如飞”，不但要掌握点钞的技巧，而且要做到眼、手、脑统一，还要坚持精益求精的精神，这需要经过长年累月的训练才能做到，练的不仅是技能，更是心性。毛主席曾经说过“贵有恒，何必三更起五更眠；最无益，只怕一日曝十日寒”，点钞如此，人生亦如此。

任务 8 找零训练

任务引入

顾客在采用现金方式结账时，往往给出的票面较大，需要收银员进行找零操作，找零是收银过程中的一个重要环节。在整个收银操作过程中，提高找零速度是提高收银速度的重要途径之一。找零的速度和准确度关系到收银服务的质量、顾客利益、超市利益和收银员的切身利益，因此我们需要加强对找零的训练，以达到提高收银速度的目的。

任务分析

晓霞的收银效率不高，究其原因是因为她在收银过程中找零的操作不熟练、速度慢且易出错。如果能熟练掌握找零的方法与技巧，就可以大大提高收银效率。

要帮助晓霞，应该具备如下知识与技能：

（1）能够复述找零的原则。

（2）能够简述找零的基本操作步骤。

（3）能够描述找零的操作技巧。

（4）能够熟练地进行找零操作。
（5）能够准确快速地完成唱收唱付唱找工作。
（6）能够快速处理找零过程中的特殊情况。
（7）能够说出兑零的原则与操作步骤。
（8）能够准确快速地完成兑零工作。

知识准备

一、找零的含义

找零是指收银员为顾客提供收银服务时找付零钱的操作过程。找零是收银过程中的一个重要环节（在需要为顾客提供找零服务时）。

二、找零的原则

（1）必须。必须进行找零，不能以零钱不足等理由拒绝顾客付款或拒绝找零。

（2）正确。找付的零钱必须正确，要求按 POS 机主显示器上显示的计算余额找零并且正确清点现金，不得用小糖果等代替零钱。

（3）唱找。收银员收款时要向顾客清楚地说明应收、实收和找零的钱数，以免出错。

（4）手递。找付的零钱必须亲自递到顾客手中，不得放在购物袋中或收银台上。

三、兑零的含义

兑零是指营业时间，收银员在零钱不足时进行零钱兑换的操作过程。兑零的目的是保证收银员在营业期间的任何时候都有足够的零钱为顾客提供找零服务。

除每日营业前给各个收银员的备用金外，超市仍须备有足够数额的零钱存量，以便在营业期间随时为收银员兑换零钱。收银员应随时检查零钱是否足够，以便提早兑换。

四、兑零的原则

（1）充足。超市必须有足够的零用现金以随时满足收银员的兑零需求。

（2）时间。兑零可随时进行，没有时间限制，在接到收银员兑零请求时应立即进行。

（3）地点。兑零必须在需要兑零的收银台进行，收银员不得远离岗位。

（4）核实。收银管理层与收银员应现场确认现金数量、币种是否正确以及钱币的真伪，不得赊账或过后算账。

（5）授权。兑零只能由超市授权的收银管理层进行，收银员之间禁止兑零或帮助兑零。

教师示范

一、找零的基本操作步骤

找零的基本操作步骤如图 2-135 所示。

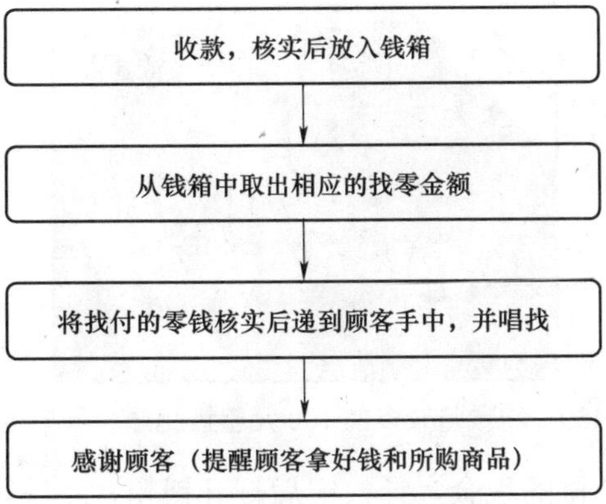

图 2-135　找零的基本操作步骤

二、找零的操作要点与技巧

（1）收银员必须熟悉 POS 机电子钱箱布局，如图 2-136 所示。

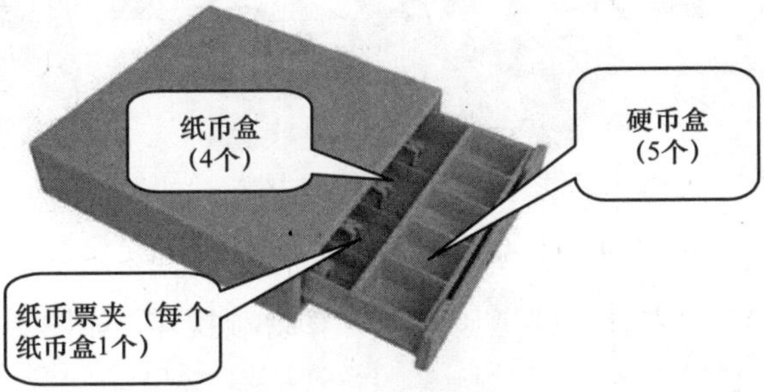

图 2-136　POS 机电子钱箱的布局

（2）收银前，收银员须将各种面值的纸币和硬币按照一定的规律或顺序整齐地摆放在钱箱中，并熟知每种面值的纸币和硬币在钱箱中的位置，零钞整齐有序地摆放在钱箱中如图 2-137 所示。各种面值的纸币和硬币不得混放、乱放或放错位置，零钞杂乱无章地摆放在钱箱中如图 2-138 所示。

图 2-137　零钞整齐有序地摆放在钱箱中

图 2-138　零钞杂乱无章地摆放在钱箱中

（3）当 100 元整钞较多时，可按一定的数量扎好（如 1000 元一扎），并放入收银台抽屉中（或其他指定位置），如图 2-139 所示。

图 2-139　将数量较多的 100 元整钞扎好放入指定位置

（4）收银员接过顾客所付的现金，经核实后打开钱箱，迅速放入钱箱指定位置。在将现金放入钱箱的过程中，左手打开票夹，右手将现金放入纸币盒中，左手迅速合上票夹，将现金核实后迅速放入钱箱指定位置如图 2-140 所示。如此操作，可有效提高速度。

接过现金并核实　　左手打开票夹，右手放入现金　　左手合上票夹

图 2-140　将现金核实后迅速放入钱箱指定位置

（5）收银员须按 POS 机主显示器上显示的计算余额找零，如图 2-141 所示，找零金额为 15.4 元。

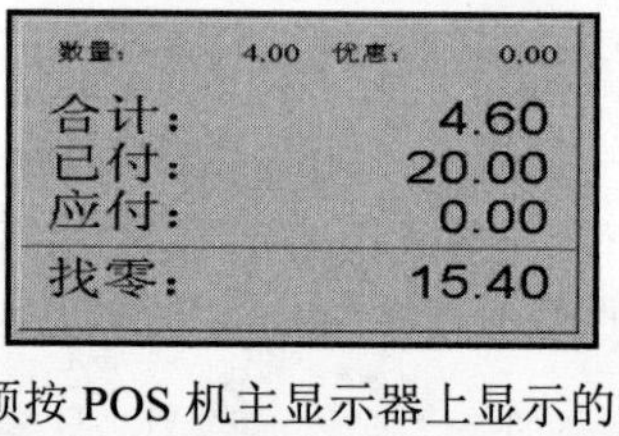

图 2-141　收银员须按 POS 机主显示器上显示的找零金额如实找零

（6）收银员须按一定的顺序找零。可先找整数，后找尾数；也可先找尾数，后找整数。如图 2-141 所示，应找顾客 15.4 元，那么，找零的顺序应该是 10 元、5 元、4 角，或者是 4 角、5 元、10 元。找零顺序与取钱技巧如图 2-142 所示。

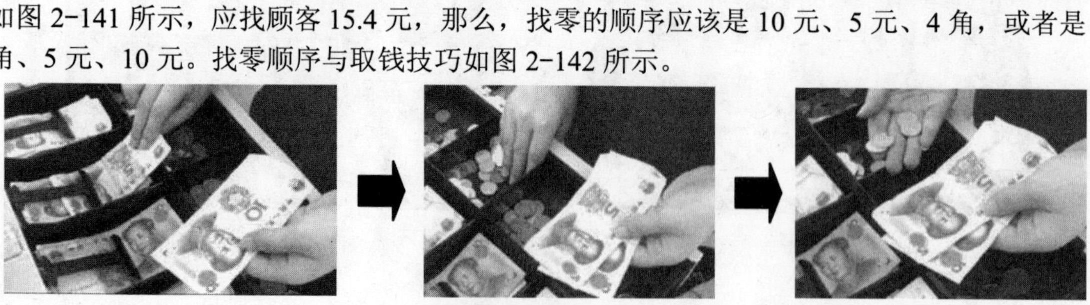

图 2-142　找零顺序与取钱技巧

（7）收银员在取零钱时，应按最大面值的现金组合，以节约零钱。例如，找 85.6 元时，零钱的组合应为 1 张 50 元、1 张 20 元、1 张 10 元、1 张 5 元、1 个 5 角和 1 个 1 角（由钱

箱中零钱的种类和数量决定），零钱的最佳组合如图 2-143 所示。

图 2-143 零钱的最佳组合

（8）从钱箱中取出应找的零钱后应迅速关闭钱箱，如图 2-144 所示。

图 2-144 取出零钱后须迅速关闭钱箱

（9）将零钱递给顾客前，收银员须自行复核一次，以确保准确无误，收银员自行复核找零款如图 2-145 所示。

图 2-145 收银员自行复核找零款

（10）收银员复核完毕后，将所找零钱递到顾客手中，须当面再次清点一次，同时须唱找。

三、找零时特殊情况的处理

收银员在找零时常见的特殊情况及其处理措施见表 2-26。

表 2-26 找零时常见的特殊情况及其处理措施

特殊情况	处理措施
无零钱	1. 收银员必须随时保持足够的零钱 2. 如果零钱不足，必须向收银主管等收银管理层兑换零钱，不能私自向其他收银员暂借或用私人的钱垫付 3. 必须如数找零，不得用小糖果等代替零钱，不得少找或错找 4. 如遇零钱不足无法找零时，应请顾客稍微等待，待兑零后再找
顾客不要零钱	1. 如有顾客不要的少量硬币，则必须放在钱箱的外边 2. 如有顾客硬币不够数，则可用此充数
顾客要求	1. 如顾客对找付的零钱有要求，则不能拒绝顾客，应满足其要求 2. 如顾客对找付的零钱不满意，如破旧、较脏等，则必须满足顾客要求，给予更换

四、兑零的基本操作步骤

兑零的基本操作步骤如图 2-146 所示。

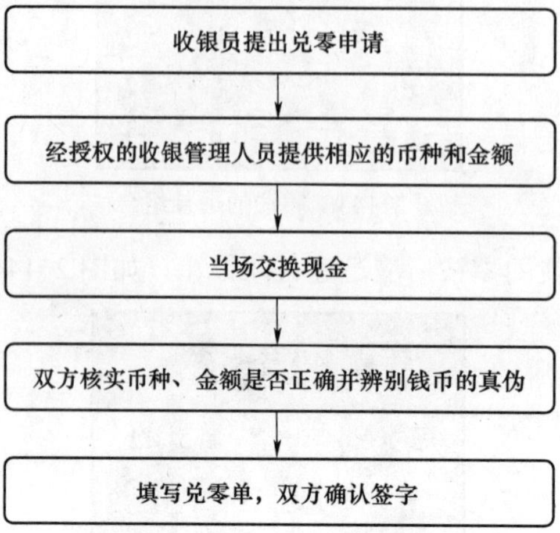

图 2-146 兑零的基本操作步骤

兑零单见表 2-27。

表 2-27 兑 零 单

面 值		数 量	金 额	收银机号
纸币	1 元			
	5 元			
	10 元			收银员签字
	20 元			
	50 元			
硬币	1 角			收银主管签字
	5 角			
	1 元			
总 计				

学生模仿

一、实训物资准备

收银台、POS 机、收银钱箱、零钱若干。

二、实训人员组织

全班自由结合分组，每组 4～6 人，自行确定各组组长并进行分工。在各组组长的带领下，组员依次进行找零训练。可根据训练程度进行组与组之间的找零比赛。

三、实训时间安排

每个学生找零的实训时间不少于 20 分钟。

四、学生模仿过程

（1）学生先观摩找零和兑零的操作示范或者视频，再以小组为单位轮流进行仿真实训，其他同学观察，在有条件的情况下，可以将学生的实训过程拍摄下来。

（2）实训结束之后，分组回看拍摄的实训视频并进行集中点评，达到相互鼓励、扬长纠错的目的。

（3）集中点评之后再次进行实训，依此循环直至熟练掌握。

实训练习

网络资源链接

“超市收银员找零”训练网络游戏网址：http://www.4399.com/flash/18231_2.htm

“超市收银员找零”训练网络游戏网址二维码如图 2-147 所示。

图 2-147 “超市收银员找零”训练网络游戏网址二维码

练习一 唱收唱付唱找训练

以组为单位，先将表格填写完整，再练习唱收唱付唱找。

（1）面值 100 元的唱收唱付唱找训练见表 2-28。

表 2-28 面值 100 元的唱收唱付唱找训练

应　收	实　收	找　零	应　收	实　收	找　零
92.8	100		41.1	100	
82.5	100		34.2	100	
72.3	100		25.9	100	
68.7	100		12.6	100	

（2）面值 50 元的唱收唱付唱找训练见表 2-29。

表 2-29　面值 50 元的唱收唱付唱找训练

应　收	实　收	找　零	应　收	实　收	找　零
41.6	50		39.4	50	
32.7	50		44.2	50	
21.1	50		25.9	50	
18.3	50		17.7	50	

（3）非单一面值的唱收唱付唱找训练见表 2-30。

表 2-30　非单一面值的唱收唱付唱找训练

应　收	实　收	找　零	应　收	实　收	找　零
965	1000		79.6	90	
843	900		51.8	70	
721	800		90.5	95	
637	700		22.5	25	

练习二　兑零训练

（1）以组为单位，准备 100 元面值的钞票若干、各面值零钞若干。

（2）进行角色扮演：收银员、收银主管。

（3）收银员用 100 元（或 200 元等）整钞，与收银主管等值兑换相应的零钞。

（4）兑零后填写兑零单，兑零单见表 2-31。

（5）变换角色循环进行。

（6）各组收集兑零中出现的问题，进行交流。

（7）老师点评，并强调兑零要领。

表 2-31　兑零单

<table>
<tr><th colspan="2">面　值</th><th>数　量</th><th>金　额</th><th>收银机号</th></tr>
<tr><td rowspan="5">纸币</td><td>1 元</td><td></td><td></td><td rowspan="2"></td></tr>
<tr><td>5 元</td><td></td><td></td></tr>
<tr><td>10 元</td><td></td><td></td><td>收银员签字</td></tr>
<tr><td>20 元</td><td></td><td></td><td rowspan="2"></td></tr>
<tr><td>50 元</td><td></td><td></td></tr>
<tr><td rowspan="3">硬币</td><td>1 角</td><td></td><td></td><td>收银主管签字</td></tr>
<tr><td>5 角</td><td></td><td></td><td rowspan="3"></td></tr>
<tr><td>1 元</td><td></td><td></td></tr>
<tr><td colspan="2">总　计</td><td></td><td></td></tr>
</table>

练习三　找零训练

（1）各组依次进行找零操作。

（2）每组选派两名同学，分别扮演收银员和顾客。

（3）可以用练习一的数字，也可以用随机数字，按照应付和顾客所付的钱进行实际找零操作。

（4）总结、交流找零的方法、技巧。

（5）老师点评，并进一步强调找零的操作要领。

实训考评

【要求】 找零综合速度标准为平均30秒内准确完成1笔找零业务，请根据实训情况完成找零实训效果评价（见表2-32）。

【说明】“打开钱箱→将顾客所付现金放入钱箱→找零→关闭钱箱”为1笔找零业务，重点训练找零的操作，须快速、准确。

表2-32 找零实训效果评价

考核项目	考核标准	得分/分
职业素养（20分）	1. 按时出勤，课堂表现好（10分）	
	2. 仪容仪表标准（10分）	
关键能力（60分）	1. 熟悉各种纸币和硬币在钱箱中的位置（2分）	
	2. 迅速、准确地将顾客所付现金放入钱箱的相应位置（5分）	
	3. 找零的顺序正确（3分）	
	4. 找零迅速（15分）	
	5. 找零的组合合理、金额正确（20分）	
	6. 能够迅速处理找零过程中遇到的问题（5分）	
	7. 具备良好的团队合作精神（5分）	
	8. 具备一定的组织协调能力（5分）	
知识技能（20分）	1. 能够复述找零和兑零的原则（5分）	
	2. 能够说出找零的基本操作步骤（5分）	
	3. 能够说出找零的操作要点与技巧（5分）	
	4. 能够列举找零时常见的特殊情况及其处理措施（5分）	
合计得分		
心得体会：		

知识训练

一、不定项选择题（请将最佳选项代号填在括号中）

1. 找零的原则有（ ）。

A. 必须　B. 正确　C. 唱找　D. 手递

2. 找零时常见的特殊情况有（ ）。

A. 无零钱　B. 收银员间兑换零钱

C. 顾客不要零钱　D. 顾客对找付的零钱有要求

3. 兑零的原则有（ ）。

A. 充足　B. 时间　C. 地点　D. 核实

E. 授权

4. 收银员找零时，应找顾客 45.6 元，在各种币种和面值都充足时，零钱的最佳组合是（　　）。

A. 4 张 10 元、1 张 5 元、6 个 1 角

B. 2 张 20 元、1 张 5 元、6 个 1 角

C. 2 张 20 元、1 张 5 元、1 个 5 角、1 个 1 角

D. 1 张 20 元、2 张 10 元、1 张 5 元、1 个 5 角、1 个 1 角

5. 找零的基本操作步骤包括（　　）。

A. 收款，核实后放入钱箱

B. 从钱箱中取出相应的找零金额

C. 将找付的零钱核实后递到顾客手中，并唱找

D. 感谢顾客（提醒顾客拿好钱和所购商品）

二、判断题（正确的打“√”，错误的打“×”）

1. 收银员在找零时如遇零钱不足，可用小糖果等代替。（　　）

2. 收银员在上岗前，须将各种面值的纸币和硬币按照一定的规律或顺序整齐地摆放在钱箱中，并熟知每种面值的纸币和硬币在钱箱中的位置。（　　）

3. 收银员在找零时，不需要按照一定的顺序找取，只需将应找取的零钱拿够为止。（　　）

4. 将零钱递给顾客前，收银员须自行复核一次，确保准确无误。（　　）

5. 收银员在零钱不足时，可向邻近的收银员自行兑换。（　　）

三、案例阅读

十元钱

一天，在某超市的营业高峰期，有个收银台前传来了争吵声。原来，顾客刘先生声称在结账时，收银员少找了他十元钱，刘先生找到这个收银员，但这个收银员不承认，因此，两人发生了争执。

事情发生后，超市非常重视。防损部门联合收银部门迅速做出反应，关闭此收银台，查点营业款和备用金，确认无误后，对结账、找零过程进行了询问，最后，在刘先生的购物袋中找到了那十元钱。原来，该收银员在找零时未按要求操作，没有当面清点找零款，没有唱找，也没有将找零款完全递到顾客手中，导致了一场不必要的误会。

最后，超市相关管理人员和该收银员向顾客说明了情况并赔礼道歉，刘先生满意而归。

拓展训练

【任务】找零。

【目的】通过找零的强化训练，熟练掌握找零的操作要点与技巧，不断提高找零的速度和准确度，达到找零标准（平均 30 秒内准确完成 1 笔找零业务）。

【要求】2 个同学一组，1 人进行找零训练，另 1 人计时，1 笔找零业务计时一次（找零的具体金额可随机设定），并将找零训练的情况填入找零训练记载表（见表 2-33）中。学生可以交替训练。

表 2-33 找零训练记载表

次　数	用时/s	准　确　率	训练时间（年月日）	次　数	用时/s	准　确　率	训练时间（年月日）
1				11			
2				12			
3				13			
4				14			
5				15			
6				16			
7				17			
8				18			
9				19			
10				20			

职场寄语

（1）十元钱虽少，但事关超市信誉，所以任何人、任何部门都必须重视。

（2）收银员在找零时须严格按照规范进行操作，如核实找零款、当面清点找零款、唱找、将找零款递到顾客手中等，这样既能为顾客提供周到满意的服务，也能避免自己的工作失误和不必要的麻烦。

（3）收银结算工作基本处于顾客服务的末端，往往会因收银员一个不经意的动作或一句无心的话语伤害到顾客，结果所提供的服务就是 100−1=0。正因为这样，就需要对收银员提出了更高的要求：在礼貌待客、唱收唱付唱找等规范操作的基础上，做到处变不惊，有礼有节地面对顾客，做好服务的每一环节。

任务 9 刷卡结算

任务引入

超市的收银工作主要是为顾客提供购买商品后的结账服务，顾客的结账方式主要有现金、银行卡和各类票据等。针对不同的结账方式，收银操作也有所区别，收银员在进行收银操作时，一定要按各种收银结账工作的流程进行。

随着人们生活水平的提高、消费观念的转变，银行卡的普及为顾客的消费带来了很大的便利。有人说“一卡在手，万事无忧”，这足以体现银行卡在人们日常生活中的重要性。作为超市收银员，要积极适应顾客使用银行卡结账，为顾客做好刷卡结算服务。

任务分析

为了给顾客提供更为方便快捷优质的服务，同时也为了安全的需要，收银员在为顾客进行刷卡结算时，要了解银行卡的基本常识，要确保银行卡的有效性和使用的合法性，要学会辨别银行卡的真伪，要熟练掌握刷卡结算的流程与技巧。

要做好刷卡结算工作，收银员应该具备如下知识与技能：

（1）能够说出银行卡的构成。

（2）能够列举银行卡的分类。

（3）能够复述银行卡有效性的识别方法。

（4）能够简述银行卡真伪的鉴别方法。

（5）能够描述刷卡结算的操作流程。

（6）能够辨别银行卡的真伪及其有效性。

（7）能够熟练进行刷卡结算操作。

知识准备

一、什么是银行卡

根据中国人民银行 1999 年颁布的《银行卡业务管理办法》规定：银行卡是指由中国人民银行批准的商业银行（含邮政储汇机构）向社会发行的具有消费信用、转账结算、存取现金等全部或部分功能的信用支付工具。

小知识

最早发行信用卡的机构并不是银行，而是一些百货商店、饮食业、娱乐业和汽油公司。世界上第一张信用卡于 1915 年起源于美国。目前，国际上主要有威士国际（VISA International）、万事达卡国际（MasterCard International）两大组织及美国运通国际股份有限公司、大来信用证有限公司、JCB 日本国际信用卡公司三家专业信用卡公司。

1978 年，中国银行与境外银行签订了代理境外信用卡取现的业务协议，将信用卡的受理首次引入中国。1985 年 3 月，第一张中银卡在中国银行珠海分行问世；1986 年 6 月，中国银行北京分行发行了长城信用卡，经中国银行总行命名后，长城信用卡作为中国银行系统统一的信用卡名称，在全国各地的中国银行的分支机构全面推广。1989 年 10 月，中国工商银行在北京等地开始发行牡丹卡；1991 年 2 月，中国农业银行开始发行金穗卡；1991 年 3 月，中国建设银行开始发行龙卡；1993 年 6 月，交通银行开始发行太平洋卡……

目前，银行卡已经很普及了。

二、银行卡的构成

银行卡的正面和背面如图 2-148 和 2-149 所示。

图 2-148　银行卡正面

图 2-149　银行卡背面

1. 银行卡正面的其他事项

（1）银行卡号与银行卡品牌及各银行本身有关，不同银行的银行卡的起首数字、卡号的排列方式、卡号的位数都各不相同。

（2）银行卡的有效期根据银行的不同分类，标注的方式也不完全一样。例如，信用卡会标注有效期，即 MM/YY，前面两位数字为月份，后面两位数字为年份；贷记卡在有效期前面还有四位数字，即 MM/YY，表示贷记卡的起用时间，前面两位数字表示银行卡开始使用的月份，后面两位数字表示银行卡开始使用的年份；借记卡没有起用时间的标注。

（3）在信用卡的正面会有持卡人的姓名（汉语拼音全拼）。

（4）根据银行卡的不同品牌，会有相应的品牌标识以及防伪标志。

2. 银行卡背面的其他事项

（1）银行卡磁条的保护。磁条上录有持卡人的重要资料，因此要注意对磁条的保护。

（2）如果银行卡属于银联组织，则持卡人签名条的底纹上会有银联字样；如果银行卡属于其他组织，则持卡人签名条的底纹上会有相应的色条和标记。

（3）根据发卡行的不同，发卡行重要声明、网址和客服电话的放置位置各有不同。

（4）一般来说，在借记卡的背面右下角会有发卡行的借记卡标志。

三、银行卡的分类

银行卡常用的分类标准有五种如图 2-150 所示。

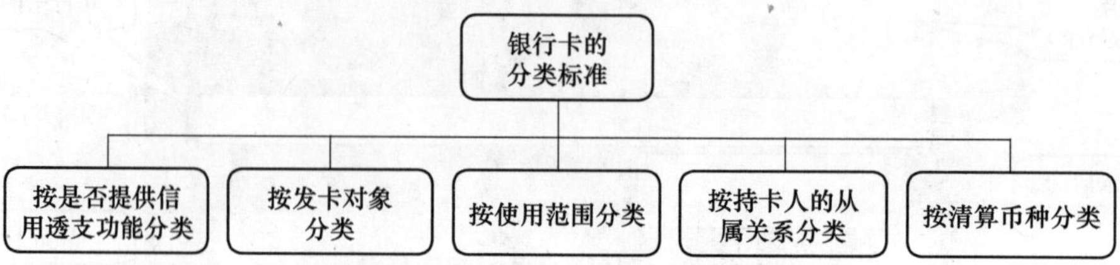

图 2-150　银行卡的分类标准

1．按是否提供信用透支功能分类

按是否提供信用透支功能，银行卡可分为信用卡和借记卡。

信用卡是银行或其他金融机构签发给那些资信状况良好的用户用于在指定商户购物和消费，或在指定银行机构存取现金的特制卡片，是一种特殊的信用凭证，也是持卡人信誉的标志。信用卡是银行卡中出现最早、最重要的一个分类。

信用卡又可分为贷记卡和准贷记卡。贷记卡是指发卡银行给予持卡人一定的信用额度，持卡人可在信用额度内先消费、后还款的信用卡。准贷记卡是指持卡人先按银行要求交存一定金额的备用金，当备用金不足支付时，可在发卡银行规定的信用额度内透支的信用卡。

借记卡是指先存款后消费（或取现）、没有透支功能的银行卡。

2．按发卡对象不同分类

按发卡对象不同，银行卡可分为单位卡和个人卡。

单位卡是由发卡行向企事业单位、机关团体、部队、院校等单位发行的银行卡，其使用对象为单位指定的人。单位卡一般在卡正面左下方有凸印的“DWK”字样，单位卡在境内只可以消费，不可以提取现金。

个人卡是由发卡行向公民发行的银行卡。

3．按使用范围分类

按使用范围，银行卡可分为国际卡、国内卡和地区卡。

国际卡是指在全球任何一个国际信用卡组织、信用卡公司所属的收单银行或特约商户中使用的银行卡。

国内卡是指只能在发卡行所在国家使用的银行卡。

地区卡是指只能在指定地区使用的银行卡。

4．按持卡人的从属关系分类

按持卡人的从属关系，银行卡可分为主卡和附属卡。

个人卡的主卡持卡人可为其家人或朋友申领附属卡，单位卡的主卡持卡人也可为单位其他同事办理附属卡。

申请办理银行卡有具体的要求，在申请和使用附属卡时也有具体的要求。办理附属卡的条件和可申领附属卡的数量由各发卡行自行规定。附属卡的有效期限与主卡相同，其所有交易款项均计入主卡账户，主卡持卡人对其附属卡产生的交易负责。主卡持卡人有权要求注销或止付其附属卡。

5．按清算币种分类

按清算币种，银行卡可分为人民币卡、外币卡和双币种卡。

人民币卡是指持卡人与发卡行以人民币作为清算货币的银行卡，一般在境内使用。

外币卡是指持卡人与发卡行以可自由兑换的外币作为清算货币的银行卡，可根据个人需要和国际货币的流通情况决定。

双币种卡是近年来产生和发展起来的新卡种，清算时有两种情况：当持卡人在国内使用时，用人民币进行清算；当持卡人在境外使用时，用可自由兑换的外币进行清算。

四、中国银联及银联标识卡

1．中国银联简介

中国银联全称为中国银联股份有限公司（英文名称：China UnionPay Co.，Ltd.），是经国务院同意、中国人民银行批准设立的中国银行卡联合组织，成立于2002年3月，总部设于上海。

中国银联处于我国银行卡产业的核心和枢纽地位，对我国银行卡产业发展发挥着基础性作用，各银行通过银联跨行交易清算系统，实现了系统间的互联互通，进而使银行卡得以跨银行、跨地区和跨境使用，实现了一卡在手，走遍神州，乃至走遍世界的目标。

在建设和运营银联跨行交易清算系统、实现银行卡联网通用的基础上，中国银联积极联合商业银行等产业各方推广统一的银联卡标准规范，创建银行卡自主品牌，推动银行卡的发展和应用，维护银行卡受理市场秩序，防范银行卡风险。

2．银联标识

（1）银联标识如图2-151所示。

图2-151　银联标识

银联标识以红、蓝、绿三种不同颜色银行卡的平行排列为背景，衬托出白颜色的银联汉字造型和UnionPay英文造型，突出了银行卡联网联合的主题。三种颜色中，红色象征着合作、诚信；蓝色象征着畅通、高效；绿色象征着安全。三种不同颜色银行卡的紧密排列象征着银行卡的联合。

（2）银联全息防伪标识如图 2-152 所示。

图 2-152　银联全息防伪标识

3. 银联标识卡

银联标识卡如图 2-153 所示。

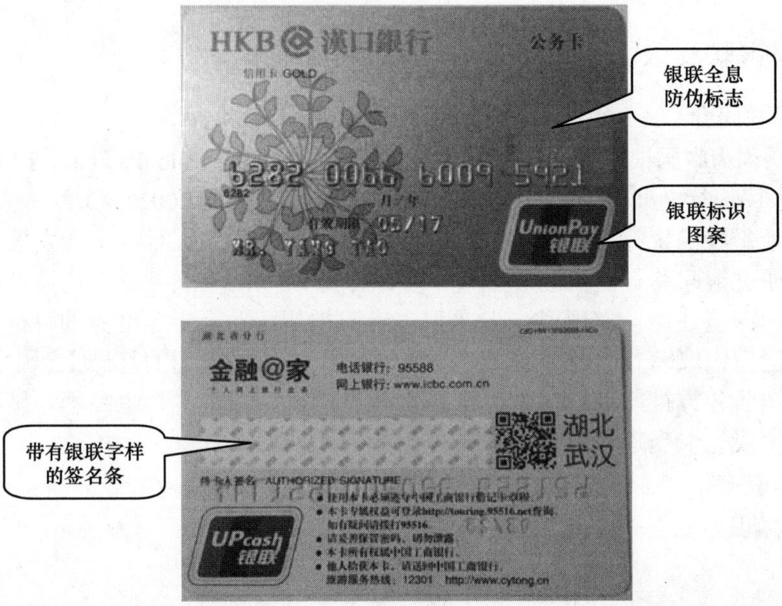

图 2-153　银联标识卡

（1）银行卡正面右下角（限国内通用的银行卡）或右上方（国内外通用的银行卡）印制了统一的银联标识图案。

（2）银行卡正面的右边（国内通用的银行卡银联标识图案上方）加贴有统一的全息防伪标志。

（3）银行卡背面使用统一的带有银联字样的签名条。

教师示范

一、银行卡有效性的识别

（1）信用卡的识别要点见表 2-34，并参照图 2-153。

表 2-34 信用卡的识别要点

序　　号	银行卡正面	银行卡背面
1	发卡机构的中英文名称及标志	磁条
2	信用卡的使用范围、有效期限	持卡人的签名条和签名
3	凸印的信用卡卡号及平面印刷的卡号前四位数字	卡号和卡片的校验码
4	持卡人性别、姓名（用英文字母、汉语拼音表示）	发卡银行重要声明
5	银联标识	发卡银行的网址及客服电话

（2）借记卡的识别要点见表 2-35，并参照图 2-148 和图 2-149。

表 2-35 借记卡的识别要点

序　　号	银行卡正面	银行卡背面
1	发卡机构的中英文名称及标志	磁条
2	发卡时间或有效期限	持卡人的签名条和签名
3	借记卡的卡号	发卡行借记卡标志
4	持卡人姓名	发卡银行重要声明
5	银联标识	发卡银行的网址及客服电话

（3）双币种卡的识别。双币种卡通常都是信用卡，在外观上与一般单一币种的信用卡（如人民币信用卡和外币信用卡）基本相同，最显著的区别在于卡面上有银联和国际组织两个标志。

由于双币种卡可在国内使用，并采用人民币结算，因此双币种卡正面右上方印有银联标识。

双币种卡实质上是国际卡，可跨国使用，因此卡面印有威士（VISA）或万事达卡（MasterCard）等国际组织的标志和防伪标志，双币种卡如图 2-154 所示。防伪标志位于银联标识的下方，国际组织的标志位于防伪标志的下方。同时，双币种卡的背面签名条上印有“VISA”或“MasterCard”斜体字样，还有卡号和卡片的校验码。

图 2-154 双币种卡

二、银行卡真伪的鉴别

一般而言，人工鉴别银行卡的真伪主要有四种方法，这四种方法如图 2-155 所示。

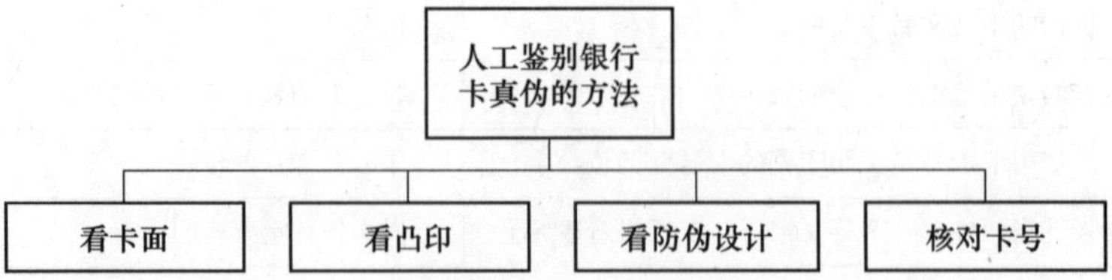

图 2-155　人工鉴别银行卡真伪的四种方法

1. 看卡面

（1）真银行卡卡面颜色鲜明，字迹清晰，不易脱落，塑料表面光滑，做工精致，条纹清晰整齐。

（2）伪造的银行卡卡面颜色过深或过浅，字迹模糊，容易脱落；伪造卡制作粗糙，塑料表面凹凸不平，卡面条纹不整齐，如同贴在白卡上一样。

2. 看凸印

（1）真银行卡的卡号和英文字母排列清晰整齐，印有发卡银行名称，并且字迹清晰。

（2）伪造银行卡的卡号和英文字母排列不整齐或大小不一，可能没有发卡银行的名称，即便有，字迹也是模糊的。

（3）涂改过的银行卡卡号和英文字母排列不整齐，字母大小不一，旧卡号在卡面隐约可见，且有涂改痕迹，发卡银行名称残缺不全。

3. 看防伪设计

真银行卡的防伪设计为全息激光防伪商标和荧光防伪，而伪造的银行卡一般无防伪标志或防伪设计标志不清晰、缺乏立体感。

4. 核对卡号

收银员刷卡时要注意刷卡后 POS 机所显示的卡号，核对是否与所持银行卡卡号一致，如果不一致则为假冒的银行卡。

温馨提示

（1）银行卡结算时要直接刷卡，不要手工输入银行卡卡号，避免使用假冒的银行卡。

（2）如果收银员认为顾客所持银行卡可能有问题时，可以拨打银行卡背面的客服电话，请发卡行核对卡号真伪。

三、刷卡结算操作

1. 刷卡结算操作流程

收银员对银行卡检查完毕确认没有问题后，开始进行刷卡结算操作，其流程如图 2-156 所示。

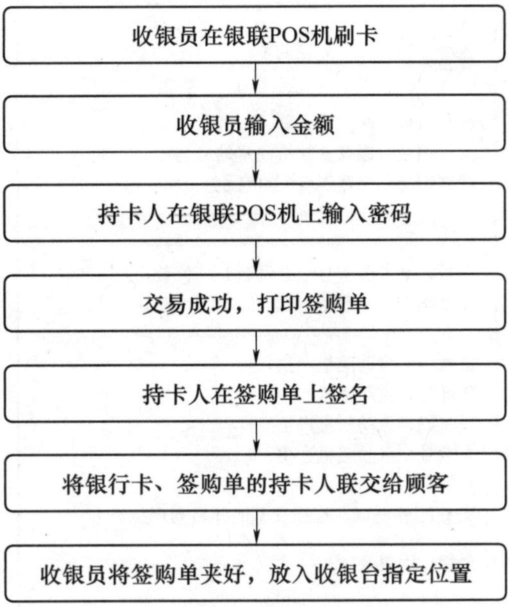

图 2-156　刷卡结算操作流程

2．刷卡结算的操作要点

（1）收银员要在银联 POS 机上进行刷卡操作，刷卡操作如图 2-157 所示，切不可直接在银联 POS 机上输入卡号，避免出现安全风险。

图 2-157　刷卡操作

（2）若经过多次刷卡尝试银行卡都无法正常使用时，或者本超市未建立该种卡的收银业务时，收银员有权建议顾客更换银行卡或采用其他结算方式结算。

（3）如果发现该银行卡已被相关金融机构列入禁用名单时，收银员有权代替金融机构扣留该卡。

（4）根据公安部门、银行或银行卡发行机构的要求，收银员有权扣留被通缉或正在透支的银行卡。

（5）刷卡结算成功后，银联 POS 机会自动打印签购单，签购单如图 2-158 所示。顾客须在签购单上签字，顾客签字后，收银员要认真核实签字笔迹与银行卡背面签名栏的签名是否一致，如不一致，请顾客出示身份证，并做进一步核实，如果发现是伪卡，则应及时与发卡行联系。

签购单

商户名称：商户的名称
商户编号：银联分配给商户的号码
终端编号：银联POS机的编号
操作员号：商户自定

卡号：刷卡的卡号（会屏蔽4～6位数字）
交易类型：一般是 消费 /sale

批次号：自动随机产生
凭证号：自动随机产生
授权码：自动随机产生
参考号：自动随机产生
有效期：自动随机产生
交易日期/时间：根据交易时间自动产生

金额：消费金额

持卡人签名

图 2-158　签购单

（6）如果签购单上的号码、消费金额、日期等信息不清晰，应撕毁重新打印，以确保持卡人签字前的单据清晰、有效，避免产生不必要的麻烦或纠纷。

（7）在结算过程中，收银员刷卡完毕后不得将银行卡立即交还给持卡人，应待核对签名完毕后才能将银行卡予以交还。

学生模仿

一、实训物资准备

收银台、POS 机等相关收银设备、必要商品、银行卡若干。

二、实训人员组织

全班自由结合分组，每组 4～6 人，自行确定各组组长并进行分工。在各组组长的带领下进行刷卡结算操作的模仿。

三、实训时间安排

每个学生进行刷卡结算操作的模仿不少于 20 分钟。

四、学生模仿过程

（1）各组成员轮流（根据情况进行角色互换）模仿老师进行刷卡结算操作。

（2）各组成员轮流模仿老师进行银行卡有效性的识别和真伪的鉴别，着重体验受理银行卡的检查要点。

（3）模仿结束后各组进行交流，找出哪些地方有问题或不到位，指出谁的模仿效果更好。

（4）老师进行点评，肯定优点，指出不足，结合所学内容强调刷卡结算的流程及注意事项。

实训练习

练习一　银行卡信息收集

（1）以组为单位，将各种银行卡放置于桌面。

（2）各自独立将本组所有银行卡的信息填写在银行卡信息收集表中，银行卡信息收集见表 2-36。

（3）填完后，将自己填写的银行卡信息收集表与其他组员互换，进行检查、评分（每空 2 分）。

（4）实行组长负责制，组长应维持好纪律，统计好每个组员的得分情况。

（5）在活动中，每个同学都要与组员认真合作，注意提高自身的团队合作意识。

（6）由各组组长汇报本组的练习情况及成绩，提出遇到的问题。

（7）老师进行抽查，对活动进行点评，对各组提出的问题予以解答。

表 2-36　银行卡信息收集

项　目	卡 1	卡 2	卡 3	卡 4	卡 5	卡 6	卡 7	卡 8
银行名称								
卡　号								
有效期限								
品牌标识								
客服电话								
小　计								
总　分					姓名			

练习二　签购单信息收集

（1）以组为单位，将收集到的签购单放置于桌面。

（2）各自独立将本组所收集到的签购单的信息填写在签购单信息收集表中，签购单信息收集表见表 2-37。

（3）填完后，将自己填写的签购单信息收集表与其他组员互换，进行检查、分析、改正。

（4）实行组长负责制，组长应维持好纪律，统计好每个组员的填写情况。

（5）在活动中，每个同学都要与组员认真合作，注意提高自身的团队合作意识。

（6）由组长汇报本组的练习情况，提出遇到的问题。

（7）老师进行抽查，对活动进行点评，对各组提出的问题予以解答。

表 2-37　签购单信息收集表

项　目	签购单 1	签购单 2	签购单 3	签购单 4	签购单 5
商户名称					
商户号码					
终端编号					
银行卡号					
交易类型					
交易时间					
交易金额					

练习三　刷卡结算操作

（1）填写刷卡结算操作流程图（完整版），刷卡结算操作流程如图 2-159 所示。

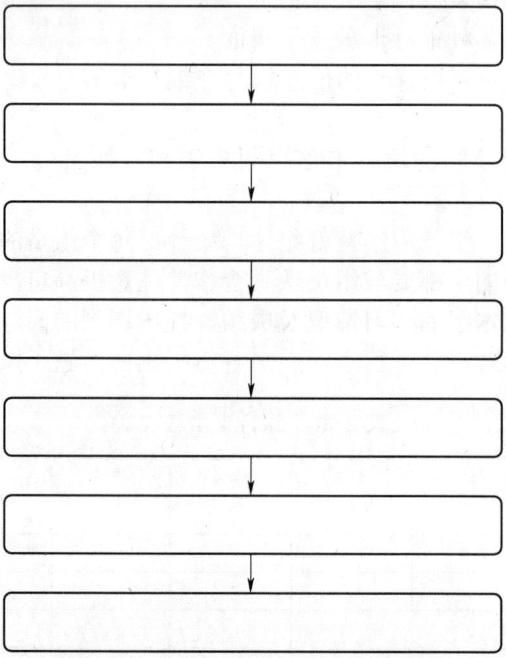

图 2-159　刷卡结算操作流程（完整版）

（2）以组为单位，每个组员依次用银联 POS 机进行模拟刷卡操作。
（3）可根据情况，将前面学过的收银技能操作融入进来，进行收银操作的综合练习。
（4）实行组长负责制，组长应维持好纪律，确保每个组员都能认真完成技能训练。
（5）在训练中，每个同学都要与组员认真合作，注意提高自身的团队合作意识。
（6）老师进行巡视，指导学生进行训练，及时纠正错误。
（7）可根据技能训练情况进行小组比赛，以巩固训练效果。
（8）老师进行点评，指出操作时出现的问题，强调操作注意事项。

实训考评

【要求】请根据实训练习情况完成刷卡结算实训练习效果评价（见表 2-38）。

表 2-38 刷卡结算实训练习效果评价

考核项目	考核标准	得分/分
职业素养（20分）	1. 按时出勤，课堂表现好（10分）	
	2. 仪容仪表标准（10分）	
关键能力（60分）	1. 能够快速识别银行卡的有效性（15分）	
	2. 能够快速鉴别银行卡的真伪（15分）	
	3. 能够熟练进行刷卡结算操作（20分）	
	4. 具备良好的团队合作精神（5分）	
	5. 具备一定的组织协调能力（5分）	
知识技能（20分）	1. 能够说出银行卡的构成和分类（4分）	
	2. 能够复述银行卡有效性和真伪的识别方法（8分）	
	3. 能够描述刷卡结算的操作流程（8分）	
合计得分		

心得体会：

知识训练

一、不定项选择题（请将最佳选项代号填在括号中）

1. 按是否提供信用透支功能，银行卡可分为（　　）。

A. 信用卡　　B. 外币卡　　C. 单位卡　　D. 借记卡

2. 银联标识以（　　）为背景。

A. 黄色　　B. 红色　　C. 蓝色　　D. 绿色

3. 一般而言，人工鉴别银行卡的真伪的方法主要有（　　）。

A. 看卡面　　B. 看凸印　　C. 看防伪设计　　D. 核对卡号

4. 世界上第一张信用卡诞生于（　　）。

A. 美国　　B. 英国　　C. 德国　　D. 法国

5. 银联全息防伪标识由（　　）构成。

A. 全息放大镜　　B. 若干红绿双色“银行卡联合”字样

C. 银联图章　　D. 立体天坛

二、判断题（正确的打“√”，错误的打“×”）

1. 验证卡片的有效性和真伪对风险防范至关重要，收银员在受理银行卡结算时，要严格检查银行卡。（　　）

2. 由于双币种卡可在国内使用，并采用人民币结算，因此双币种卡正面右上方印有银联标识。（　　）

3. 银行卡结算时，收银员可以直接刷卡，也可以手工输入银行卡卡号。（　　）

4. 按清算币种，银行卡可分为人民币卡、外币卡和双币种卡。（　　）

5. 信用卡和借记卡都具有信用透支功能。（　　）

三、案例阅读

信用卡被盗刷引发的官司

2014 年 9 月 8 日早 9 时许，原告王某到武汉市某派出所报案，称其前一天晚上 19 时左右在一家餐厅就餐，20 时 40 分左右回家后发现衣服里的钱包没有了，钱包内有现金 1200 余元、多种信用卡及原告身份证。王某发现钱包丢失后，于次日早晨去银行办理挂失时发现信用卡内的资金已经被盗用。其中，9 月 7 日 20 时 59 分在被告 A 商场消费 3600 元，在全国银行卡统一受理签购单上的持卡人签名为赵某。被告商场收银员在受理案涉刷卡交易时，仅要求持卡人在银联 POS 机上输入密码，未对持卡人的签名进行认真核对，也未查验身份证件。被告商场收银员在作证时否认案涉信用卡的持卡人签名栏内有王某的签名字样。

庭审中，被告代理人承认被告通过银联成了中国银行的特约商户，与银联之间有协议，在操作时根据发卡行的要求进行操作。被告代理人同时承认被告商场收银员对发卡行的具体操作要求并不了解。原告王某诉至法院称，被告方未能按照规定对持卡人身份进行审核并核对签名即准予持卡人刷卡消费，导致原告的合法权益遭受损失，诉请法院判令被告赔偿原告损失。

拓展训练

【任务】辨别信用卡与借记卡。

【目的】进一步巩固银行卡有效性与真伪的鉴别。

【要求】

（1）以组为单位，将带来的各种银行卡放置于桌面上。

（2）每个人独立辨别每一张银行卡，将结果填写在相应表中，信用卡辨别记录和借记卡辨别记录见表 2-39 和表 2-40。

（3）填完后，与其他组员互换，进行检查、分析、改正。

（4）实行组长负责制，组长应维持好纪律，统计好每个组员的填写情况。

（5）在活动中，每个同学都要与组员认真合作，注意提高自身的团队合作意识。

（6）由组长汇报本组的练习情况，提出遇到的问题。

（7）老师进行抽查，对活动进行点评，对各组提出的问题予以解答。

表 2-39 信用卡辨别记录

信用卡数量			能否透支	
银行名称				
有效期限				
卡号前四位与下方显示的四位数字是否一致，并记录号码				
卡号后四位与签名条上前四位数字是否一致，并记录号码				

表 2-40 借记卡辨别记录

借记卡数量			能否透支	
银行名称				
有效期限				

职场寄语

（1）在案例信用卡被盗刷引发的官司中，王某和商场（收银员）都有一定的过失，因此，法院最终裁定如下：

1）A 商场的收银员仅凭持卡人输入的密码、在签购单上的签名就完成了交易，显然与中国银行信用卡中心所规定的操作规程不符，A 商场未尽到按规定审核、操作的义务，存在较大的过错，对于所造成的损失应承担主要责任。

2）王某作为持卡人，妥善保管信用卡是其固有的义务，在发现银行卡被盗后，直到第二天才去挂失，未尽到及时挂失的义务，导致犯罪分子在得卡后很快到商场进行了交易，持卡人的行为也是造成损失的一个因素，故王某承担次要责任。

（2）案例信用卡被盗刷引发的官司中，虽然商场（收银员）不是负完全的责任，但也必须引起收银员的高度重视，因为在现实生活中，像案例中的这种情况还有很多。

（3）作为收银员，遇到顾客用银行卡特别是信用卡结算的，必须按照流程规范操作，尽量减少或避免案例中的情况发生，以免带来严重后果。

（4）目前，验卡、核实等工作主要针对具有透支功能的信用卡，但随着今后科技的发展，借记卡也很有可能成为验卡、核实的重点对象。

总而言之，收银员在为顾客进行刷卡结算服务时，一定要按照规定进行操作，切记！

任务 10 现金管理

任务引入

超市采取的是自助式的经营方式，顾客在购物过程中接触到的服务人员主要有收银员、导购员、理货员、促销员等，尤以收银员为最多。对于收银员而言，每天除了接触大量的顾客并为其提供收银服务之外，还要接触到数额较为庞大的现金，现金的安全管理是收银员必须要重视的一项特殊工作。对于超市而言，收银员收取了顾客的货款后，并不意味着超市销售工作的结束，还必须完善营业款的收交工作，保证资金的准确与安全，确保超市能够有序运营。

任务分析

目前，国内绝大部分的超市仍然采用现金交易的方式，绝大部分顾客在超市购物时也更习惯用现金付款，所以对超市而言，每天所收到的现金不仅数额较大，而且这些现金也是日后采购商品、给付工资以及再投资的资金来源。因此，有效的现金管理对超市（收银员）而言格外重要。

要做好现金管理工作，应该具备如下知识与技能：

（1）能够说出现金保管的规定的主要内容。

（2）能够列举现金保管的基本要求。

（3）能够说出收银中心的作业流程。

（4）能够复述领取备用金的流转程序。

（5）能够列举大钞预交的原则并描述其程序。

（6）能够简述上交营业款的作业流程。

（7）能够描述收银差异的处理原则和措施。

（8）能够快速准确地完成领取备用金的操作。

（9）能够快速准确地完成上交营业款的操作。

知识准备

一、现金保管要求

1. 现金保管的范围

从收银员到岗上班起到下班结账上交营业款为止，这期间的现金进出情况都属于现金保管的范围。现金保管的目的是最终要求在结账时，收银机结出的营业款与实收金额相等。

2. 现金保管的规定

现金保管的规定见表 2-41。

表 2-41　现金保管的规定

序号	项目	内容
1	收银工作纪律	收银员在工作时身上不可携带现金，以免引起不必要的误解
		收银员在进行收银工作时，不可擅自离开收银台，以免造成现金损失
		收银员不得任意打开收银抽屉或钱箱查看数字和清点现金
2	收取现金管理	确认现金金额时要唱收唱付唱找
		防止假钞，减少损失
		收银操作要做到快速、准确，避免错误、减少损失
		所收现金要及时放入钱箱，避免散落丢失，造成损失
3	现金损失处理	现金损失在现金管理规定限额以内的，应签呈报告，由企业承担损失
		现金损失超过限额部分的，由当事人负责赔偿

3. 现金的保管存放

（1）企业的库存现金应按开户行规定的限额存放。企业应在满足正常的日常开支需要的前提下减少现金的库存量。企业收取的现金和超出库存限额的现金必须及时送存银行。如果库存现金少于限额时，则可以向银行提取现金。

（2）企业现金的保管应由出纳人员负责，非出纳人员不得经管现金。收银员收取的现金必须当日上交，由出纳人员送存银行。

（3）现金的存放要有相应的安保措施。安保重点是出纳人员的办公室和保险柜。出纳人员应配备专用保险柜，保险柜密码和钥匙应由出纳人员专门管理，不得交给其他人员代管。

（4）现金应按券别分类存放。目前市面流通的人民币券别分别为 100 元、50 元、20 元、10 元、5 元、1 元、5 角、1 角。纸币和硬币应分别存放，以便于清点。

（5）收银员所收取的现金要及时放入电子钱箱或抽屉中，按券别分类摆放，并及时管理钱箱或抽屉。

（6）企业各职能部门在处理废旧物品及其他收入的现金时，必须送交财会部门，经办人员不得长期存放或以个人名义存入银行。

二、收银中心的作业流程

营业款的收交由超市的收银中心（有的称为现金室、收款室、金库等，本书统一称为收银中心）负责进行。收银中心的功能是准确准时处理、结算每日超市营业款，计算、处理收款差异，为各收银台准备备用金和零用金，每日向管理层提供相应的收银情况报表和报告。收银中心的作业流程见表 2-42。

表 2-42　收银中心的作业流程

营业前	早班人员到岗，打开门禁，查看交接班记录	
	打开保险柜，为收银员发放备用金、零用金，由收银员、收银主管签字	
	发放销售发票，由客服中心主管签字	
	办理收银台专用用具的领出工作，由收银员、收银主管签字	
	借出收银台钥匙，由收银员、收银主管签字	
营业中	大钞预收及处理预收款	按规定的时间进行营业期间的大钞预收
		将收取款送回收银中心
		一人进行清点、验钞、填单、签字，另一人进行复点、验钞、签字
		将现金按币值分类存放
		将数据输入计算机进行储存与处理
	将预收款及时存入银行	将已经清点好的现金交给前来收款的银行工作人员
		由银行工作人员清点、验钞、填单并签字盖章
		登记相关现金账
	根据各种现金币值的需要，与银行兑换相应的零钱	
	营业期间为收银台兑零	根据兑零需要，随时为收银主管或收银员兑换零钱
		兑零时双方要当场清点，收银中心还应查验是否有假钞或残钞
	处理收银员班结业务	收银员、收银主管将班结的钱袋交到收银中心
		一人进行清点、验钞、填单、签字，另一人进行复点、验钞、签字
		将现金按币值分类存放，将数据输入计算机进行储存与处理
	处理收银差异	获取 POS 系统打印的 POS 机班结报表（或称对账单）
		将 POS 机班结报表与实际收款报表对比，找出收银差异
		按照规定对收银差异进行处理
营业后	结束当天的现金处理	收银员、收银主管将最后一班的营业款交到收银中心
		按营业中流程处理营业款
		将所有现金、票据等放入保险柜，不得有开放式存放的现金
	汇总并填制相关报表	确保全天所有收银员的各项收款全部录入计算机
		打印出计算机汇总的报表并由相关人员签字确认
	结束当天的其他工作	收银主管将所有收银专用器具归还收银中心
		收银主管将收银台钥匙归还收银中心
		填写交接班日志
		锁好保险柜，检查电子防盗系统是否正常，设置门禁及报警系统

小知识　收银中心的管理规定

（1）进入收银中心的员工必须经过授权，无授权人员不得进入。

（2）收银中心人员执行秘密原则，包括保险柜密码、门的密码、计算机操作密码，均不能泄露给其他人员或收银中心的其他同事。

（3）收银中心的环境要安全可靠，包括门禁制度、防盗制度、资金存放、安全存款、资金安全进出等。

（4）任何时候，现金处理不得单独一人操作，必须由两人以上进行；任何时候，收银中心不得一人留守，全体班次人员必须同进同出。

（5）收银中心所有工作的最重要、最基本的原则是准确，实行银行化作业，对各项业务的处理必须有100%的准确度。

（6）签购单、现金、票据、备用金等必须存放在不同保险柜或在保险柜中分开存放。

（7）当日的现金必须当日处理完毕，当日工作当日完成，任何工作结束时，应将所有现金放入保险柜中，台面不得有任何现金。

（8）知道保险柜密码的人都必须登记，任何一人辞职时都必须及时更换密码。所有保险柜钥匙不得带出收银中心。

教师示范

一、领取备用金

1. 备用金的流转程序

备用金是收银工作不可缺少的现金，维系着每个收银台收银业务的正常运转。由收银中心负责准备、盘点每日的备用金，并且负责确保备用金的安全及金额的正确。任何人不得随意挪动备用金。

备用金的流转程序如图2-160所示。

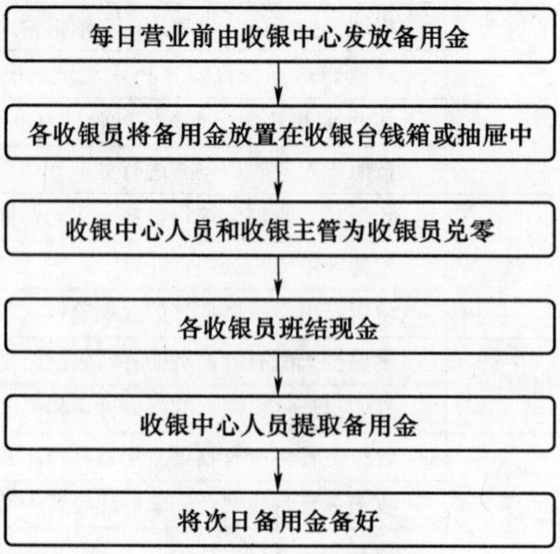

图2-160　备用金的流转程序

2．备用金的准备

（1）备用金的币值组合：合理搭配备用金是收银工作得以顺利进行的前提，并能够有效提高收银员的工作效率。可用作备用金的币值见表 2-43。

表 2-43　备用金币值

序　号	币　值	类　别
1	50 元	纸币
2	20 元	纸币
3	10 元	纸币
4	5 元	纸币
5	1 元	纸币或硬币
6	5 角	纸币或硬币
7	1 角	硬币

（2）备用金的金额确定：日常营业备用金的金额组合方案要根据超市的具体情况来确定，如超市的规模、客流量、是否节假日等。备用金的金额组合方案实例见表 2-44。

表 2-44　备用金的金额组合方案实例

序　号	币　值	数　量	金　额
1	50 元	2	100 元
2	20 元	5	100 元
3	10 元	20	200 元
4	5 元	20	100 元
5	1 元	100	100 元
6	5 角	50	25 元
7	1 角	100	10 元
合　计		635 元	

二、大钞预收

1．大钞预收的目的

当收银钱箱的现金过多时，要在班结之前提前由收银中心人员收取大面额现金，称为大钞预收。大钞预收的目的是：为了减少收银钱箱中现金的数量，及时将现金返回收银中心进行处理；防止偷窃、抢劫，保证资金安全；空出钱箱，便于收银员工作。

2．大钞预收的原则

大钞预收主要有五大原则，其原则如图 2-161 所示。

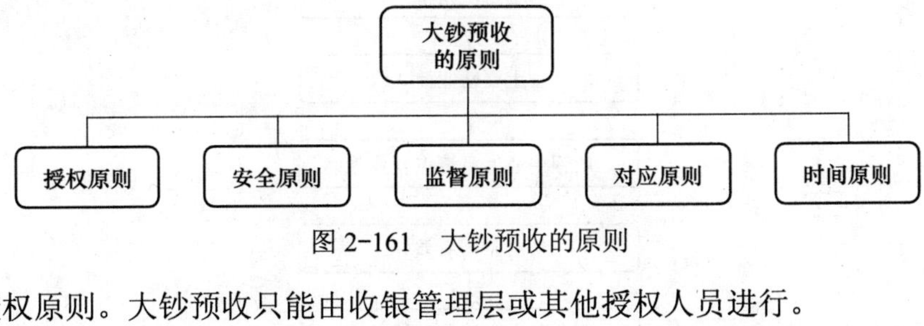

图 2-161　大钞预收的原则

（1）授权原则。大钞预收只能由收银管理层或其他授权人员进行。

（2）安全原则。收取和送回的过程中，必须保证资金的安全、钱箱的安全。

（3）监督原则。要求打开钱箱收款时，收银员、收银主管、收银中心人员必须都在场，以起到相互监督的作用。

（4）对应原则。收取的大钞必须装入专用的现金袋中，现金袋号码要与收银台或收银员号码一致。

（5）时间原则。收取大钞后，应在第一时间送回收银中心交接，中途不做任何停留。

3．大钞预收的程序

大钞预收的程序如图 2-162 所示。

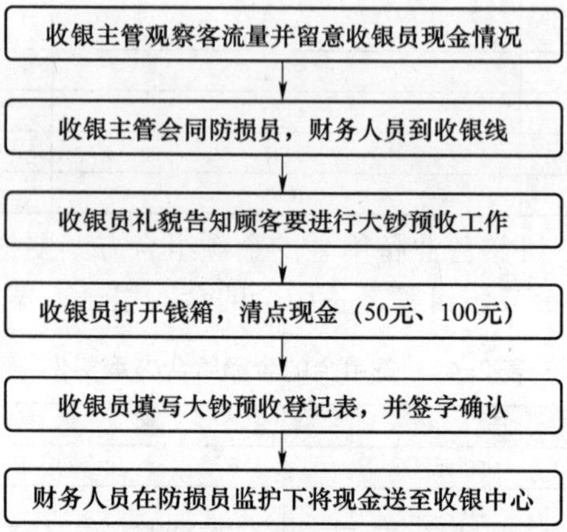

图 2-162　大钞预收的程序

三、上交营业款

1．上交营业款的基本原则

（1）营业款必须及时上交，不能积压滞留。

（2）上交营业款必须同时由两人以上进行。

（3）营业款上交过程中必须保证条理清晰，各种不同的现金不混淆。

（4）营业款上交过程中必须登记清楚，以便于对账查找。

2．上交营业款的作业流程

上交营业款的作业流程如图 2-163 所示。

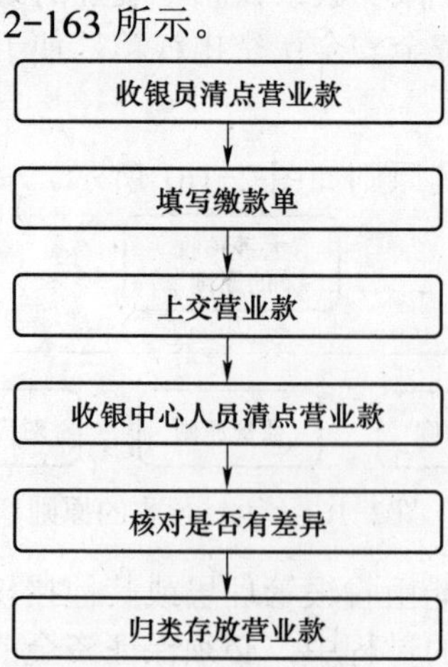

图 2-163　上交营业款的作业流程

四、收银差异的处理

收银差异是指收银员所收的现金数额与 POS 系统中记录的销售金额总数之间的差异。收银差异有正差异和负差异两种，当实际金额大于系统金额时称为正差异（也叫长款），当实际金额小于系统金额时称为负差异（也叫短款）。无论是正差异还是负差异，都是因为工作失误造成的，因为收银工作最基本的要求是准确无误。

1. 收银差异产生的原因

（1）收银员收款错误或找零错误。

（2）收银员没有零钱找给顾客或顾客不要的小面值零钞。

（3）收银员误收假钞。

（4）收银员不诚实，盗窃营业款。

（5）收银员按错相关操作键。

（6）收银员在兑零的过程中出现错误。

2. 收银差异处理的原则和措施

（1）收银差异必须在 24 小时内进行处理。

（2）超出一定金额的收银差异，必须在第一时间报告收银主管等管理人员。

（3）收银差异的原因由收银中心查找，不能有合理解释的，收银员本人须有书面解释。

（4）所有收银员的收银差异必须进行登记，以此计算差异率和差异总额。

（5）对于超出规定的收银差异的收银员必须警告处理，并根据规定进行赔偿。

3. 减少收银差异的措施

（1）加强收银员的业务培训，减少假钞带来的损失。

（2）加强收银员的教育和品德提高，杜绝因不诚实而引起的现金盗窃现象。

（3）加强收银过程的标准化服务，包括唱收唱付唱找等，减少因收款、找零错误而带来的损失。

（4）加强收银区域的安全防范管理，对收银员的工作进行有效的监督。

（5）加强营业高峰和节假日的大钞预收工作，减少钱箱的现金积累，减少现金被盗的机会。

学生模仿

一、实训物资准备

收银台、POS 机等相关收银设备、现金、零钞（或模拟钞票）若干、现金袋等。

二、实训人员组织

全班自由结合分组，每组 4～6 人，自行确定各组组长并进行分工。在各组组长的带领下进行现金管理的模仿。

三、实训时间安排

每个学生对现金管理的模仿不少于 30 分钟。

四、学生模仿过程

（1）各组成员轮流（根据情况进行角色互换）模仿老师进行各个环节的现金管理，在此过程中注意实操现金的准确与安全。

（2）模仿结束后各组进行交流，找出哪些地方有问题或不到位，指出谁的模仿效果更好。

（3）老师进行点评，肯定优点，指出不足，结合所学内容强调现金管理各环节的流程及注意事项。

实训练习

练习一　巩固收银中心的作业流程

根据收银中心的作业流程进行连线。

	早班人员到岗，打开门禁，查看交接班记录。
	将所有现金、票据等放入保险柜，不得有开放式存放的现金。
	按规定的时间进行营业期间的大钞预收。
	打开保险柜，为收银员发放备用金、零用金，由收银员、收银主管签字。
营业前	打印出计算机汇总的报表并由相关人员签字确认。
	将数据输入计算机进行储存与处理。
	填写交接班日志。
营业中	发放销售发票，由客服中心主管签字。
	锁好保险柜，检查电子防盗系统是否正常，设置门禁及报警系统。
	根据各种现金币值的需要，与银行兑换相应的零钱。
营业后	办理收银台专用用具的领出工作，由收银员、收银主管签字。
	确保全天所有收银员的各项收款全部录入计算机。
	获取 POS 系统打印的 POS 机班结报表（或称对账单）。
	借出的收银台钥匙由收银员、收银主管签字。
	将 POS 机班结报表与实际收款报表对比，找出收银差异。

练习二　领取备用金

（1）各组分别清点所分配的实操现金。

（2）各组均作为收银中心，根据规定为收银员准备备用金。

（3）各组将准备好的备用金装入现金袋，并收集到某一组或某几组。

（4）拥有现金袋的组作为收银中心，没有现金袋的组作为收银工作组，确定收银主管和收银员，按照领取备用金的流程和要求，分别到对应的收银中心领取备用金。

（5）进行角色互换，重新进行领取备用金的练习。

（6）练习结束后各组进行总结交流，老师进一步强调要点。

练习三　填写大钞预收登记表

（1）角色为收银员、收银中心人员。

（2）准备大钞现金若干并清点。

（3）收银中心工作人员按照流程和要求预收大钞。

（4）填写大钞预收登记表，大钞预收登记见表 2-45。

表 2-45　大钞预收登记

年　月　日　时　分

超市名称：　　　　　收银中心负责人：　　　　　收银主管：

收银台编号	50 元数量	金　额	100 元数量	金　额	合 计 金 额	初 点 人	复 核 人

练习四　上交营业款

（1）将实操现金分发到某一组或某几组作为营业款，各组进行清点，并确定收银主管、收银员。

（2）其他组作为收银中心，等待收银主管、收银员上交营业款。

（3）收银主管、收银员按照规定将已经清点、整理好的营业款交至收银中心。

（4）收银中心人员按要求将营业款进行清点、整理、复核、登记、签字。

（5）进行角色互换，重新进行上交营业款的练习。

（6）练习结束后各组进行总结交流，老师进一步强调要点。

实训考评

【要求】请根据实训练习情况完成现金管理实训练习效果评价（见表 2-46）。

表 2-46　现金管理实训练习效果评价

考 核 项 目	考 核 标 准	得分/分
职业素养（20 分）	1. 按时出勤，课堂表现好（10 分）	
	2. 仪容仪表标准（10 分）	
关键能力（60 分）	1. 能够快速准确地完成领取备用金的操作（20 分）	
	2. 能够快速准确地完成上交营业款的操作（20 分）	
	3. 能够按要求进行现金其他各方面的管理（10 分）	
	4. 具备良好的团队合作精神（5 分）	
	5. 具备一定的组织协调能力（5 分）	

（续）

考核项目	考核标准	得分/分
知识技能（20分）	1. 能够说出现金保管的规定的主要内容（2分）	
	2. 能够列举现金保管的基本要求（2分）	
	3. 能够复述领取备用金的流转程序（5分）	
	4. 能够列举大钞预交的原则并描述其程序（4分）	
	5. 能够简述上交营业款的作业流程（5分）	
	6. 能够描述收银差异的处理原则和措施（2分）	
合计得分		
心得体会：		

知识训练

一、不定项选择题（请将最佳选项代号填在括号中）

1. 下列描述中，（　　）属于收银中心营业中的工作内容。

A. 打开保险柜，为收银员发放备用金、零用金，由收银员、收银主管签字

B. 根据兑零需要，随时为收银主管或收银员兑换零钱

C. 按规定的时间进行营业期间的大钞预收

D. 按照规定对收银差异进行处理

2. 大钞预收的原则有（　　）。

A. 授权　　B. 安全　　C. 监督　　D. 对应

3. 当收银钱箱的现金过多时，要在班结之前提前由收银中心人员收取大面额现金称为大钞预收，这里的大钞指的是（　　）。

A. 100元　　B. 50元　　C. 20元　　D. 10元

二、判断题（正确的打“√”，错误的打“×”）

1. 大钞预收的目的是：为了减少收银钱箱中现金的数量，及时将现金返回收银中心进行处理；防止偷窃、抢劫，保证资金安全；空出钱箱，便于收银员工作。（　　）

2. 从收银员到岗上班起到下班结账上交营业款为止，这期间的现金进出情况都属于现金保管的范围。（　　）

3. 现金应按券别分类存放。目前市面流通的人民币券别分别为100元、50元、20元、10元、5元、2元、1元、5角、1角。纸币和硬币应分别存放，以便于清点。（　　）

4. 收银员收取的现金要及时放入电子钱箱或抽屉中，按券别分类摆放，并及时管理钱箱或抽屉。（　　）

5. 收银差异是指收银员所收的现金数额与POS系统中记录的销售金额总数之间的差异。收银差异有正差异和负差异两种，当实际金额大于系统金额时称为负差异（也叫短款），当实际金额小于系统金额时称为正差异（也叫长款）。（　　）

三、案例阅读

销量大收入少的蹊跷事

黄先生开了一家超市，生意不错。不久前，黄先生盘点时发现：销售量越来越多，而收入却越来越少。郁闷的黄先生赶紧找来合伙人王女士商量。

谈话中，王女士突然想起一个细节，一次计算机软件公司来维护系统时曾说过，从2010年初起，计算机主机显示销售商品后删单的情况比以往严重。于是她再次盘点，发现烟酒少很多但收入很少。王女士怀疑两名收银员在中间做了手脚。

不久之后，黄先生在收银台的侧方和上方安装了摄像头，通过监控录像，黄先生看到收银员李瑶（化名）、李姿（化名）有删除销售记录的动作，之后将货款塞进口袋。锁定证据后，黄先生到派出所报了案。当日下午，被带到派出所的李瑶、李姿对犯罪事实供认不讳。

李瑶交代，2009年3月份，她经人介绍到该超市上班，李某发现，一些顾客会询问商品价格，于是营业员会到收银台的计算机前刷一下价格，之后将信息删除。

2009年10月，李瑶当上了超市收银员，开始逐步实行自己的“发财”计划。李瑶说，她主要是盗窃香烟、酒、礼品盒等单价较大的收银款。李瑶每月工资是2000元，但两年多来，她通过删单的方式盗窃超市收银款约60万元，她将这些钱分别存入了两家银行，直到被抓的前一天，她还在实施盗窃。

李姿也通过同样的手段盗窃了收银款8万余元。而这些钱大部分和男友一起花掉了，还剩下一万多元存到了银行卡里。

拓展训练

【任务】填写缴款单。

【目的】完善上交营业款作业的操作技能。

【要求】根据实训练习情况或模拟情境填写缴款单，缴款单见表2-47。

表2-47 缴款单

年 月 日

收银员姓名	收银员工号	收银台号码	开机时间	关机时间
编 号	项 目	面值/元	数 量	金 额
1	现金	100		
		50		
		20		
		10		
		5		
		1		
		0.5		
		0.1		
		合 计		
2	非现金	银行卡签购单		
		大钞预收登记表		
		现金抵用券		
		其他		
		合 计		
3	总 计			
4	应交金额		长短款情况	

收银员确认签字： 收银主管确认签字： 收银中心确认签字：

职场寄语

作为收银员，每天直接与现金打交道，这就要求收银员在提高自身道德素质的同时，严格按照超市的各种作业流程规范，做好现金的管理工作。

收银员在为顾客提供收银服务时，难免会有收银差异的情况发生。如果不立即更正错误，会使顾客对收银员的专业能力以及道德品质产生怀疑，并对超市的声誉产生一定的影响，同时也会影响到当天营业额的结算平衡以及日后的稽核工作。

为了要求收银服务的正确性和专业性，在现金收支方面无论发生长款还是短款，都应由收银员负责，以明确收银服务的责任，减少舞弊行为的发生。

对超市而言，也应建立一定的规章制度，定期对员工进行培训，要求其养成良好的收银习惯，增强业务技能，强化制度的执行力度，使损失降到最低。

项目总结

本项目以收银流程为主线，主要学习收银技能操作，首先整体认识收银操作流程，然后对其中的各个环节和操作技能进行单独学习和强化训练。

任务1　掌握收银操作流程

主要介绍了收银总则和收银岗位职责，重点学习了收银操作流程，旨在使学生对收银操作基本流程进行整体的认识，初步掌握收银操作流程。

任务2　商品扫描

主要介绍了商品扫描的含义、原则和基本方法，重点学习了扫描商品的基本操作步骤、商品扫描操作要点与技巧和商品扫描例外的处理，并进行强化训练，使学生达到快速、准确扫描商品的目的。

任务3　手工录入商品条码

主要介绍了商品条码的含义、构成及作用，重点学习了手工录入商品条码的基本操作步骤、手工录入商品条码的操作要点与技巧，并进行强化训练，使学生能够快速、准确地进行商品条码的手工录入。

任务4　商品消磁

主要介绍了EAS系统及其构成、商品消磁的含义、原则及基本方法，重点学习了商品消磁的基本操作步骤、商品消磁的操作要点和技巧、商品消磁例外的处理，并进行强化训练，使学生达到快速、有效消磁的目的。

任务5　商品装袋

主要介绍了商品装袋的含义、原则及基本方法，重点学习了商品装袋的基本操作步骤、商品装袋的操作要点和技巧、商品装箱捆扎、商品装袋例外的处理，并进行强化训练，使学生能够快速、恰当、正确地装袋。

任务6　识别假钞

主要介绍了第五套人民币各个币值的主要特征和公共防伪特征，重点学习了识别假钞的基本方法、操作要领和硬币的鉴别，并进行强化训练，使学生能够快速、准确地识别假钞。

任务 7　点钞训练

主要学习了点钞的含义、手持式单指单张点钞法和机器点钞，重点学习了手持式单指单张点钞法的动作要领和机器点钞的操作要领，并强化训练了学生点钞的操作技巧，使学生能够快速、准确地点钞，提高收银速度。

任务 8　找零训练

主要介绍了找零的含义与原则、兑零的含义与原则，重点学习了找零的基本操作步骤、找零的操作要点与技巧和找零时特殊情况的处理，并进行强化训练，使学生能够快速、准确找零。

任务 9　刷卡结算

主要介绍了银行卡的含义、构成、分类和中国银联及银联标识卡，重点学习了银行卡有效性的识别、银行卡真伪的鉴别和刷卡结算操作，使学生在掌握现金收银的同时，能够熟练进行刷卡结算。

任务 10　现金管理

主要介绍了现金保管要求、收银中心的作业流程，重点学习了领取备用金、大钞预收、上交营业款和收银差异的处理，训练了收银员进行现金管理的流程、方法、技巧及注意事项，以保证现金的安全管理。

3

项目三　超市收银延伸技能

项目简介

本项目主要学习和训练超市收银延伸技能，也就是收银员在熟练掌握收银基础知识和收银操作技能之外，还需要掌握一些与收银工作相关的其他方面的知识与技能，这些知识与技能可以有助于收银员更好地进行收银工作。超市收银延伸技能如图 3-1 所示。

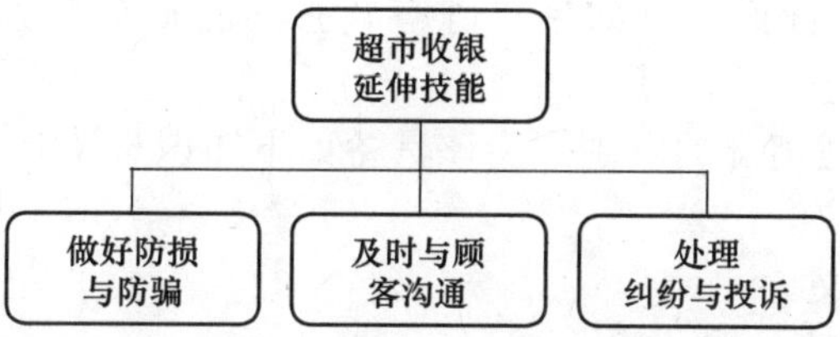

图 3-1　超市收银延伸技能

项目要求

能够说出收银员防损与防骗技巧、及时与顾客的沟通技巧、处理顾客纠纷与投诉的技巧，并能够结合案例或者在具体的情境中熟练运用相应的技巧，更好地做好收银工作，为超市带来效益，为顾客提供优质的服务。

任务 1 做好防损与防骗

任务引入

防损是超市在日常经营过程中的一项重要工作，这不仅是防损部门的工作职责和任务，作为超市的一员，每个人都应该做好必要的防损工作。对收银员而言，直接面对顾客、商品和现金，收银员的有效防损更能够为超市做出贡献，防止商品及现金的流失。因此，收银员要增强防范意识，提高防损与防骗能力。

任务分析

一天，一位顾客买了一瓶 3 元的可乐，之后将 100 元递给收银员进行结账。收银员小陈刚验完要找钱时，顾客又说自己有零钱，随后伸手拿回那 100 元，经过翻找，他只找到了 1.2 元，最后又重新将 100 元递给了小陈。因为之前已检查过，所以小陈直接进行了找零的操作。在班结后上交营业款时发现有一张 100 元的假钞。小陈这才想起来重新拿回的那 100 元并未再进行检查。如果小陈有较强的防损与防骗意识，就可以大大避免上面情况的发生。

作为收银员，要避免上述情况的发生，应该具备如下知识与技能：

（1）能够说出防损的含义。

（2）能够复述防损的意义。

（3）能够列举防损的原则。

（4）能够描述常见的收银风险。

（5）能够说出收银员防损与防骗技巧。

（6）能够按要求规避收银风险。

（7）能够在收银过程中灵活运用防损与防骗技巧。

知识准备

一、防损的含义

对于收银员而言，防损是指通过执行制度和规范流程来降低安全风险。对于超市防损部门而言，防损就是防范损失，其工作内容主要是：防止偷窃、防止耗材浪费、防止设备及工具的非正常损失及设备违章操作、防止员工及顾客意外受伤、防止商品的不合理流动、保障库存准确、保障公司财产安全等。

小知识 全员防损

防损不仅是防损部门的工作，也是全体员工的责任和义务。因此，防损是员工工作中不可缺少的重要工作，超市日常经营过程中应做到全员防损。全员防损的目标是：员工积极配合并遵守防损管理规定，积极参与防损监督和举报，及时为防损部门提供损耗线索。

二、防损的意义

（1）防损能够有效降低经营成本。损耗只能控制，但无法完全避免，防损的作用就是将损耗降至最低点。科学的防损管理将降低不必要的开支，减少商品损耗、设备损耗、人员损耗，增加纯利润。

（2）防损能够积极监控稽核流程。防损部门是一个监督、稽核流程是否规范，以达到防漏纠偏的目的。对于收银员而言，更要严格规范操作流程，减少损失。

（3）防损能够有效防范安全风险。一旦发生安全事故，后果不堪设想。防损部门通过消防安全管理降低和减少安全风险，杜绝重大安全事故，达到为营运业绩增值、为营运保驾护航的目的。

小知识 超市防损员的岗位职责

（1）引导顾客从超市入口进入卖场。

（2）发现可疑的人或事应礼貌地询问或监控。

（3）制止顾客在卖场内吸烟、拍照或吃东西。

（4）监管购物车（篮）和供顾客使用的儿童车。

（5）审核相关单据，制止顾客将未付款商品带出超市。

（6）制止顾客带饮料、食品以及其他超市内出售的同类商品进入超市，对于携带大包（袋）和公司购物袋的顾客，建议其存包。

（7）正确处理防盗报警器报警事件，如处理不了应及时上报。进超市报警：一般是因为顾客所穿服装或所带物品上带有磁性，防损员应礼貌地向顾客说明情况，并询问顾客是否需要为其消除磁性，如果顾客不同意并执意进入超市，则应放行并报告主管；出超市报警：如顾客未购买商品，则请其到办公室交主管处理；如已购买商品，防损员应将购物袋通过防盗门测试，发生报警则将商品交给收银员处理，未发生报警则请顾客通过防盗门。

（8）超市出现突发性事件时，迅速到指定位置待命。

（9）监督送货人员按指定路线进出卖场。

（10）检查运出卖场的垃圾、杂物，防止商品流失。

三、防损的原则

防损工作应遵循一定的原则，其原则如图 3-2 所示。

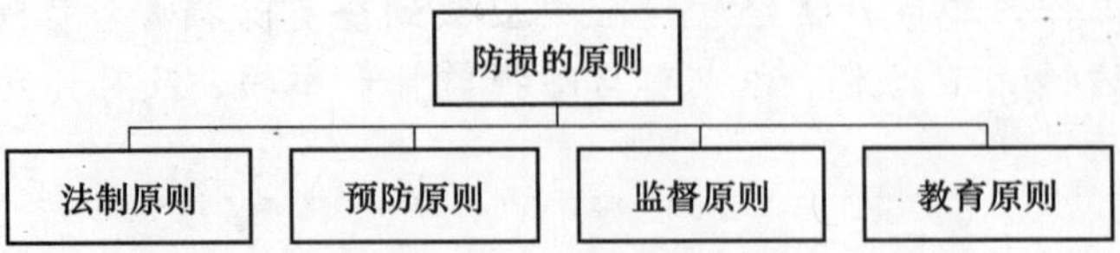

图 3-2　防损的原则

（1）法制原则。防损管理的措施、制度必须符合国家有关法律、法规。

（2）预防原则。防损工作严格贯彻“以防为主”的工作原则，在重视事后防损（损耗发生后的弥补和处理）的同时，也要注重事前防损（未发生损耗前的预防）。

（3）监督原则。防损的重要手段之一就是监督、检查日常工作是否违反防损、安全工作制度。

（4）教育原则。要求每一位员工都了解防损工作的重要性，了解损耗控制与自己的工作息息相关。防损意识必须普及到每一个岗位、每一位员工。

教师示范

一、常见的收银风险

1. 商品漏扫

（1）顾客拿在手中或夹杂在宣传单、书刊中的商品。

（2）顾客遗留在购物车及购物篮里的、未被收银员注意到的商品。

（3）注意观察空手经过收银台的顾客有无异样。

2. 顾客欺诈

（1）给假币。本任务任务分析中的案例就属于这种情况。

（2）骗钱。一位“顾客”购买了价值 17.8 元的商品，结账时先递给了收银员 100 元，收银员刚确认完真伪，他却说自己有零钱，随后伸手把 100 元拿了回去。之后假装仔细翻找零钱，并逐一累计递给收银员 15 元。最后他很无奈地告诉收银员零钱不够，随即顺手拿回了那 15 元零钱，并对收银员说：“对不起，零钱不够，您找吧。”收银员受到了误导，便将零钱找给了他。

（3）切钱骗术。切钱骗术如图 3-3 所示。

图 3-3　切钱骗术

（4）骗商品。顾客骗商品也是一种变相的偷盗行为。收银员需提高警惕，减少超市损失。顾客骗商品的方式有：调包、换码、拼包、多称，其方式如图 3-4、图 3-5 和图 3-6 所示。

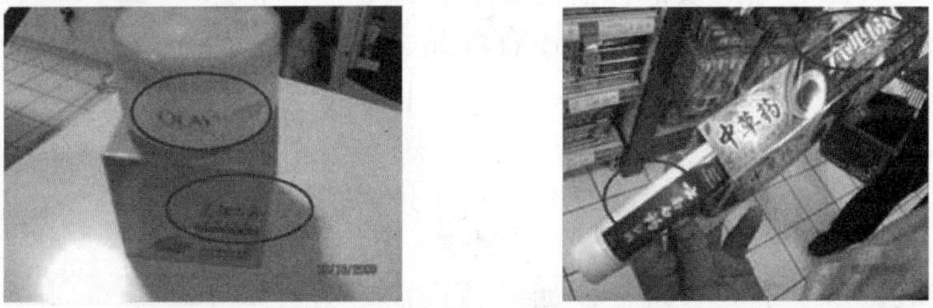

图 3-4　调包

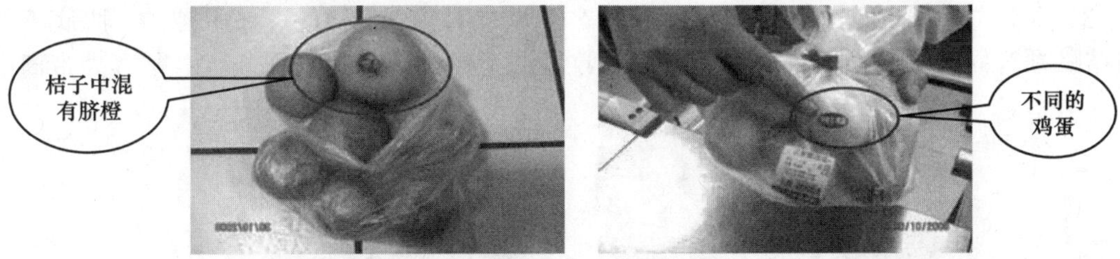

图 3-5　拼包

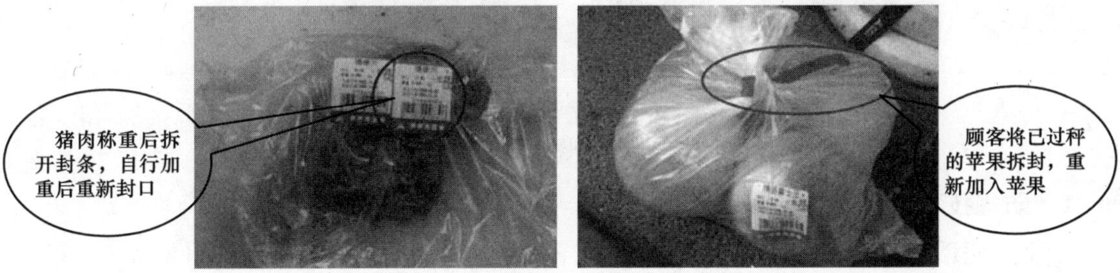

图 3-6　多称

3. 突发事件

突发事件的发生也是出现在收银工作中的风险之一。收银过程中常见的突发事件一般有四种，收银突发事件如图 3-7 所示。

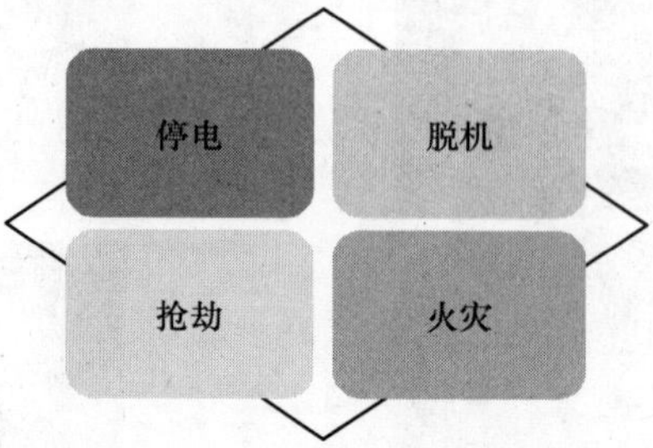

图 3-7 收银突发事件

二、收银员防损与防骗技巧

1. 防范商品漏扫技巧

（1）检查购物车、购物篮底部。当顾客将手中、购物车、购物篮中的商品放置到收银台后，应检查顾客购物车、购物篮或顾客脚下（重要）是否还有商品。如发现遗留商品，要立即询问顾客是否结账。如顾客称不购买的，应按孤儿商品处理。

（2）正确使用数量键。商品数量在六个以上的才可以使用数量键；卖场内的单独机禁止使用数量键。其中，单独机是指不在收银线上的收银机，比如单独设在卖场洗化用品区等区域的独立收银机。如图 3-8 所示。

图 3-8 扫描商品

（3）关注结账的顾客。收银员要注意顾客手里拿的、身上穿的、头上戴的、脚底下的以及与结账顾客同行的其他顾客，也要留意从收银通道经过而未结账的顾客。顾客夹带商品如图 3-9 所示。

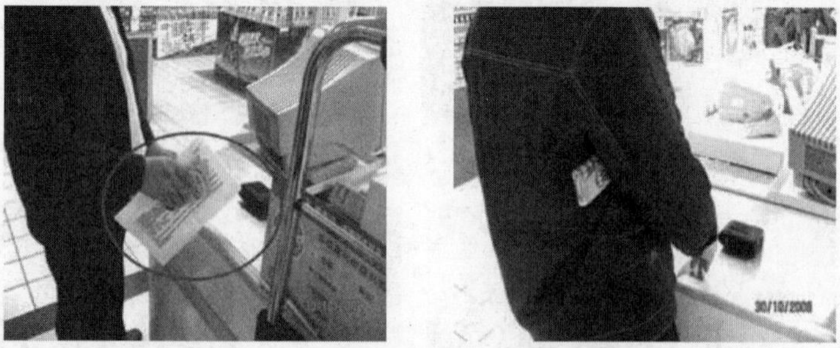

图 3-9 顾客夹带商品

2. 防骗技巧

（1）防假币。收银员应该保持清醒的头脑，在顾客找出零钱之前，不要将整钞还给顾客，对换手的整钞必须重新检查。

（2）防骗钱。收银员应该保持清醒的头脑，提高警惕；钱要放在明面上，且要坚持手递原则；坚持唱收唱付唱找的收银规范。规范的收银找零如图 3-10 所示。

图 3-10　规范的收银找零

（3）防切钱。收银员切记不要让顾客接触钱箱或抽屉；如顾客强行接触，在及时通知主管和防损员；在确认钱箱或抽屉的现金安全后，再让顾客离开。

小案例

有几个外地人在结账时，说要跟收银员换一下×××编号的百元钞票用来收藏，然后伸手在钱箱内翻找，而且他们之间还用方言交流，收银员根本听不懂，他的同伙还故意干扰、分散收银员的注意力。结果发现丢失了 1000 多元。

（4）防骗商品。收银员在扫描商品时应检查标签是否完好无损，是否与实际商品品名一致；对散装商品应提高估重的警惕，配备台称的收银台必须复称，收银台复称如图 3-11 所示；对大件、贵重易夹带、易掉包的商品（如电器、书包、牙膏等）应打开包装检查，打开包装核对商品如图 3-12 所示；对带有赠品的商品应认真核对赠品是否相符，充当赠品的商品如图 3-13 所示。

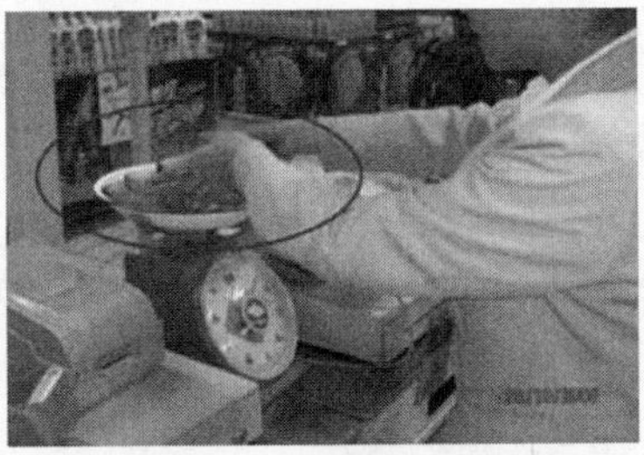

图 3-11　收银台复称

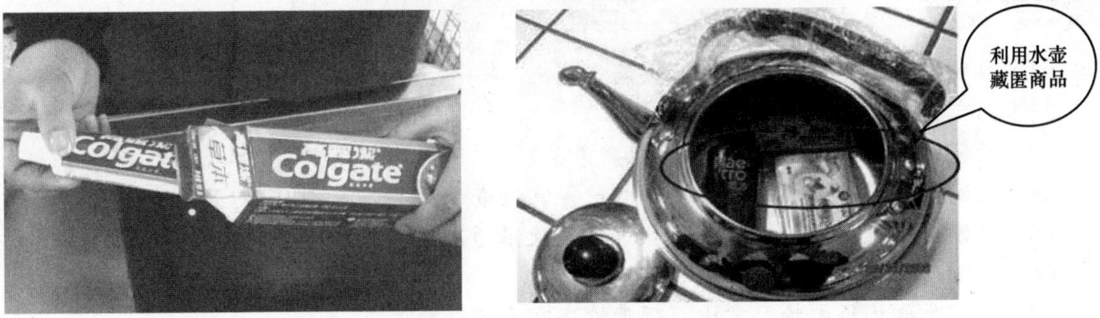

图 3-12　打开包装核对商品

图 3-13　充当赠品的商品

温馨提示

收银员在收银过程中，一定要对顾客的以下行为提高警惕：

（1）用大额整钞购买价值相对较低的商品。

（2）顾客提出换零钱。

（3）顾客要收藏编号为×××的大钞。

（4）顾客催促立即结账。

（5）两名（或多名）顾客争着付款。

（6）顾客购买的商品包装不是原封口。

（7）两人（或多人）购物扫描未结束，其中一人将装袋商品带走。

（8）其他需引起收银员注意的异常行为。

3．突发事件应对技巧

（1）当收银员遇到异常顾客（如酗酒者、精神病患者、走散的幼儿、有暴力倾向的人）时，应及时请防损员协助。

（2）当遇到突发事件（如火灾、水灾等）时，收银员应立即关上收银机，迅速将现款交给抢救组负责人或收银主管带离现场。

（3）收银机在收银过程中出现死机等故障时，收银员应立即向收银主管报告，由收银主管通知后台系统操作员，并核对单据上传情况、系统有无问题，确认无误后，收银员方可按收银工作流程继续上机工作。

小知识　收银员防损工作“十要”

（1）每完成一笔交易要及时关闭钱箱。

（2）离岗前要先封闭收银通道。

（3）为顾客买单时要100%清点商品数量。

（4）遇到化妆品、牙膏、包、箱、棉被等需检查的商品时要100%打开检查。

（5）当顾客提着场内买单的商品从自己的收银通道出来时要100%核实小票。

（6）扫描商品时要100%消磁、解锁。

（7）解锁时要将袋内物品拿出，顺带检查有无可疑商品。

（8）离机刷卡时要通知防损员看好机位。
（9）对店内的促销活动要及时了解。
（10）发现异常情况要及时通知防损员协助。

收银工作“九不准”

不准私自兑换零钱；不准私自离岗、延迟回岗或串岗聊天；不准私自给顾客打会员价；不准私自开钱箱、结束或签退；不准私自整理钱箱、清点钱箱内的现金；不准前台主管随意将权限卡交收银员保管使用；不准记手账或给自己的亲朋好友结账；不准随意将零钞放在收银台上；不准带自己的现金上收银台。

学生模仿

一、实训物资准备

收银台、POS 机等相关收银设备、商品若干、现金若干。

二、实训人员组织

全班自由结合分组，每组 4～6 人，自行确定各组组长并进行分工。在各组组长的带领下依次演示收银员防损与防骗技巧。

三、实训时间安排

每个学生演示收银员防损与防骗技巧的实训时间不少于 20 分钟。

四、学生模仿过程

（1）各组成员轮流（根据情况进行角色互换）模仿老师演示收银过程中的防损与防骗技巧，其他同学观察。
（2）模仿结束后各组进行交流，找出哪些地方操作不正确，哪些地方有疏漏。
（3）老师进行点评，肯定优点，指出不足，结合所学内容强调收银员防损与防骗的要点。

实训练习

练习一　防损找漏

（1）以组为单位，找出图 3-14 中的收银员防损漏洞。
（2）小组讨论应对方案。
（3）各组派代表进行交流。
（4）老师进行点评，强调要点。

图 3-14　收银员防损漏洞

练习二　防范商品漏扫

（1）以组为单位进行角色分工，并进行扫描商品操作。
（2）按照防范商品漏扫的方法与技巧进行操作。
（3）设置一些易发生漏扫现象的情境。
（4）老师进行巡视、指导。
（5）每组派代表总结发言，提出问题。
（6）老师点评，答疑解惑。

练习三　收银防骗

（1）以组为单位进行角色分工。
（2）按照收银防骗的方法与技巧进行操作。
（3）设置一些骗术情境。
（4）老师进行巡视、指导。
（5）每组派代表总结发言，提出问题。
（6）老师点评，答疑解惑。

练习四　寻找防骗方法

（1）以组为单位讨论生活中遇到或看到的骗术。
（2）讨论针对这些骗术应采取的防范方法与技巧。
（3）各组派代表进行交流发言。
（4）老师点评，进一步强调收银员防损与防骗技巧。

实训考评

【要求】请根据实训练习情况完成收银员防损与防骗实训练习效果评价（见表 3-1）。

表 3-1　收银员防损与防骗实训练习效果评价

考核项目	考核标准	得分/分
职业素养（20 分）	1．按时出勤，课堂表现好（10 分）	
	2．仪容仪表标准（10 分）	
关键能力（60 分）	1．能够快速准确地按收银流程结账（10 分）	
	2．能够按要求规避收银风险（20 分）	
	3．能够在收银过程中灵活运用防损与防骗技巧（20 分）	
	4．具备良好的团队合作精神（5 分）	
	5．具备一定的组织协调能力（5 分）	

（续）

考核项目	考核标准	得分/分
知识技能（20分）	1．能够说出防损的含义及意义（5分）	
	2．能够列举防损的原则（5分）	
	3．能够描述常见的收银风险（5分）	
	4．能够说出收银员防损与防骗技巧（5分）	
	合计得分	
心得体会：		

知识训练

一、不定项选择题（请将最佳选项代号填在括号中）

1. 防损的原则有（　　）。
   A. 法制　B. 预防　C. 监督　D. 教育
2. 常见的收银风险有（　　）。
   A. 商品漏扫　B. 顾客欺诈　C. 突发事件　D. 无条码
3. 顾客欺诈的方式有（　　）。
   A. 给假币　B. 骗商品　C. 切钱骗术　D. 骗钱
4. 收银中会遇到的突发事件有（　　）。
   A. 停电　B. 脱机　C. 抢劫　D. 火灾
5. 属于顾客骗商品行为的有（　　）。
   A. 换码　B. 调包　C. 拼包　D. 多称

二、判断题（正确的打“√”，错误的打“×”）

1. 在顾客零钱没有找出之前，不要将整钞还给顾客。（　　）
2. 对换手的整钞不用重新检查。（　　）
3. 商品数量在六个以上的才可以使用数量键；卖场内的单独机可以使用数量键。（　　）
4. 严禁顾客接触钱屉。（　　）
5. 对带有赠品的商品应认真核对赠品的品名、数量、规格是否相符。（　　）

三、案例阅读

“粗心”的收银员

某日，门店一收银员听见邻台收银员需要面额50元的零钞，当时她正在接待一位顾客，在没看清楚是谁的情况下，将从抽屉内拿出的两张50元零钞递给一位身穿工作服的人，并让她帮忙传递，但事隔15分钟左右仍无人将100元钱给她，当她向主管反映时主管并不知情，最后她自己也说不清到底将钱给了谁，所以当天发生短款100元，该收银员据实赔付。

拓展训练

【任务】收银员防损与防骗。

【目的】通过对收银员防损与防骗、应对突发事件的强化训练，要求收银员熟练掌握防损与防骗技巧，不断提高服务质量，减少超市损耗。

【要求】2个同学一组，1人扮演收银员，另1人扮演顾客（顾客为收银员设置不同障碍），学生可以交替训练，将训练情况填入收银员防损与防骗训练记载表（见表3-2）中。

表3-2 收银员防损与防骗训练记载表

序号	评价项目	等级			
		优秀	良好	合格	不合格
1	收银流程规范				
2	防损技巧				
3	防骗技巧				
4	突发事件应对				

职场寄语

（1）超市是一个典型的微利行业，然而它每天却面对着数额庞大的损耗数据，损耗这个恶魔每时每刻都在吞噬着超市的利润，而遏止这个恶魔的有效方法就是防损。利润是企业的生命，而损耗恰似利润的天敌。

（2）收银员要从小事做起，做好事前防范工作。往往偷盗作案的成功是依赖于收银员的漠不关心或麻痹大意，如果收银员始终保持着高度警觉，不但可以有效地阻止偷盗于未然，同时还可以更好地服务于其他顾客，营造良好的购物气氛。

任务2 及时与顾客沟通

任务引入

随着社会的发展、人们自我独立意识的增强、不同文化的融合和世界一体化趋势的加强，人际沟通的问题就显得比任何时候都重要。综观当代社会生活，沟通已成为我们这个时代的重要主题。在每一次的消费过程中，顾客对沟通都抱有莫大的希望，期望所有的问题都能在沟通过程中迎刃而解。而收银员作为超市的服务终端，时时与顾客接触，直接影响着顾客的购物体验，这就要求收银员在日常工作中能够及时与顾客沟通，提高顾客的满意度和忠诚度。

任务分析

由于顾客需求的多样性和复杂性，超市等零售企业在日常经营过程中难免会存在不能满足顾客要求的情况，或是顾客遇到这样那样的问题得不到及时解决，致使顾客产生一些抱怨，而这种抱怨又常常会在顾客出门付账时对收银员发出。因此收银员在接待顾客时，应该掌握与顾客的沟通技巧，做到及时与顾客沟通，以达到使每一位顾客满意的目的，避免产生不良的服务效果。

要做到及时与顾客沟通，应该具备如下知识与技能：

（1）能够说出沟通的含义。

（2）能够列举沟通的原则。

（3）能够描述与顾客沟通的技巧。

（4）能够结合案例分析与顾客沟通的技巧。

（5）能够在模拟情境中运用沟通技巧做好与顾客的沟通。

（6）能够运用沟通技巧在生活和工作中进行良好的人际沟通。

知识准备

一、沟通的含义

沟者，构筑管道也；通者，顺畅也。沟通是人与人之间进行信息交流的必要手段，每一个社会人都离不开沟通。收银员每天都要与顾客进行零距离接触，做好与顾客的及时沟通可以提高双方的愉悦感，更可以使顾客的满意度不断提升。

沟通的目的是让对方理解你所传达的信息和情感，即沟通的效果取决于对方的反应。良好的沟通是要说对方想听的，听对方想说的。因此，要弄清楚听者想听什么，通过认同、赞美、询问需求的方式实现，并以对方感兴趣的方式表达，如幽默、热情、亲和、友善，要用对方满意的方式倾听，积极探询对方想说什么，设身处地为对方着想，不要打断对方，控制好自己的情绪，适时做出回应与反馈，完成及时而有效的沟通。总之，沟通是一门学问，也是一门艺术，良好的沟通技巧能让双方产生很好的共鸣，反之，你我各执一词，其结果必然是不欢而散，有时甚至会带来矛盾与冲突。

小知识　沟通到底有多重要

（1）微软（中国）公司前总裁唐骏把沟通作为职业生存法则，他认为他在微软的十年就是沟通的十年。一个成功的IT职业经理人如此强调沟通能力，一定有他的道理。

（2）未来学家阿尔文·托夫勒说："与其说我们已经卷入信息时代，还不如说我们正处于沟通革命的时代。"

（3）美国前总统罗斯福说："成功公式中，最重要的一项因素是与人相处。"

（4）世界巨富洛克菲勒曾声明："我付高薪给处理人际关系能力强的人。"

（5）美国哈佛大学就业指导小组对数千名被解雇者进行调查，调查的结果证实：数千名被解雇的员工中，人际关系不好的比不称职的高出两倍。

二、沟通的原则

要想进行有效的沟通，除了需要具备良好的文化素养和语言表达能力之外，还需要掌握沟通的原则。这些原则对于任何人都适用，任何希望在人际沟通中获得成功的人都应该遵循，同时，这些原则是运用沟通技巧的基础，如果违背这些原则而去追求表面的技巧，多半不会奏效。沟通的原则是说话、行事、运用沟通技巧的准则，主要有五种，沟通的原则如图 3-15 所示。

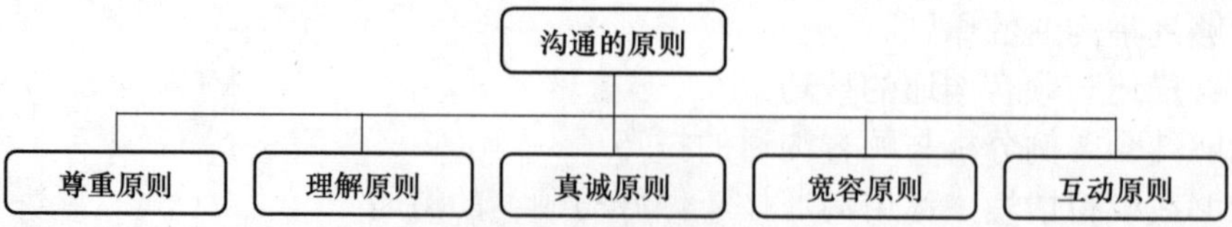

图 3-15　沟通的原则

1．尊重原则

美国著名社会心理学家马斯洛所提出的需求层次理论中，第四层次就是尊重需要。尊重需要包括自我尊重的需要和获得别人尊重的需要。人一方面要感受到自己的重要性，另一方面也想得到他人的认可，包括给予的尊重、赏识、认可等，以支持自己的感受，这样才能产生自信和愉悦。在人际沟通中，人们只有学会了尊重，才会有真正意义上的沟通，尊重对方的需要，你的沟通自然也就成功了。

在与顾客的沟通过程中，无论顾客有怎样的语言和情绪，收银员都要本着顾客至上的理念尊重顾客、尊重顾客的诉求，这样才会有成功沟通的可能。

小案例

卡耐基曾向纽约一家饭店租用大舞厅，每一季用 20 个晚上举办一系列的讲座。在夏天旅游高峰期的时候，他突然接到通知，说他必须支付比以前高出三倍的租金。卡耐基接到这个通知时入场券已经发出，而且所有的通告都已公布。当然，卡耐基并不想付这笔增加的租金。几天之后，卡耐基去见饭店经理时，先是表示非常理解他的做法，然后拿出一张纸，帮助经理分析他可能得到的利弊。卡耐基说："这些课程吸收了不少受过高等教育、修养高的人到你的饭店来，这对你是一个很好的宣传，不是吗？事实上，如果你花费 5000 美元在报上登广告的话，也无法像我的这些课程能吸引这么多的人来到你的饭店。这对一家饭店来说，不是价值很大吗？"

第二天，卡耐基收到一封信，通知他租金只涨 50%。在整个交流的过程中，卡耐基一直都是谈论对方所需要的，以及对方如何能得到他所需要的，正是尊重了对方需要，才有了一个完美的结局。

2．理解原则

沟通不仅是信息的传递，更是对信息的理解和把握，准确理解信息的意义才是良好的沟通。理解又是人际沟通的润滑剂，凡事一被理解就能顺利地解决。我们生活中常说的"理解万岁"就是这个道理。

促进理解的最佳方式是站在对方的角度看问题，也就是当你不知道他人的想法和需要时，不妨换位思考，设身处地地想一想，因为人的想法和需要往往是由他所处的位置所决定的。在人际沟通中，凡事多问几次"如果我是他，那么……"，就不难理解对方的做法了，了解了他的处境就容易赢得他人的信任。多站在对方的立场上考虑问题就会避免很多误解和摩擦，这样也更容易达成共识。

在与顾客的沟通过程中，收银员也要站在顾客的角度思考问题，其实每个人都会成为顾客，这样一来沟通起来就容易了。

小案例

一家电梯公司与某酒店订有维修合同。酒店经理不愿让电梯一次停运两个小时以上，因为这样将会给客人造成不便，但这次维修最少需要 6 个小时。电梯公司的代表给酒店总经理打电话说："我知道您的酒店生意好，不愿让电梯停太长时间，这样会给客人带来不方便，我理解您的忧虑，我们一定尽力使您满意。可是我们检查后发现电梯需要大修，否则将会带来更大的损坏，这样电梯可能会停运更长时间了。我想您更不愿给客人造成几天的不便吧。"最后经理同意停运电梯 6 个小时。正因为电梯公司的代表对经理为了方便客人的立场表示理解，最终才能够说服经理接受他的主张，而且还没有引起他不悦。

3．真诚原则

日本企业之神、著名国际化电器企业松下电器公司的创始人松下幸之助有句名言："伟大的事业需要一颗真诚的心与人沟通。"松下幸之助正是凭借这种真诚的人际沟通艺术，赢得了他人的信赖、尊重和敬仰，使松下电器成为全球电器行业的巨人。

有人做过一个统计，从描述人品的词语中选出你认为最重要的几个，真诚被排在了第一位。崇尚真诚是时代的主旋律。真诚既然是人心所向，那么在沟通中我们更应该坚持它。沟通最基本的心理保证是安全感，没有安全感的沟通交往是难以发展的，只有抱着真诚的态度与人沟通，才能使对方有安全感，才会觉得你有可信度，从而容易引起情感上的共鸣。

在与顾客的沟通过程中，收银员要真诚对待每一位顾客，这样才会有好的回馈。

小案例

一个女孩子在一家首饰店做销售员。某一天在整理柜台时，她不小心打翻了首饰盒，六枚戒指只找回了五枚。这时她发现有位男青年匆匆向门口走去，女孩凭直觉断定应该是他捡走了，因为此时店里人很少。女孩子赶上去叫住了他，很真诚地说道："你知道现在工作很难找，这是我的第一份工作，家里还有母亲等我赡养。"男青年顿了一会儿跟她握了一下手（戒指在手里），并说："祝你好运！"由此可见，女孩子用真诚打动了他。

4．宽容原则

宽容是一种胸怀、一种自信、一种修养，更是一种人生境界。宽容能够使自己对别人的言行给予理解，尊重差异，不轻易把自己认为正确或者错误的东西强加于他人。虽然我们也有不同意别人的观点或做法的时候，但应该学会尊重别人的选择，给予别人宽容与谅解。

践行"顾客至上"理念的有效途径便是宽容，收银员在与顾客的沟通过程中，若能宽容待客，就能以良好的心态进行沟通。

5．互动原则

沟通是互动的，这不是一方的事情，而是需要双方共同参与。有传递有反馈、有说有听才会有双方意见的交流，并在来来回回的互动中达成共识。

共享说话权利是互动的前提。在与人沟通时口齿伶俐、口若悬河固然是件好事，但是用之过度就不妥当了。沟通不该是一个人唱独角戏，每个人都有表现的本能欲望。尽可能要长话短说，言简意赅，给别人时间，听听他人的言论，这既是对对方的尊重，也会让你有所收获。

在与顾客的沟通过程中，需要先让顾客将自己的诉求表达清楚，在帮助顾客解决问题时应多提建议，让顾客进行选择，视顾客的反应"对症下药"，这样的互动才能保证沟通的成功。

教师示范

一、沟通技巧

为了使沟通更有效，需要运用五种沟通技巧。沟通技巧如图 3-16 所示。

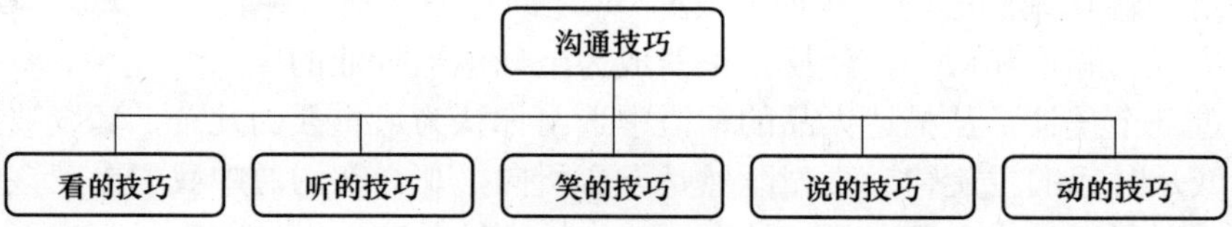

图 3-16　沟通技巧

1. 看的技巧

眼睛是心灵的窗户，要擅用目光与顾客接触，并迅速、准确地掌握顾客心理，捕捉顾客瞬间感受变化，以便审时度势，做到有效的沟通。

（1）与顾客沟通时，保持稳定、真诚的目光接触。与顾客目光接触会吸引顾客的注意力，有利于沟通。眼神既可传达善意与真诚，但也能暴露其恶意的一面，因此与顾客目光接触时是有禁忌的，与顾客目标接触的禁忌见表 3-3。

表 3-3　与顾客目光接触的禁忌

序　号	禁　忌
1	直盯——会让顾客有威胁的感觉
2	突然扫射——会让顾客觉得自己遭到了突然袭击，本能地警觉起来，容易产生不信任的感觉
3	游离不定——顾客的注意力会跟着你游离不定的目光转移或散漫，降低沟通效率
4	频繁眨眼——顾客会认为你对自己讲的内容感到紧张，缺乏自信

（2）与顾客目光接触的时间要适宜。一般而言，在一对一的场合，目光接触时间保持 5～10 秒为宜，在一对多的场合，则应保持 2～5 秒，需要引起注意的是，过度的目光接触不仅很累，还会引起顾客的厌恶和抵触。

（3）看的地方有讲究。在与顾客沟通时，应尽量直视顾客的眼睛及其附近的部分，而盯着顾客脸的上部、下部或其他部位时，不仅不能吸引顾客的注意力，而且还会让其感到不舒服。

小知识 与顾客打招呼时如何“看”

“生客看大三角、熟客看倒三角、不生不熟看小三角。”

（1）与不熟悉的顾客打招呼时，眼睛要看他面部的大三角：即以肩为底线、头顶为顶点的大三角形。

（2）与较熟悉的顾客打招呼时，眼睛要看着他面部的小三角：即以下巴为底线、额头为顶点的小三角形。

（3）与很熟悉的顾客打招呼时，眼睛要看着他面部的倒三角形，倒三角形是指以两眼为底线，以嘴为顶点的倒三角形。

2. 听的技巧

人生下来有“两个耳朵，一张嘴”，所以他用于听和说的比例是2:1，也就是要多听少说。一名优秀的一线服务人员在与顾客沟通时更要善于聆听，要倾听顾客的要求、需要或意图，还要倾听顾客的异议、抱怨和投诉，更要善于听出顾客未表达出来的深层意思。这就需要收银员掌握听的技巧，具体而言，有三大原则，倾听的三大原则见表3-4。

表3-4 倾听的三大原则

序　号	原　则
1	耐心——不要打断顾客的话，以免引起顾客不满，或片面地理解顾客的意思
2	关心——带着真正的兴趣听顾客要说什么，顾客的话是一张藏宝图，顺着它可以找到宝藏
3	专心——不要假设你知道顾客在说什么，那样你会以为自己知道顾客的需求而不会认真地去听

小案例

一位顾客急匆匆地来到某超市的收银台。顾客说：“小姐，刚才你找错了50元钱……”，还没等顾客说完，收银员满脸不高兴地说：“你刚才为什么不点清楚，钱货两清，概不负责。”这时，顾客说：“那谢谢你多给的50元钱了。”顾客说完后扬长而去，收银员听后目瞪口呆。

3. 笑的技巧

在与顾客的沟通过程中，有一项最简单、最有效的技巧，那就是微笑。微笑是极具感染力的，它不但能很快缩短你与顾客的距离，并且还能传情达意，可以感染顾客，使其调整态度或感到愉悦。当你微笑的时候，你就处于一种轻松愉悦的状态，这也有助于活跃思维，从而创造性地解决顾客的问题。相反，如果你的神经紧绷，这样只会越来越紧张，创造力就会被扼杀。当然，微笑看似简单，但也需要讲究一定的技巧。

（1）要笑得自然。微笑是美好心灵的外观，需要发自内心才能笑得自然、亲切、美好、得体，自然的微笑如图3-17所示。

图 3-17　自然的微笑

（2）要笑得真诚。人对笑容的辨别力非常强，一个笑容代表什么意思，是否真诚，人的直觉都能敏锐判断出来。所以，当你微笑时一定要真诚。真诚的微笑能让对方的内心产生温暖，引起对方的共鸣，使之陶醉在欢乐之中，情绪会得到调节，沟通会变得更加顺利。

（3）要笑得有含义。对不同的沟通对象应使用不同含义的微笑，以便传达不同的感情。比如尊重、真诚的微笑应该是给长者的，关切的微笑应该是给孩子的。

（4）要笑得适度。微笑是向对方表示的一种礼节和尊重，我们应倡导多微笑，但不建议你时刻微笑。微笑要恰到好处，比如当对方看向你的时候，你可以向他微笑点头。对方发表意见时，你可以一边听一边不时微笑。如果不注意微笑程度，微笑得放肆、过分、没有节制，就会不合时宜，引起对方的反感。

（5）要笑得恰当。微笑也要看场合，否则就会适得其反。如当你出席一个庄严的集会，或去参加一个追悼会，或是讨论重大的政治问题时，微笑是很不合时宜的。因此，在微笑时你一定要分清场合，并且运用恰当。

小知识　微笑“三结合”

（1）与眼睛的结合。当你微笑时，你的眼睛也要“微笑”，否则给人的感觉是“皮笑肉不笑”。眼睛会说话也会笑。如果你的内心充满温和、善良时，眼睛的笑容一定非常感染人。

（2）与语言的结合。微笑着说“您好”“欢迎光临”等，不要光笑不说，或光说不笑。

（3）与身体的结合。微笑要与正确的身体语言相结合才会相得益彰，带给顾客最佳的感受。

4. 说的技巧

（1）不用否定式，而用肯定式；不用命令式，而用请求式。

例 1：顾客问：这款有白色的吗？

回答 1：没有。

结果：顾客听后就可能转身离去。

回答 2：真抱歉，白色的刚好售完了，不过您可以看看这几个与白色相近的颜色，它们卖得比白色还好，并且比较耐看。

结果：可能引起顾客对其他商品的兴趣。

例 2：否定式：没有×××产品。

肯定式：现在有×××产品。

例 3：命令式：等一下。

请求式：请您稍等。

（2）注意说话的顺序。如果是向顾客介绍商品，则应该先提出商品的不足，再详细解释商品的优点，以优点大于缺点，这样更加突出商品的优质之处。

例如：表达 1：这件商品质量虽然好，但价钱稍稍贵了一点。

表达 2：这件商品的价钱虽然贵了一点，但质量很好。

这两句话只是顺序颠倒，但由于重点不同就给人产生了截然不同的感受，表达 2 重点放在“质量好”上，由于品质高，所以价格贵，一分钱一分货；而表达 1 却让顾客有这样的感受，质量虽好，但也值不了那么多钱，或是感觉这个人以为自己买不起这么贵的商品。所以，说话的顺序大大地左右了顾客，即使是同样的内容，说话的顺序不同，所表达出来的侧重点也会不同，可见先贬后褒的意义所在，它能使商品的优点更加突出。

（3）不断推进。在与顾客沟通时，需要有清晰的思维和逻辑，层层递进，不断向前推进，使整个沟通向着良好的结局发展，使顾客满意。

（4）用语尾表示尊重。

例如：表达 1：您很适合这款。（欠尊重）

表达 2：这款很适合您。（尊重顾客）

（5）拒绝时先说对不起，后加请求式语句。

例如：表达 1：这个款式没有您要的号码。（错误）

表达 2：对不起，这个款式只有×××号码，能不能请您看一下另外的款式，这款跟刚才那款的设计是差不多的。（正确）

（6）不断言，让顾客自己决定。

例如：表达 1：这款套件很不错的。（断言）

表达 2：很多顾客都觉得不错。/您看看这种款式您喜欢吗？（建议）

（7）自己承担责任。

例如：表达 1：您说您要这个颜色的。/您确实这样说的。（强调顾客的责任）

表达 2：对不起，是我没有弄清楚。（自己承担责任）

（8）说感谢和赞美的话。

例如：表达 1：这是今年最流行的款式。（没有赞美）

表达 2：您的眼光真不错，这是今年最流行的款式。（加入赞美）

除了运用以上 8 个说的技巧外，还要注意运用适当的语速、语调、语音等技巧，以助于更好地达到沟通的目的。

5．动的技巧

用语言传达信息是有限的，我们并不能用流利的语言向顾客 100%的传递信息，此时我们可以借助相关的肢体语言。在沟通过程中致使我们成功的因素在很大程度上也取决于我们的肢体语言。因此，有效的肢体语言有助于我们进行有效的沟通。

（1）体态。体态简单来说就是如何摆放身体。在卖场中，我们的站姿体态要求是：抬头、挺胸、收腹。切忌勾背、弯腰，这样会让顾客感觉到你没有精神。

小知识 改善体态“三部曲”

（1）要注意观察良好得体的姿势并适当模仿，从而从中掌握一定的规律。如头部的正确姿势、面部表情、手势的正确运用、四肢的动作等。

（2）要符合标准姿势。身体语言中有很多是约定俗成的，所以一定要符合标准。

（3）注意整体效应也就是要注意适人、适时、适地的“三适”原则，即要在适合的对象、适合的时间、适合的场合运用适合的身体语言。

总之，要像掌握说话技巧一样，从具体的场合、对象和表达内容出发，具体而灵活地运用，你就能成为一个“文质彬彬”的专业服务人员。

（2）头部动作

头部端正表示自信、严肃、正派、有精神的风度。

头部向上表示希望、谦逊。

头部向下表示内疚、沉思。

头部向前表示倾听、期望、同情、关心。

头部向后表示惊奇、恐惧、退让、迟疑。

点头表示答应、同意、理解、赞许。

（3）面部表情

脸上泛红晕一般是羞涩或激动的表示。

脸色发青发白是生气、愤怒或受了惊吓异常紧张的表示。

皱眉表示不同意、烦恼，甚至是盛怒。

扬眉表示兴奋、庄重等多种情感。

眉毛闪动表示欢迎或加强语气。

眉毛扬起后短暂停留再降下表示惊讶或悲伤。

小知识 面部表情中嘴的作用

（1）嘴唇闭拢表示和谐宁静、端庄自然。

（2）嘴唇半开表示疑问、奇怪、惊讶，如果全开就表示惊骇。

（3）嘴角向上表示善意、礼貌、喜悦。

（4）嘴角向下表示痛苦悲伤、无可奈何。

（5）嘴唇撅着表示生气、不满意。

（6）嘴唇紧绷表示愤怒、对抗或决心已定。

（4）手势。不同手势的含义见表 3-5。

表 3-5 不同手势的含义

序　号	手势及其含义
1	手心向上：坦诚直率、善意礼貌、积极肯定
2	手心向下：否定、抑制、贬低、反对、轻视
3	抬手：请对方注意自己要讲话了
4	招手：打招呼、欢迎你、请过来
5	推手：对抗、矛盾、抗拒、观点树立
6	单手挥动：告别、再会
7	伸手：想要什么东西
8	藏手：不想交出某种东西
9	拍手：表示欢迎
10	摆手：不同意、不欢迎、快走
11	两手叠加：互相配合、互相依赖、团结一致
12	两手分开：分离、失散、消极
13	紧握拳头：挑战、表示决定、提出警告
14	竖起拇指：称赞、夸耀
15	伸出小指：轻视、挖苦
16	伸出食指：指明方向、训示或命令
17	多指并用：列举事物种类、说明先后次序
18	双手挥动：表示呼吁、召唤、感情激昂、声势宏大

二、沟通技巧在收银服务中的运用

（1）收银员欢迎顾客时应面带微笑，与顾客目光接触，并致问候语："您好！欢迎光临！"

（2）收银员暂离收银台时，要将暂停服务的牌子放在收银台的醒目位置上并关闭收银通道。离开前如果还有顾客等候结账，则不可立即离开，应帮其结算完毕，并礼貌地对后面刚来排队的顾客说："抱歉，请您到其他收银台结账。"

（3）收银员重新回到收银台时，应让临近收银台正在排队的顾客到自己的收银台结账，并抱歉地对顾客说："真对不起，让您久等了。"

（4）收银员因工作疏忽给顾客带来不便时，应面带微笑并十分真诚地向顾客致歉："实在对不起，……今后我会多注意，请您原谅！"

（5）收银员希望顾客接受自己的意见或建议时，应语气温和地说："若您愿意的话，请您……"，还可以说："实在抱歉，请问您……"，最后可以询问顾客的意见："您的意思是什么？"

（6）如果有顾客因急事表示要先结账时，收银员应面带微笑征求前面顾客的意见，并说："对不起，后面那位顾客有急事，能不能先让他结账？"顾客同意时要真诚致谢："谢谢您的理解和配合！"若顾客不同意，则要安慰想要先结账的顾客，并说："请您稍等一下，很快就能到您了。"

（7）收银员遇到顾客因买不到所需要的商品而抱怨时，应向顾客致歉，并给予建议："对不起！您要的商品现在正好缺货，您要不要先买别的试一试？"

（8）收银员遇到顾客询问时，要给予积极响应。收银员若清楚顾客的问题，应详细给顾客讲解；若解答不了顾客的问题，应略带歉意地对顾客说："对不起，您问的问题我不清楚，请您稍等一下，我会请主管来帮您解答。”

（9）顾客怀疑商品不新鲜时，收银员应在确认商品完好的前提下以肯定、确认的语气告诉顾客：“您选的商品没有问题。如果您买回去不满意的话可以拿回来退换。”

（10）当遇到顾客要求打包时，收银员应微笑着告诉顾客：“请您先在收银台结账，再麻烦您到前面的总服务台（同时应做手势：五指并拢、手心朝上指向总服务台），会有专人为您服务的。”

（11）当顾客询问特价商品的情况时，收银员应先口述1～2种特价商品，同时出示宣传单给顾客看，并告诉顾客：“这里有详细的特价商品介绍，请您慢慢参考选购。”或者说：“您好，在×××处贴有特价宣传单，您可以参考……”

（12）收银员在遇到熟悉的老顾客时，应微笑着对顾客说：“谢谢您！欢迎您再次光临本店！”，并面对顾客点头示意。

（13）当有顾客食用未结账的商品时，收银员应委婉地对顾客说：“对不起，本店有规定，没有结账的商品不能食用，请您付款后再食用。”

（14）顾客携带的现金或银行卡余额不足时，收银员可以建议顾客放弃购买某一部分商品。

（15）收银员遇到顾客有意见时应仔细聆听，并对顾客说：“您说得对，实在对不起给您添麻烦了，我马上帮您解决，请稍等。”如果问题严重，不要立即下结论，而应请主管出面向顾客解释，其用语应为：“我明白您的意思，我会将您的意见汇报给主管（或店长），我们一定会尽快改善。”

（16）当发现顾客的表情异常时，如焦虑、焦急、不舒服、痛苦等，收银员应主动询问：“您好！有什么可以帮助您的吗？”或“您有哪里不舒服吗？”

（17）当有顾客的商品散落在地上时，收银员应主动给予帮助，并关切地说：“没伤到您吧，您要小心，我来帮您……”，收银员不应该视而不见。

总之，无论遇到哪种情况，收银员都要与顾客进行良好的沟通，保证服务的质量，让顾客满意。

学生模仿

一、实训物资准备

收银台、POS机等相关收银设备、必要商品；或是模拟的实训场景。

二、实训人员组织

全班自由结合分组，每组4～6人，自行确定各组组长并进行分工。在各组组长的带领下分别进行看、听、笑、说、动的技巧的模仿，或是模仿沟通技巧在收银服务中的运用。

三、实训时间安排

每个学生对沟通技巧的模仿不少于15分钟。

四、学生模仿过程

（1）各组成员轮流（根据实际情况进行角色互换）模仿老师运用的各种沟通技巧。

（2）模仿结束后各组进行交流，找出哪些地方有问题或不到位，指出谁的模仿效果最好。

（3）老师进行点评，肯定优点，指出不足，结合所学内容给出提高沟通效果的意见或建议。

实训练习

练习一　练习倾听

（1）每个同学准备一段话（长约3分钟），可以是自我介绍、商品介绍、故事情节、观点陈述等。

（2）同桌合作，一人陈述、一人倾听。

（3）倾听者总结陈述者要表达的主要意思。

（4）陈述者对倾听者的总结进行评价，检测倾听效果。

（5）同桌角色互换，重新进行练习。

小知识　倾听“三部曲”

（1）准备——顾客与你洽谈、沟通的时候，你要做好如下准备：为自己和顾客都准备一杯水，尽可能找一个安静的地方让双方坐下来，记得带笔和记事本。

（2）记录——俗语说：好记性不如烂笔头。一线服务人员每天要面对许多顾客，每个顾客的要求都不尽相同，把顾客谈话的重点记录下来是防止遗忘的最安全的方法。记录除了防止遗忘外，还有以下好处：具有核对功能，核对你听到的与顾客所要求的有无不同之处；在日后工作中，可根据记录的内容检查是否完成了顾客的需求；可避免日后有如“没听到”之类的纷争。

（3）理解——要检验理解你所听到的与顾客所要求的并无不同，要注意以下几点：不清楚的地方要询问清楚；以具体、量化的方式向顾客确认谈话的内容；要让顾客把话讲完后再提意见或疑问。

练习二　练习微笑

（1）说“E”，让嘴的两端向后缩，微张双唇；轻轻浅笑，减弱“E”的程度，这时可感觉到颧骨被拉向斜后上方；相同的动作反复做几次，直到感觉自然为止。

（2）拿一张纸或一本书遮住自己眼睛下边部位，对着镜子，心里想着最使你高兴的情景。这样你的整个面部就会露出自然的微笑，你的眼睛周围的肌肉也在微笑的状态，这就是“眼形笑”。然后放松面部肌肉，嘴唇也恢复原样，可目光中仍然在微笑的状态，这就是“眼神笑”的境界。学会用眼神与顾客交流，这样你的微笑才会更传神、更亲切。

练习三　练习收银员服务用语

（1）反复练习收银员服务用语，收银员常用的服务用语见表3-6。

表 3-6 收银员常用的服务用语

序 号	用语类型	标准用语	使用要点
1	迎客	“您好”“欢迎光临”	在迎客时使用，本着真诚礼貌的语气向顾客表达
2	服务	“您有什么问题”“您有什么需要”	顾客寻求帮助时，本着关注的语气向顾客表达
3	打扰	“劳驾”“麻烦您”“打扰一下”	要给顾客带来不便时，向顾客表达歉意
4	致歉	“对不起”“抱歉”“实在对不起”	给顾客造成麻烦时，向顾客表达歉意
5	感谢	“谢谢您”“非常感谢”	顾客为工作带来方便时，向顾客表达谢意
6	送客	“再见”“您慢走”“欢迎下次光临”	顾客离开时，本着真诚礼貌的语气向顾客表达

（2）反复练习沟通技巧在收银服务中的运用中的 17 种情形。

实训考评

【要求】请根据实训练习情况完成沟通技巧实训练习效果评价（见表 3-7）。

表 3-7 沟通技巧实训练习效果评价

考核项目	考核标准	得分/分
职业素养（20 分）	1. 按时出勤，课堂表现好（10 分）	
	2. 仪容仪表标准（10 分）	
关键能力（60 分）	1. 能够在沟通中遵循沟通原则（10 分）	
	2. 能够熟练运用看、听、笑、说、动的技巧（20 分）	
	3. 能够熟练运用收银服务中的沟通技巧（20 分）	
	4. 具备良好的团队合作精神（5 分）	
	5. 具备一定的组织协调能力（5 分）	
知识技能（20 分）	1. 能够说出沟通的含义（4 分）	
	2. 能够列举沟通的原则（8 分）	
	3. 能够复述与顾客沟通的技巧（8 分）	
合计得分		
心得体会：		

知识训练

一、不定项选择题（请将最佳选项代号填在括号中）

1. 尊重需要属于马斯洛需求层次理论的第（　　）层次。

A. 一　　B. 二　　C. 三　　D. 四

2. 倾听的原则包括（　　）。

A. 耐心　　B. 自信　　C. 关心　　D. 专心

3. 沟通过程中，收银员目光游离不定会给顾客带来什么影响？（　　）。

A. 会让顾客有威胁的感觉

B. 会让顾客觉得自己遭到了突然袭击，本能地警觉起来，容易产生不信任的感觉

C. 顾客的注意力会跟着你游离不定的目光转移或散漫，降低沟通效率

D. 顾客会认为你对自己讲的内容感到紧张，缺乏自信

4. 下列属于沟通技巧的有（　　）。

A. 看　　B. 听　　C. 说　　D. 动

二、判断题（正确的打“√”，错误的打“×”）

1. 在与顾客沟通时更要善于聆听。要倾听顾客的要求、需要或意图，还要倾听顾客的异议、抱怨和投诉，更要善于听出顾客未表达出来的深层意思。（　　）

2. 微笑是极具感染力的，它不但能很快缩短你与顾客的距离，并且还能传情达意，可以感染顾客，使其调整态度或感到愉悦。（　　）

3. 在与顾客沟通时，不需要进行目光接触。（　　）

4. 有效的肢体语言有助于我们进行有效的沟通。（　　）

5. 进行有效的沟通只需要具备良好的文化素养和语言表达能力就可以了。（　　）

三、案例阅读

患者与强盗成为朋友

美国著名作家欧•亨利曾写过这样一个故事。

一天晚上，一名患者正躺在床上。突然一个蒙面大汉跳进阳台，几步就来到床边，他手中拿着一把手枪，对床上的患者厉声说道：“举起手来！把你的钱都拿出来！”躺在床上的患者说：“我患了十分严重的风湿病，尤其是手臂疼痛难忍，哪里举得起来啊！”那强盗听了一愣，口气马上变了：“哎！我也有风湿病，可是比你的病轻多了，你得这种病多长时间了，都吃什么药呢？”躺在床上的患者从水杨酸钠到各类激素药都说了一遍。强盗说：“水杨酸钠是医生用来骗钱的药，吃了它没什么效果。”之后两人热烈地讨论起来，尤其对一些骗钱的药物看法颇为一致。两人的关系越谈越近，强盗早已不知不觉中坐在床上，并扶患者坐了起来。

强盗突然发现自己还拿着手枪，面对手无缚鸡之力的患者十分尴尬，赶紧偷偷地放进衣袋之中。为了表示自己的歉意，强盗问道：“有什么需要帮忙吗？”患者说：“咱们有缘分，我那边的酒柜里有酒和酒杯，你拿来，庆祝一下咱俩的相识。”强盗说：“干脆咱俩到外边的酒馆喝个痛快怎么样？”患者说：“可是我手臂太疼了，穿不上外衣。”强盗说：“我能帮忙。”强盗帮他穿戴整齐后，扶着他向酒馆走去。刚出门，患者忽然说：“我还没带钱呢！”强盗说：“我请客！”

拓展训练

【任务】根据情境模拟沟通。

【目的】进一步学会运用沟通技巧。

【情境】

情境一：A顾客（视觉型）来到某品牌液晶电视销售区，此顾客说话速度快，语调高，手势多，喜欢用看上去、看起来等语言，关注商品重点，忽略商品细节。遇到这种情况，应如何与A顾客沟通？

情境二：B 顾客（听觉型）来到某品牌液晶电视销售区，此顾客说话声音平缓、有抑扬顿挫，喜爱交谈，喜欢用听起来、听上去等语言，在乎商品细节，对商品内容过问详细。遇到这种情况，应如何与 B 顾客沟通？

情境三：C 顾客（感觉型）来到某品牌液晶电视销售区，此顾客说话速度慢、音调低沉、有停顿，不善言辞，喜欢用感觉是、感到等语言，不在乎商品外观，注重感受。遇到这种情况，应如何与 C 顾客沟通？

【要求】以组为单位进行角色扮演，并互换角色。根据训练情况完成沟通技巧拓展训练评价（见表 3-8）。

表 3-8 沟通技巧拓展训练评价

序　号	考核内容	考核标准	总分/分	得分/分
1	举止仪表	举止大方，神态自然	10	
2	文明用语	符合职业岗位要求，接待用语规范	10	
3	学习态度	学习沟通技巧，积极思考，分析资料	10	
4	语言表达	普通话标准，表达清晰，具有亲和力	10	
5	案例分析	主题明确，层次清楚，内容有新意	20	
6	活动参与	资料采集，参与讨论，灵活应变	20	
7	团队合作	能与组员配合，共同模拟训练	20	
合计得分			100	

职场寄语

无论是收银员还是其他一线的服务人员，都必须做好与顾客的沟通。

（1）善于倾听顾客的谈话和询问顾客。与顾客进行有效沟通，必须学会倾听顾客的谈话，因为沟通过程是一个相互的过程，只有认真倾听顾客的谈话，顾客会认为你尊重了他，他才有可能认真听你的谈话，这样才有机会让顾客接受你的观点和意见。当然，只会倾听还是远远不够的，除此之外还必须学会巧妙询问。询问时应注意顾客的态度和忌讳等，同时最好能够学会利用一些巧妙的问话，从顾客口中听到自己想要得到的信息或把自己的一些想法和意见表达出来。

（2）学会换位思考问题。与顾客沟通时应学会以顾客利益为出发点去考虑问题，多想想如果自己是顾客该会怎样，经过换位思考的假设，相信许多顾客的想法和反映也大都能被你预测到，这样你也就能够适当调整自己的沟通方式和方法，使自己与顾客进行更容易的沟通。

（3）学会和不同类型的顾客沟通。每一个顾客都有其不同的性格和办事风格，与不同类型的顾客进行有效沟通和交流需要一定的方法和技巧。与顾客沟通要学会根据顾客的不同特点区别对待，力求顺应对方的特点，选择有共同点的话题，有了共同性，彼此间的冷漠就会渐渐消退而逐渐亲密起来。

（4）必须注意的细节问题。一是与顾客沟通交往的过程中务必要保持一份诚心，只有以诚相待、以礼相待，才能和顾客进行很好的沟通；二是有诺必行，答应顾客的事，说到一定要做到，千万不要夸大其词或妄下断语，否则会让顾客对你产生不信任感。

除此之外，与顾客沟通时需要保持冷静，态度要温和，任何顾客遇到不满意的时候，我们需要态度温和地同他交流；要有良好的心理素质，对于顾客的要求或是询问要有耐心，毕竟顾客是上帝，但也应做到不卑不亢。

任务3 处理顾客纠纷与投诉

任务引入

顾客在购买商品的过程中，或在购买商品之后，或在收银过程中可能会因为各种原因而产生不满或抱怨的情绪，进而可能引起许多纠纷或顾客投诉。这样的纠纷和顾客投诉是每一个一线服务人员都会遇到的问题，它是顾客对超市管理和员工服务不满的表达方式，也是有价值的信息来源，它为超市创造了许多机会。因此，如何利用处理顾客投诉的时机而赢得顾客的信任、把顾客的不满转化为满意、锁定他们对本店的忠诚、获得竞争优势已成为每个一线服务人员必须掌握并能熟练运用的一项服务技巧。

任务分析

任何顾客选择某一超市进行购物，都是抱了很大的希望想满足自己某方面的需要。但是每一位顾客对商品和服务的需求具有差异性，对于一线的服务人员或整个超市而言，在为顾客提供商品或服务时，顾客的不满与投诉是不可避免的，关键是看如何去面对和处理。俗话说：好事不出门，坏事传千里。如果顾客纠纷与投诉处理得不好，则只会慢慢毁坏超市的形象，失掉了顾客。如果处理得好，则能适时化干戈为玉帛，从而赢得顾客的心，提高顾客的忠诚度。

要处理好纠纷与顾客投诉，应该具备如下知识与技能：

（1）能够说出产生顾客纠纷和投诉的原因。

（2）能够复述顾客纠纷和投诉的心态。

（3）能够列举处理顾客纠纷与投诉的原则。

（4）能够简述处理顾客纠纷与投诉的步骤。

（5）能够描述处理顾客纠纷与投诉的技巧。

（6）能够结合案例分析处理顾客纠纷与投诉的技巧。

（7）能够在模拟情境中运用相应的技巧处理顾客纠纷与投诉。

知识准备

一、顾客纠纷与投诉的原因分析

顾客纠纷与投诉的发生是有原因的，概括起来主要有四个方面的因素，顾客纠纷与投诉产生的原因如图 3-18 所示。

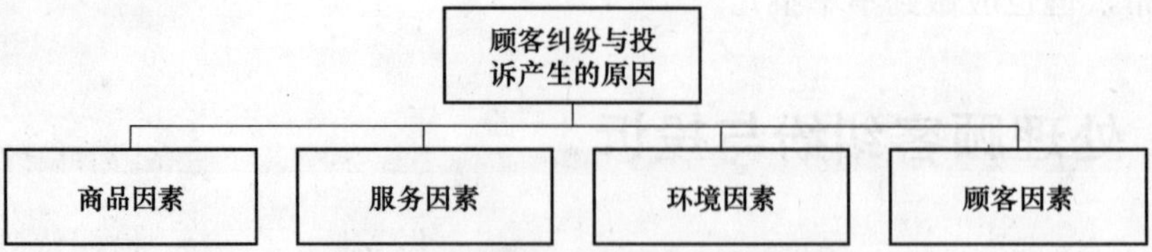

图 3-18 顾客纠纷与投诉产生的原因

1．商品因素

（1）商品质量差。商品质量差包括商品品质不佳，商品标志不全，商品有污损、破洞等，虽然商品质量差往往是制造商的责任，如衣服洗后缩水、褪色或罐头里有异物，但作为超市来说，并非完全没有责任，因为超市负有监督商品的责任，所以必须为顾客提供质量好的商品和优质的服务。

（2）商品价格偏高。顾客通常对商品的价格比较敏感，因此对价格的横向比较颇为注重。顾客一般抱怨某一超市的价格水平高于商圈内的其他超市的价格，往往希望该超市对价格进行下调或做促销。

（3）商品缺货。有些热销商品或特价商品售空后没有及时进货或补货，使顾客空手而归；促销广告中的促销商品数量有限，顾客专程而来却买不到。这些情况都容易引起顾客不满。

2．服务因素

这里所说的服务方式是指超市收银员或其他一线服务人员在接待顾客时的服务方式。收银员接待顾客方式的好坏直接关系到顾客对超市的信任程度。顾客对收银员服务方式的不满主要表现在以下几个方面：

（1）收银员态度不当。收银员在接待顾客时经常会因态度不当而引发顾客纠纷。比如收银员只顾自己聊天而不理会顾客；收银员因顾客的购买金额不多而冷淡应付，或者对顾客不屑一顾；收银员在顾客准备买商品时热情相待，倘若顾客决定不买时，收银员马上板起面孔，甚至冷嘲热讽；还有些收银员会与顾客发生争吵。这些行为很容易引起顾客纠纷与投诉。

（2）收银员工作上出现失误。不管收银员如何注意自己的服务态度，也会因为一时的小疏忽而引起顾客的不满。如算错了钱、多收了顾客的钱，或者为顾客介绍商品时不准确，以至于顾客买错了商品等。

（3）顾客对收银员产生误会。有时收银员可能没犯什么错误，也没什么不称职的地方，但顾客会因为对收银员及其提供的服务持某种主观的否定态度而产生不满情绪。例如，尽管收银员已经尽了最大努力，但顾客仍认为收银员为他结账时不够耐心。

（4）收银员无法满足顾客的要求。有时顾客要求的服务水准很高，收银员根本无力提供。这时候如果收银员只简单地说声“不”而不做任何解释或给出合理建议的话，也会引起顾客的不满，进而引起顾客纠纷与投诉。

此外，顾客也会对服务人员的待客方式或整体服务质量产生不满的情绪，服务人员待客方式不当的表现见表 3-9。

表 3-9 服务人员待客方式不当的表现

序号	项目	表现
1	服务态度方面	一味地推销商品，不顾顾客的反应
		只顾自己和同事聊天，不理会顾客
		在卖场内紧跟顾客，像在监视顾客
		顾客不买时，马上板起面孔
2	服务语言方面	不跟顾客打招呼
		顾客询问不回话
		说话过于随便
		不使用规范的服务用语
3	销售方式方面	不耐烦地推荐商品给顾客
		强制顾客购买某种商品
		对有关商品的知识一无所知，无法回答顾客的咨询

3. 环境因素

超市的环境直接影响顾客的心情，顾客对消费环境的不满主要有以下几个原因：

（1）光线太强或太暗。基本照明的亮度不够，使货架和通道地面有阴影，导致顾客看不清商品的价格标签；基本照明的亮度过强，使顾客的眼睛感到不适，从而引起投诉。

（2）温度不适宜。温度过高或过低都不利于顾客浏览和选购商品。

（3）卖场内地面太滑。特别是在生鲜区，如果地面太滑，顾客行走时如履薄冰，老年顾客以及儿童很容易跌倒，则会引起顾客的投诉，甚至还会引来法律纠纷。

（4）卖场噪声过大。

（5）外部环境的不合理：如停车位太少、出入口台阶设计不合理、上下电梯过陡等。

4. 顾客因素

当顾客遭遇不满意的商品或服务时，不仅承受的是金钱损失，还经常遭遇不公平对待，这对自尊心、自信心造成很大的伤害。同时，不同类型顾客对待“不满意”的态度不尽相同，理智型的顾客遇到不满意的事不吵不闹，但会据理相争，寸步不让；急躁型的顾客遇到不满意的事必投诉且大吵大闹，最难应对；忧郁型的顾客遇到不顺心的事可能无声离去，决不投诉，但不会再光临本店。

二、顾客纠纷与投诉的心态分析

作为顾客去投诉，很重要的一点是需要得到问题的解决，此外，顾客还希望得到企业的关注和重视。有时顾客不投诉是因为他不相信问题可以得到解决，或者说他觉得自己的投入和产出会不成比例；而投诉的顾客往往是忠诚度很高的顾客。总之，有效地处理顾客投诉，能为企业赢得顾客的高度忠诚。

小知识 顾客纠纷与投诉的三种心理

（1）发泄的心理。这类顾客在接受服务时由于受到挫折，通常会带着怒气投诉，只有把自己的怒气发泄出来，才能使忧郁或不快的心情得到释放和缓解，以维持心理上的平衡。

（2）尊重的心理。这类顾客的情感极为丰富，他们在接受服务的过程中产生了挫折和不快，在进行投诉时，总希望他们的投诉是对的、有道理的，他们最希望得到的是同情、尊重和重视，并向其表示道歉和立即采取相应的措施。

（3）补救的心理。这类顾客投诉的目的在于补救，其中包括经济上的补救和精神上的补救。当顾客的权益受到损害时，他们希望能够及时得到补救。

三、处理顾客纠纷与投诉的原则

处理顾客纠纷与投诉并不是件愉快的事情，但必须予以重视，并将其看作是提高超市服务质量的有利机会。为此，应当遵循五大原则，处理纠纷与投诉的原则如图 3-19 所示。

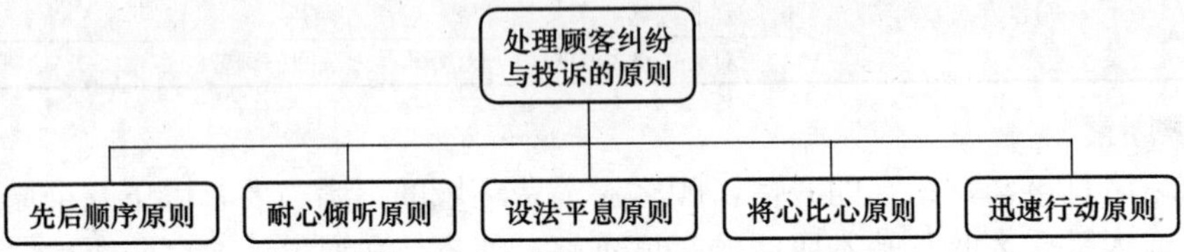

图 3-19　处理顾客纠纷与投诉的原则

1．先后顺序原则

美国有一家汽车修理厂，他们有一条服务宗旨叫作“先修理人，后修理车”。什么叫“先修理人，后修理车”呢？一个人的车坏了，他的心情会受到影响，所以你应该先关注这个人的心情，然后再关注汽车的维修，“先修理人，后修理车”讲的就是这个道理。可是这个道理很多服务人员都忽略了，往往是只修理车，而不顾及人的感受。因此，正确处理顾客投诉的原则，首要的就是“先处理情感，后处理事件”，也就是先后顺序原则。

2．耐心倾听原则

只有认真听取顾客的抱怨才能发现其实质性的原因。一般顾客在投诉时情绪都不稳定，一旦发生争论，只会火上加油，适得其反。因此，我们必须耐心地倾听顾客的抱怨，避免与其发生争辩。

3．设法平息原则

由于顾客的投诉多数属于发泄性质，只要得到超市的同情和理解并消除了怨气，待心理平衡后事情就容易解决了。因此，作为一名服务人员在面对顾客投诉时，一定要设法搞清楚顾客的怨气从何而来，以便对症下药，有效地平息顾客的抱怨。

4．将心比心原则

漠视顾客的感受是处理顾客投诉的大忌。服务人员必须站在顾客的立场上将心比心、诚心诚意地去表示理解和同情，并承认过失。因此，对所有的顾客投诉的处理，无论已经被证实还是没有被证实，都要先表示歉意而不是先分清责任。

5．迅速行动原则

体谅顾客的感受而不采取行动的则是一个空礼盒。说“对不起，这是我们的过失”，不如说“我能理解给您带来的麻烦与不便，您看我们能为您做些什么吗”。顾客投诉的处理必须付诸行动，不能单纯地同情和理解，要迅速地给出解决的方案。

教师示范

一、处理顾客纠纷与投诉的步骤

一般来说，处理顾客纠纷与投诉的步骤如图 3-20 所示。

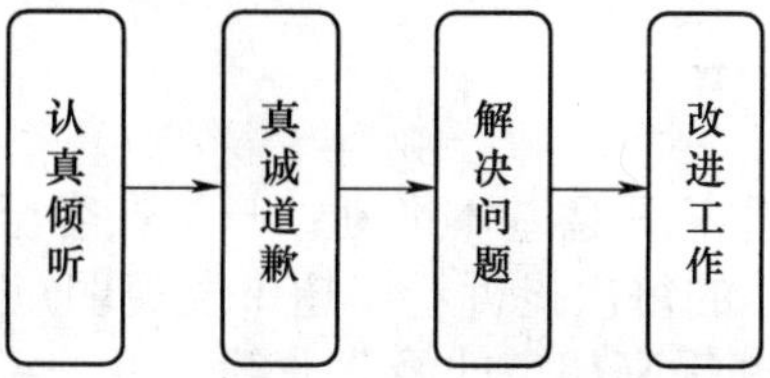

图 3-20　处理顾客纠纷与投诉的步骤

1. 认真倾听

发生顾客纠纷与投诉时，首先要认真倾听顾客的抱怨，让其把心里话说出来，这是最基本的态度。顾客既然产生不满情绪，表明他在精神上或物质上受到了某种程度的损害，因此，他在提出抱怨时很可能会不太理智，服务人员应该理解顾客的心情，切不可与之发生冲突。只有认真倾听，以便弄清楚问题所在，以便更好地“对症下药”。

小知识

为了能让顾客心平气和，在倾听时应该注意以下几点：

（1）要让顾客充分发泄情绪。不管当时顾客的态度如何，你都必须以礼相待，尽可能地使其情绪得到释放和宣泄，这样有助于问题的解决。

（2）要善用肢体语言。在倾听时，要以专注的眼神和间歇的点头来表示自己正在仔细倾听，让顾客感觉自己受到了重视和尊重。

（3）要确认问题所在。倾听不仅是一个动作，还必须认真、详细地了解事情的每一个细节，确认问题的症结所在，并随时以“我明白”“我懂了”之类的回应表示对问题的了解状况，与顾客做好互动。

2. 真诚道歉

在听完顾客的抱怨之后，无论责任在谁，都应该立即向顾客真诚地道歉，对顾客提出的问题表示感谢，这样可以让顾客感觉自己受到了重视，以进一步平息顾客的不满情绪。同时，要对事件的原因加以判断、分析。有些顾客可能比较敏感，遇到这种情况，千万不要直接指出他的错误，应该委婉、耐心地向他解释，以取得顾客的谅解。

3. 解决问题

解决问题是处理纠纷与投诉的关键所在，只有妥善有效地解决了顾客的问题才算完成了对顾客纠纷与投诉的处理。在提出解决方法时应该站在顾客的立场，尽量满足顾客的要求。与顾客达成共识后，必须迅速采取补救措施而不能拖延，否则顾客的抱怨不仅不会消除，反而会加重，因为顾客又会产生新的不满。问题解决得好，顾客会感到满意，下次自然还会光顾这里，因此就提高了顾客的忠诚度。

4. 改进工作

处理顾客纠纷与投诉不能满足于消除顾客的不满、解决顾客的问题，更重要的是通过顾客的不满找出超市管理上的薄弱环节并加以改进，否则，虽然通过补救措施消除了顾客的不满，但同样的事情可能还会发生，这个问题实际上等于没有从根本上解决。可以说，顾客的每一次投诉都为超市提高服务水平提供了很好的机会，抓住这个机会进行举一反三并将问题根除，可以使顾客的满意度和忠诚度得到不断提升。

二、处理顾客纠纷的技巧

处理各种顾客纠纷时需要牢记两条基本准则：一是顾客至上，永远把顾客利益放在第一位；二是迅速补救，确定把顾客的每次投诉看作超市发现弱点、改善管理的机会。只有这样，才能重新获得顾客的信赖，不断提高超市的经营业绩。

1. 商品质量引起纠纷的处理

为了保证售出商品的质量，防止因商品质量问题而造成的纠纷，超市在进货时应严把质量关，在陈列时注意商品的保护，在销售时详细向顾客解释商品的使用、保养方法，避免因顾客使用不当而引起商品损坏，甚至引发事故。发生此类纠纷，无论责任在谁，超市都应该诚恳地向顾客道歉，并立即奉上新的商品，如果顾客用了该商品而发生物质上或精神上的损失，超市还应给予相应的补偿。

小案例

王女士在某超市买了两个某品牌的水果蛋糕，回家食用时发现蛋糕里有一只蚊子，之后马上找到超市理论。超市收银员小李说：“这个蛋糕不是我们超市生产的，因此责任不在我们。”王女士非常生气地说：“这个蛋糕是在你们超市买的，不找你们找谁啊？”小李十分激动地说：“该找谁找谁去，反正不要来找我们！”

2. 收银员服务态度不当引起纠纷的处理

由于收银员服务态度不当而引起的纠纷不像商品质量一样有明确的证据，而且同样的待客态度也可能由于顾客的不同而有不同的反应。所以，遇到此类纠纷，当事人双方很难解决，此时就需要收银主管出面处理，可以采用两种处理方式：第一，先仔细听完顾客的抱怨，然后代表超市向顾客致歉，并保证一定会加强对收银员的教育，不让类似情况再次发生；第二，如果顾客情绪非常激动，主管应陪同收银员一起向顾客道歉，以获得顾客的谅解。由于采用第二种方式会使发生纠纷的双方再次见面，顾客很可能言辞激烈并再次指责收银员，而收银员也有可能会为自己辩解，所以为了避免再次发生冲突，主管应事先和收银员谈话，使其承认错误，然后再诚挚地向顾客道歉。

小案例

赵先生去某超市购物，到收银台结账时才发现没带钱包，最后只能将商品退掉，收银员小孙也要把刚才扫描过的一大堆商品取消，心里有点反感，小声嘀咕了一句：“没带钱你买什么东西，浪费别人的时间。”恰巧被正要离开收银台的赵先生听到了，于是两人吵了起来。

3．收银员工作失误引起纠纷的处理

如果因收银员工作失误引起了纠纷，收银员必须诚恳地向顾客道歉，并且说明的确是由自己的疏忽所造成的，并承担所有责任，而不要把一丝一毫的责任推卸给顾客。如果顾客觉得自己也有部分责任，他会自己说出来的。收银员若暗示顾客也有责任，这样只会使情况变得更糟。向顾客道歉后收银员要征求顾客的处理意见。只要收银员确实有改正错误、弥补失误的诚意，就仍会获得顾客的好感。顾客走后，收银员还要认真分析失误的原因并采取相应的措施，确保今后不会再犯此类错误。

小案例

李先生到某超市购物后结账时，由于收银员小张的粗心而多收了李先生 50 元现金。李先生发现后就去找收银员小张理论。

4．顾客对收银员产生误会引起纠纷的处理

由于顾客对收银员产生误会引起的纠纷，收银员仍应先向顾客道歉，然后再仔细、平静地把原委解释清楚，但注意不要把话说得太明确，以免使顾客难堪。因为收银员工作的目的是让顾客满意，所以无论自己有没有失误，都可以这样对顾客说："您说得对，真对不起，我能做什么来补救吗？"在这样的气氛里，顾客的不满很容易被化解掉。

小案例

李女士到某超市买水果，收银员小王由于当时不当班而在店内做临时导购员，于是就主动帮着李女士一起挑苹果，且非常认真和耐心。可是李女士却说："你怎么故意挑小的给我呢？"小王感到很委屈，跟李女士辩解了几句后，两人便吵了起来。

5．顾客服务需求过高引起纠纷的处理

由于顾客服务需求过高引起的纠纷，收银员这个时候如果跟顾客辩解是适得其反的，只会引起顾客更大的不满。对待这种情况，收银员应沉着冷静，如实地告诉顾客超市业务的局限性，并承诺要积极向领导反映顾客的建议，争取早日增加相关服务项目，然后主动帮助顾客寻求解决问题的方法。

小案例

王小姐在某超市购买了一条裤子，大小合适，可是裤腿过长。在收银台付完款后，王小姐问收银员小吴："超市能不能给改一下裤子，帮我改短一些。"收银员小吴说："对不起，我们没有这项业务，你自己找个地方改一下吧。"王小姐觉得很不舒服，便冲着小吴发火说："我到你们这么大的店来买裤子，结果还要自己去改，你们的服务太不周到了。"而小吴觉得顾客的要求太高，超市没有开展这项业务，而且也不是自己的责任，于是就跟王小姐辩解起来，双方出现了争执。

三、处理顾客投诉的技巧

1. 了解顾客的真正意愿

在处理顾客的投诉时，一定要诚心诚意地与顾客沟通意见，多采取恰当的询问方式，不要怕浪费时间，要争取了解清楚顾客的真正意愿。

小案例

赵先生在某超市买了一台便携式计算机，到家后却发现这台计算机的外壳出风口处有划痕。赵先生非常气愤，带着计算机找到了那家超市。根据规定，赵先生有三种选择：一是退货；二是换货；三是免费维修。赵先生想要第一种选择，然而出于面子的考虑，赵先生没有直截了当地提出要退货，而是反复强调不再信任这个品牌的计算机，买回去也不放心。由于赵先生没有陈述自己的真实要求，服务人员又坚持免费维修，最后双方陷入僵局。

小知识

（1）当顾客以坚定、高昂的语调一而再、再而三地重复陈述同一个事实时，通常可以判断出该顾客的本意。

（2）当顾客反复强调商品的缺点却不主动提出或不强烈地要求退货时，说明该顾客希望这个商品能减价销售。

……

2. 牢记处理投诉时的“禁语”

前来投诉的顾客往往都怀着不满的情绪，任何一点火花都会激起他们的“怒火”。在处理投诉的过程中，负责调解的服务人员说话稍有不慎或用语不当，就很容易引起顾客的不满，使矛盾更加激化。因此，在处理投诉时务必要保持礼节，避免使用服务禁语，处理投诉时的“禁语”见表 3-10。在接受顾客的投诉时应站在顾客的角度说话，有时候一句体贴、温暖的话语，往往能起到化干戈为玉帛的作用，能够更好地与顾客解决问题，提高了处理顾客投诉的效率。

表 3-10　处理投诉时的“禁语”

序　号	禁　语	分　析
1	“这种问题连三岁小孩儿都懂。”	会让顾客认为自己无知，从而引起反感
2	“一分钱，一分货。”	会伤害顾客的自尊心，认为自己买不起更好的
3	“不可能，绝不可能发生这种事情。”	会伤害顾客，认为顾客在撒谎
4	“这个问题不关我的事，是厂家的责任。”	会让顾客认为你不负责任、不讲信誉
5	“这个问题我不太清楚。”	会让顾客认为你不够尽职，没有责任感
6	“我绝对没有说过这种话。”	会伤害顾客，认为顾客在撒谎
7	“对不起，这是本店的规定。”	会让顾客产生反感，认为你在找借口
8	“总是会有办法的。”	会让顾客觉得你在搪塞，没有尽力
9	“改天我再和你联系。”	会让顾客觉得你在推辞，不愿意解决

四、处理顾客纠纷与投诉的善后工作

1. 自我控制

作为一名职业化的服务人员，要有良好的心理素质，要能有效地控制自己的情绪。你要不断地告诉自己，顾客针对的不是你，因为你是一名服务人员，顾客是对商品有意见，是对超市的服务有意见，而不要把顾客的一些不太恰当的语言理解成为对你个人的人身攻击。服务人员要完全站在顾客的立场上为顾客着想，以体谅的心情来理解顾客，从而保持一种平和的心态。

2. 自我对话

在激烈的争吵中仍然能保持冷静，这对一名服务人员来说是一个非常重要的心理素质。当接待了很多顾客以后就会出现疲劳、烦躁、沮丧的心理状况，这时需要调整自己的情绪，解决方案就是自我对话，即当你的情绪很激动时，需要进行一些自我对话。一些自我对话如下所示：

（1）我是问题的解决者，我要控制住局面。

（2）顾客的抱怨不是针对我而是针对商品。

（3）保持冷静，做深呼吸。

（4）顾客不满意不是我不满意，我不能受他的影响。

（5）我需要冷静地倾听顾客的诉说，虽然他的措辞很激烈。

（6）我需要知道事情的经过和真相，所以我不能激动。

（7）我需要用良好的情绪来影响他，使他放松，缓和他的紧张心情。

3. 自我检讨

在处理完顾客投诉后，还要进行一个自我检讨的工作。回忆在处理的过程中哪些话不该说，哪些话该说却没有说，争取在下一次遇到这种情况时加以改进。

学生模仿

一、实训物资准备

收银台、POS 机等相关收银设备、必要商品；或是模拟的实训场景。

二、实训人员组织

全班自由结合分组，每组 4～6 人，自行确定各组组长并进行分工。在各组组长的带领下进行处理顾客纠纷与投诉技巧的模仿，并模仿处理顾客纠纷与投诉的善后工作。

三、实训时间安排

每个学生对处理顾客纠纷与投诉技巧的模仿不少于 20 分钟。

四、学生模仿过程

（1）各组成员轮流（根据情况进行角色互换）模仿老师运用的各种处理顾客纠纷与投诉

的技巧。

（2）模仿结束后各组进行交流，找出哪些地方有问题或不合理，指出谁的模仿效果更好。

（3）老师进行点评，肯定优点，指出不足，结合所学内容给出更有效处理顾客纠纷与投诉的意见或建议。

实训练习

练习一　情境练习

（1）假设你是一名收银员，你在收银时由于自己工作的疏忽，少找了顾客 20 元钱，引起了顾客的强烈不满，并向客服中心进行了投诉，遇到此情况你该如何处理这件事情？

（2）以组为单位进行角色扮演，对上述情境进行模拟练习。

（3）对模拟过程及效果进行分析与评价，以做进一步提高。

（4）角色互换，重新进行模拟练习

练习二　填写顾客投诉记录单

受理解决顾客投诉时，要认真填写顾客投诉记录单，详细记录顾客的姓名、发生的时间、投诉的时间、投诉事件的经过、处理原则的依据、事件处理的经过、事件处理的结果等事项。投诉处理完毕后，要经主管和店长签字，由客服中心存档备查，并可作为超市员工培训的案例。

根据练习一模拟情境处理顾客投诉的情况，认真填写顾客投诉记录单，顾客投诉记录单见表 3-11。

表 3-11　顾客投诉记录单

编号：0000020160001		投诉主题			
顾客姓名		家庭住址			
联系电话		发生时间		投诉时间	
投诉事件经过					
处理原则依据					
事件处理经过					
事件处理结果					
参与处理人员					
主管签字			店长签字		
备　注					

练习三　填写收银员服务情况检测表

超市只有通过服务这一环节才能将商品传递到顾客手中，服务工作的好坏直接影响着商品是否能够顺畅流通，直接影响着超市在顾客心目中的位置和形象。因此，调节好与顾客之间的关系、尽量避免或杜绝顾客投诉事件、明确服务的特殊性是树立超市良好形象、提高经营业绩的关键一环。

请认真填写收银员服务情况检测表，收银员服务情况检测见表 3-12，以检测自己的服务态度、服务水平和服务质量，针对不足之处迅速改进，从而减少或避免顾客投诉的发生。

表 3-12 收银员服务情况检测

序号	检测内容	是	否
1	是否知道本超市的经营特色是什么		
2	是否知道本超市的销售主力		
3	是否熟悉本超市的商品特色		
4	是否知道相关商品的库存状况		
5	是否熟悉相关商品的价格		
6	是否熟悉相关商品的使用、保存、陈列等注意事项		
7	是否熟悉相关商品质量的判断标准		
8	每天的妆容是否使人清新愉悦		
9	是否时刻注意着顾客的情况，而不是与同事聊天或做自己的事情		
10	是否做到不强迫顾客购买商品		
11	无论顾客衣着朴素或华丽都同样热情接待		
12	是否愿意不厌其烦地为顾客提供服务		
13	顾客态度不好时是否也能热情周到，并使用规范的服务用语		
14	对于顾客提出的要求是否了解并立即予以解决		
15	对超市的销售情况是否予以关注		
16	在收款时是否特别注意，以避免发生差错		
17	是否不在上班时间会客		
18	顾客抱怨时是否细心予以解释		
19	顾客离开时是否笑脸告别		
20	对自己从事的服务工作是否热爱		

实训考评

【要求】请根据实训练习情况完成处理顾客纠纷与投诉技巧实训练习效果评价（见表 3-13）。

表 3-13 处理顾客纠纷与投诉技巧实训练习效果评价

考核项目	考核标准	得分/分
职业素养（20 分）	1. 按时出勤，课堂表现好（10 分）	
	2. 仪容仪表标准（10 分）	
关键能力（60 分）	1. 能够按照步骤处理顾客纠纷与投诉（10 分）	
	2. 能够熟练运用处理顾客纠纷与投诉的原则（20 分）	
	3. 能够熟练运用处理顾客纠纷与投诉的技巧（20 分）	
	4. 具备良好的团队合作精神（5 分）	
	5. 具备一定的组织协调能力（5 分）	
知识技能（20 分）	1. 能够说出产生顾客纠纷和投诉的原因及顾客心态（4 分）	
	2. 能够列举处理顾客纠纷与投诉的原则和步骤（8 分）	
	3. 能够描述处理顾客纠纷与投诉的技巧（8 分）	
合计得分		
心得体会：		

知识训练

一、不定项选择题（请将最佳选项代号填在括号中）

1. 顾客纠纷与投诉产生的原因主要有（　　）。

A. 商品因素　　B. 服务因素

C. 环境因素　　D. 顾客因素

2. 顾客纠纷与投诉通常有三种心理，即（　　）。

A. 好奇的心理　　B. 发泄的心理

C. 尊重的心理　　D. 补救的心理

3. 下列属于处理顾客纠纷与投诉的原则的有（　　）。

A. 耐心倾听　　B. 设法平息

C. 将心比心　　D. 迅速行动

4. 在引起顾客纠纷与投诉的因素中，下列哪些属于商品因素？（　　）

A. 商品质量差　　B. 商品价格偏高

C. 商品缺货　　D. 服务人员商品推介不当

5. 在引起顾客纠纷与投诉的因素中，下列哪些属于服务因素？（　　）

A. 收银员态度不当　　B. 收银员工作上出现失误

C. 顾客对收银员产生误会　　D. 收银员无法满足顾客的要求

二、判断题（正确的打"√"，错误的打"×"）

1. 作为顾客去投诉，很重要的一点是需要得到问题的解决，此外，顾客还希望得到企业的关注和重视。（　　）

2. 顾客的每一次投诉都为超市提高服务水平提供了很好的机会，抓住这个机会进行举一反三并将问题根除，可以使顾客的满意度和忠诚度得到不断提升。（　　）

3. 商品质量差，如商品品质不佳，商品标志不全，商品有污损、破洞等，这些都是制造商的责任，超市是完全没有责任的。（　　）

4. 只有认真听取顾客的意见，才能发现其实质性的原因。（　　）

5. 由于顾客对收银员产生误会引起的纠纷，收银员不需要向顾客道歉。（　　）

三、案例阅读

一辆玩具小汽车引发的投诉

王先生在一家超市看中了一款玩具小汽车，就花了69元买下来送给了儿子。儿子很高兴地玩了起来。可是到了第二天，车轮不转了。王先生认为玩具小汽车的质量有问题，于是便前往超市调换，没想到营业员却说："这是孩子使用不当造成的，别找其他理由。"并以当场验货，货出店门概不负责为由不予调换。王先生非常生气，立即到客服中心进行投诉，客服经理问清缘由后，立即代表超市向王先生表示歉意，并同意给王先生调换一辆，最后双手把小汽车交给王先生，事态也终于得到了平息。王先生临走时感慨道："经理就是经理啊，水平就是不一样，这样解决问题才会使顾客满意嘛，在这样的超市买东西才更让人放心啊！"

拓展训练

【任务】 模拟案例情境的对话，体会为顾客服务的技巧。

【目的】 进一步巩固沟通技巧，以避免产生顾客纠纷与投诉。

【案例】

情境：张明是赛博汽车特约维修中心的客户经理，在最近一段时间，他通过电话回访进行顾客满意度调查。今天早上他一到公司就开始了电话回访。

案例一：

“是王刚吗？”

“我是，哪位？”

“我是赛博汽车特约维修中心的。”

“有事吗？”

“是这样，我们在做一个顾客满意度的调查，想听听您的意见？”

“我现在不太方便。”

“没有关系，用不了您多长时间。”

“我现在还在睡觉，您晚点打过来好吗？”

“我待会也要出去啊，再说这都几点了您还睡觉啊，这个习惯可不好啊，我得提醒您。”

“我用得着你提醒吗？你两小时后再打过来。”

“您还是现在听我说吧，这对您很重要，要不然您可别怪我。”之后顾客挂断了电话。

案例二：

“您好，请问是王刚先生吗？”

“我是，哪位？”

“您好，我是赛博汽车特约维修中心的顾客经理，我叫张明。”

“有事吗？”

“是这样，您是我们公司的老顾客，为了能为您提供更好的服务，我们现在在做一个顾客满意度的调查，想听取一下您的意见，您现在方便吗？”

“我现在不太方便”。

“哦，对不起，影响您工作了。”

“没有关系。”

“那您看您什么时候方便呢，我到时候再给您打过来。”

“哦，您中午再打吧。”

“哦，那不会影响您吃饭吗？”

“您十二点半打过来就可以了。”

“好的，那我就十二点半打给您，谢谢您，再见！”

【要求】 以组为单位进行角色扮演，并互换角色。根据训练情况完成情境模拟情况评价（见表 3-14）。

表 3-14　情境模拟情况评价

序　号	考 核 内 容	考 核 标 准	总分/分	得分/分
1	举止仪表	举止大方，神态自然	10	
2	学习态度	积极思考，分析资料	15	
3	语言表达	普通话标准，表达清晰	15	
4	案例分析	主题明确，层次清楚，内容有新意	30	
5	团队合作	积极参与讨论，能与组员配合，参与情境模拟	30	
合 计 得 分			100	
启发与思考：				

职场寄语

要成功地处理顾客投诉，首先要找到最合适的方式与顾客进行交流。一般来说，顾客在投诉时会表现出激动、愤怒等情绪，此时你要明白，这实际上是一种发泄，以此来维持心理平衡，其次顾客最希望得到的是同情、尊重和重视，因此你应立即向其道歉，并采取相应的措施。

1. 快速反应

顾客发现商品有问题时一般会比较急躁。这个时候需要我们快速反应并记下所发生的问题，及时查询问题发生的原因，并及时帮助顾客解决问题。有些问题不能及时解决的，也要告诉顾客我们现在就给您处理……

2. 热情接待

要热情地接待顾客，这样顾客会感受到你的诚意，之后还会再光顾本店。

3. 愿意提供帮助

当顾客正在关注问题的解决时，客服人员应体贴地表示乐于提供帮助，这样自然会让顾客感到安全、有保障，从而进一步消除对立情绪，并产生依赖感。

4. 引导顾客思绪

我们有时候会在道歉时感到不舒服，因为这似乎是在承认自己有过错。其实，“对不起”或“很抱歉”并不一定表明你犯了错，这主要表明你对顾客不愉快的经历表示遗憾与同情。不用担心顾客因得到你的认可而态度越发强硬，认同会稳定顾客的思绪。同时，我们也可以运用一些方法来引导顾客的思绪，从而化解顾客的愤怒。

项目总结

本项目主要学习和训练超市收银延伸技能，包括做好防损与防骗、及时与顾客沟通、处理顾客纠纷与投诉，这些知识与技能有助于收银员更好地做好收银工作。

任务 1　做好防损与防骗

主要介绍了防损的含义、意义和原则，重点学习了如何规避收银风险、如何运用防损与防骗技巧，旨在使学生深刻认识到收银员要增强防范意识，提高防损与防骗能力，更好地做好收银工作，为超市带来效益，为顾客提供优质的服务。

任务 2　及时与顾客沟通

主要介绍了沟通的含义和原则，重点学习了与顾客沟通的技巧和沟通技巧在收银服务中的运用，强调收银员作为超市的服务终端，并时时与顾客接触，直接影响着顾客的购物体验，要求收银员在日常工作中能够熟练掌握沟通技巧，及时与顾客沟通，提高顾客的满意度和忠诚度。

任务 3　处理顾客纠纷与投诉

主要介绍了产生顾客纠纷与投诉的原因、顾客的心态分析以及处理顾客纠纷与投诉的原则，重点学习了处理顾客纠纷与投诉的步骤和技巧，目的是使学生认识到纠纷和投诉是每一个一线服务人员都会遇到的问题，如何利用处理顾客投诉的时机而赢得顾客的信任、把顾客的不满转化为满意、提高顾客的忠诚度、获得竞争优势是每一个一线服务人员必须掌握并能熟练运用的一项服务技巧。

参 考 文 献

[1] 王家申．收银员知识与技能[M]．北京：机械工业出版社，2009．
[2] 陈凌．收银员岗位实训[M]．北京：高等教育出版社，2007．
[3] 徐歆．收银实操技术[M]．北京：机械工业出版社，2010．
[4] 崔玉华．营业员岗位实训[M]．北京：高等教育出版社，2007．
[5] 于家臻．收银员岗位技能[M]．北京：高等教育出版社，2008．